图书反馈

重磅！真题重奖征集！

凡提供当年度考试真题者，均可获得现金奖励。具体请联系QQ:3232490489。

（温馨提示：所提供真题须是当年度考试真题，且真实有效。最终解释权归山香教育所有）

亲爱的考生：

感谢您对山香教育的信任和支持，您的建议是我们前进的动力！为进一步提高图书质量，我们特向全国各地的考生开展有奖反馈活动。

1.凡提供山香图书的错题反馈者，均能获得价值99元的山香网课《高频考点》（基础版）大礼包1份。

2.凡提供反馈项目者，可获得价值299元的山香网课《高频考点》（豪华版）超级大礼包1份。

3.我们从意见被采纳人员中每月抽取幸运者2名，各奖励价值1380元的山香网校网课大礼包一份。

图书反馈链接

¥99
大礼包

¥299
超级大礼包

反馈项目

姓名： 专业： 报考地区：

手机号： QQ号：

1.您认为图书中可以增加哪些模块或内容，有助于您的学习？

2.您对本书的印刷、装订、封面有何意见和建议？

3.结合山香现有图书和考情需要，您还需要哪些形式的备考资料？

联系方式：400-600-3363 **研发部**QQ：1831595423

招教网：http：//www.zhaojiao.net **山香网校**：http：//www.sx1211.cn

图书订正链接

17. 激发幼儿的阅读兴趣,培养良好的阅读习惯可以( )

A. 经常抽时间与幼儿一起看图书、讲故事

B. 让幼儿背诵一定数量的诗歌、童谣

C. 幼儿阅读中遇到困难时,立即告诉幼儿答案

D. 只为幼儿提供一定数量的、有趣的童话书

18. 幼儿歌唱的基本形式中,"两个或两个以上的人在一起整齐地唱同一首歌曲"是( )

A. 齐唱　　B. 轮唱　　C. 合唱　　D. 对唱

19. 幼儿园音乐欣赏活动的导入模式有多种,其中( )的模式比较适合结构单纯、清晰的作品,以及不太注重感知体验细节的教学设计。

A. 从作品的某个部分开始导入　　B. 从讲故事开始导入

C. 从某种辅助材料开始导入　　D. 从完整作品开始导入

20. 幼儿园社会教育的核心在于发展幼儿的( )

A. 人际关系　　B. 社会性行为规范

C. 社会文化　　D. 社会性

二、判断题(判断下列各命题的正误,并在题后括号内打"√"或"×"。本大题共10小题,每小题1分,共10分)

1. 口头数数是儿童最早学到的关于数的观念之一。 ( )

2. 美国精神分析学家弗洛伊德认为,人格发展是一个逐渐形成的过程,必须经历八个顺序不变的阶段,其中前五个阶段属于儿童成长和接受教育的时期。 ( )

3. 三岁幼儿开始认识的颜色是红、黄、绿,涂色时也喜欢用这三种颜色。 ( )

4. 目标模式是以对社会有使用价值的目标作为课程开发的基础和核心,并在此基础上选择、组织和评价学习经验的课程编制模式。 ( )

5. 幼儿认识空间方位,体现出由近及远、逐步扩展的趋势。 ( )

6. 在诗歌《快乐的小屋》的主题活动中,教师引导幼儿观察了各种美丽的小屋后,让幼儿搭一搭"美丽的小屋",或画一画"我自己的美丽小屋",有助于幼儿作品经验的迁移。 ( )

7. 小班幼儿能跟随音乐的节奏做简单的基本动作和模仿动作,喜欢参加集体的韵律活动和音乐游戏。 ( )

8. 能够为简单、短小的二拍子和四拍子的歌曲、乐曲伴奏是中班幼儿的打击乐演奏活动的目标。 ( )

9. 5~6岁儿童开始能够根据事物的本质属性,按照客观事物的分类标准进行初步的概括分类。 ( )

10. 中班学前儿童能以自身为标准辨别左右,并能掌握一些较复杂的队形变换。 ( )

7.《礼记·内则》中记载“十有三年,学乐,诵诗,舞勺。成童,舞象,学射御。”此处的“乐、诗、射御”指的是(　　)

A. 课程内容　　B. 课程方法

C. 课程形式　　D. 课程机构

8. 在分类活动中,小班幼儿往往会把要分的物体和特征标识碰一下。这说明幼儿学习数学(　　)

A. 最初是通过外部动作进行　　B. 具有自我意识

C. 理解数学知识的抽象性质　　D. 在头脑中已经形成对事物的认识

9. 幼儿学习数学最基本的方法是(　　)

A. 操作法　　B. 游戏法

C. 讲解、演示法　　D. 讨论法

10. 活动课程强调知识和智慧的真正源泉是(　　)

A. 游戏　　B. 生活

C. 实践　　D. 上课

11. 小红能初步自主地集中注意力倾听他人谈话,表明她在谈话的学习与发展方面已处于(　　)

A. 初始阶段　　B. 稳定阶段

C. 拓展阶段　　D. 萌芽阶段

12. 幼儿园小班打击乐演奏的空间安排一般采用(　　)

A. 单马蹄形　　B. 双马蹄形　　C. 品字形　　D. 半圆形

13. 某教师在组织幼儿盥洗时对幼儿说:“小朋友不要打闹,不要把衣服弄湿了。”这违背了幼儿园社会教育原则中的(　　)

A. 情感支持原则　　B. 正面教育原则

C. 一贯性原则　　D. 环境熏陶原则

14. 儿童成长档案袋为每个个体提供了自我认识和自我评价的机会与条件,尤其能从中获得(　　)智能的发展。

A. 理解　　B. 思维　　C. 内省　　D. 逻辑

15. 幼儿园科学教育的核心是(　　)

A. 让幼儿获得科学知识　　B. 发现有科学潜力的幼儿

C. 教幼儿学会操作技能　　D. 激发幼儿的认识兴趣和探究欲望

16. 要求儿童会塑造物体的主要特征,会使用一些简单的辅助材料来表现简单的情节,并能按意愿大胆塑造。这是(　　)儿童的泥工活动的要求。

A. 小小班　　B. 小班

C. 中班　　D. 大班

4. 简述幼儿复习10以内加减运算的方法。

四、案例分析题(本大题共20分)

春天的早晨,孩子们陆陆续续来到幼儿园。早来的孩子们和值日生一起在给自然角里的各种植物浇水,突然发现一个花盆裂开了一道大约有两厘米宽的缝,孩子们觉得很奇怪。“花盆为什么裂了?”“花盆里面有什么?”教师通过提出问题,引导学前儿童进行探索。孩子们把花盆撬开进行观察,最后发现是花盆里逐渐长大的小土豆把花盆撑破了。“土豆那么小,哪有那么大的劲?”有些孩子又产生了疑问。教师又利用饭后散步时间带孩子到操场上观察大树根。孩子们终于悟到:根真有劲。

本案例体现了学前儿童科学教育活动组织中的哪种组织形式?并简要说明。

5. 理解文学作品的内容,体会文学语言的美,积累文学语言,初步了解文学常识等是早期阅读的目标。 ( )

6. 科学概念与日常概念最大的区别就在于前者缺乏系统性,而后者具有系统性。系统性是儿童在掌握系统知识的过程中得以实现的。 ( )

7. 学前儿童音乐教育是音乐审美教育,它最根本的目的和任务首先应该是培养幼儿的音乐审美能力,充分发挥音乐教育的审美功能。 ( )

8. 学前儿童的美术作品一般不具有艺术性。 ( )

9. 问卷调查的优点是简便易行,能在较短的时间内获得大量的反馈信息,而且便于进行量化的统计分析。 ( )

10. 对幼儿来说,排序比对物体分类要简单一些。 ( )

三、简答题(本大题共4小题,每小题5分,共20分)

1. 简述学前儿童自我教育活动的内容。

2. 简述小班儿童科学教育活动目标中的情感方面的目标。

3. 简述选择学前健康教育内容时应注意的问题。

教师招聘考试学前教育押题试卷(十九)

(满分100分　时间120分钟)

本套试卷共36小题,包括单项选择题(20小题),判断题(10小题),简答题(4小题),案例分析题(1小题),活动设计题(1小题)。

一、单项选择题(在每小题列出的四个备选项中只有一个是符合题目要求的,请将其代码填写在题后的括号内。错选、多选或未选均无分。本大题共20小题,每小题1分,共20分)

1. 幼儿在画画时,开始时画小人,后来在头部——大圆圈上加上些小圆圈、小点点,就说成是大树。这说明此阶段幼儿绘画时(　　)

A. 内容易转移　　B. 形象含义易改变

C. 容易受他人影响　　D. 爱随意涂画穿插

2. 下面对隐性课程特点的描述错误的是(　　)

A. 隐性课程的影响具有普遍性

B. 隐性课程的影响具有持久性

C. 隐性课程的影响具有集中性

D. 隐性课程的影响既可能是积极的,也可能是消极的

3. 一名儿童欣赏完齐白石的《虾》后,对老师说:"看到这幅画,我好像看见了真的虾,会动会跳。"这主要是幼儿的(　　)在起作用。

A. 美的感受力　　B. 美的表现力

C. 美的创造力　　D. 审美兴趣

4. "引导儿童认识油画棒、蜡笔、水彩笔、水粉画笔和纸等绘画工具和材料,掌握其基本使用方法,养成正确的握笔方法和作画姿态"是(　　)幼儿绘画活动的目标。

A. 小小班　　B. 小班　　C. 中班　　D. 大班

5. 在韵律活动中,有些儿童做出锄地、扛枪的动作属于(　　)

A. 基本动作　　B. 模仿动作

C. 舞蹈动作　　D. 重复动作

6. 把课程计划和课程实施的关系隐喻为"建筑图纸和具体施工",这反映的是幼儿园课程实施的(　　)取向。

A. 忠实执行　　B. 相互调适　　C. 创生　　D. 预设

五、活动设计题(本大题共25分)

请根据中班幼儿的年龄特点,以“分类”为主题,设计一个教学活动。要求写出活动目标、活动准备和活动过程。

16. 既让幼儿感知古代的造纸术，又让幼儿感知现代各种各样的纸，这体现科学教育内容选择的（　　）原则。

A. 科学性与启蒙性　　B. 地方性与季节性

C. 民族性与时代性　　D. 可读性与代表性

17. 社会学习理论认为，儿童是通过（　　）实现其社会化的。

A. 自我意识　　B. 自我强化

C. 自我认知　　D. 对榜样的模仿

18. 教师应利用和创设各种情境，组织多种多样的活动，让学前儿童参与其中。这是学前儿童社会教育的（　　）

A. 情感支持原则　　B. 生活教育原则

C. 行为实践原则　　D. 一致性原则

19. 两排一样多的苹果一一对应摆放，老师把上面的一排间距拉开，小兵认为上面一排的苹果变多了。这说明小兵还没有形成（　　）

A. 形状守恒　　B. 量的守恒

C. 体积守恒　　D. 数的守恒

20. 以下不适合在小班运用的学前儿童社会教育方法是（　　）

A. 行为练习法　　B. 讨论法

C. 强化评价法　　D. 谈话法

二、名词解释（本大题共5小题，每小题3分，共15分）

1. 内部评价

2. 正面教育原则

7. 有助于教师获得可持续的自我发展意向和能力的评价方法是(　　)

A. 自我评价　　B. 重点评价

C. 书面评价　　D. 随机评价

8. 以徒手操为主,学习简单的轻器械操,动作有一定的难度;每套操7~8节,每节二八拍,节奏有快有慢。这属于(　　)的体操特点。

A. 小班　　B. 中班

C. 大班　　D. 学前班

9. 确定幼儿健康教育目标的根本依据是(　　)

A. 健康教育的总目标　　B. 幼儿身心发展特点

C. 幼儿体育活动目标　　D. 幼儿教育目标

10. 下列关于学前儿童科学实验特点的表述不正确的是(　　)

A. 科学实验的内容是生活中常见的,在儿童原有知识经验基础上所能接受的科学现象

B. 需要专门的实验设备和特定的实验室

C. 儿童科学实验的设备和条件简单,可就近取材

D. 实验操作技术简单,要求低

11. 为了让学前儿童掌握立定跳远起跳时的摆臂动作,可以让学前儿童跳起能摸身前的物体。这称之为(　　)

A. 分解练习法　　B. 条件练习法

C. 重复练习法　　D. 完整练习法

12. "幼儿园课程是实现幼儿园教育目的的手段,是帮助儿童获得有益的学习经验,促进其身心全面和谐发展的各种活动的总和。"这一定义属于(　　)

A. 经验论　　B. 活动论

C. 经验—活动论　　D. 课程客体论

13. 小班幼儿要正确判断两组物体哪组多,哪组少,适宜的方法是(　　)

A. 比较法　　B. 分类法

C. 练习法　　D. 寻找法

14. 3~5岁儿童绘画能力处于(　　)

A. 涂鸦期　　B. 象征期

C. 图式期　　D. 写实期

15. 用于帮助幼儿巩固、消化所学内容的早期阅读活动环节是(　　)

A. 幼儿自己阅读　　B. 教师与幼儿一起阅读

C. 围绕阅读重点开展活动　　D. 归纳阅读内容

三、简答题（本大题共4小题，每小题5分，共20分）

1. 简述幼儿园课程内容的取向。

2. 简述铃木教育体系的基本思想和观点。

3. 简述学前数学教育的类型。

4. 简述儿童语言模仿的方式。

2. 经验课程

3. 幼儿健康

4. 普遍性目标

5. 运动负荷

教师招聘考试学前教育押题试卷(十七)

(满分100分　时间120分钟)

本套试卷共36小题,包括单项选择题(25小题),名词解释(5小题),简答题(4小题),案例分析题(1小题),活动设计题(1小题)。

一、单项选择题(在每小题列出的四个备选项中只有一个是符合题目要求的,请将其代码填写在题后的括号内。错选、多选或未选均无分。本大题共25小题,每小题1分,共25分)

1. 在幼儿园课程目标制定的依据中,(　　)是基础和前提。

A. 对儿童的研究　　B. 对当代社会生活的研究

C. 对学科知识的研究　　D. 对儿童家长的研究

2. 认知相互作用论的语言学习模式认为,决定儿童语言发展的因素是(　　)

A. 人类先天的遗传因素　　B. 语言环境的强化

C. 儿童与语言环境中客体的相互作用　　D. 成人提供的恰当语言输入

3. 中班幼儿观察醋泡鸡蛋的实验后,提出:既然醋能让鸡蛋变软,热水应该也能让鸡蛋变软。这反映出幼儿正在经历的科学探究过程是(　　)

A. 提出问题　　B. 猜想和假设

C. 观察　　D. 搜集信息

4. 下列选项中,既是课程设计的起点,也是课程评价标准的是(　　)

A. 课程目标　　B. 课程内容　　C. 课程组织　　D. 课程模式

5. 教育主管部门使用分级验收标准对幼儿园进行等级验收,这种评价属于(　　)

A. 相对评价　　B. 绝对评价

C. 个体内差异评价　　D. 定量评价

6. 在一次讲述活动中,老师组织幼儿看一段录像,并指导幼儿讲述录像内容。这种讲述属于(　　)

A. 看图讲述　　B. 说明性讲述

C. 实物讲述　　D. 情景表演讲述

7. 以学习如何听音乐为主要内容的音乐活动类型是(　　)

A. 歌唱活动　　B. 韵律活动

C. 打击乐演奏活动　　D. 音乐欣赏活动

五、活动设计题(本大题共25分)

请根据中班幼儿的年龄特点,以“手机”为主题,设计一个教学活动。要求写出活动目标、活动准备和活动过程。

17. 幼儿园确立幼儿社会教育目标必须依据社会的要求、幼儿的发展及(　　)等几方面。

A. 家长要求　　B. 领导规定

C. 老师自己的想法　　D. 学科本身

18. “能初步感受文学作品的语言,了解故事、诗歌和散文是不同体裁的文学作品”。这属于(　　)幼儿文学作品学习活动的目标。

A. 小小班　　B. 小班

C. 中班　　D. 大班

19. 基于儿童社会学习直观性的特点提出的教育内容选择原则是(　　)

A. 生活性与适宜性原则　　B. 全面性与基础性原则

C. 时代性与民族性原则　　D. 启蒙性与直观性原则

20. 某教师带幼儿观看情景剧《爸爸妈妈真爱我》,然后问:“这是什么地方? 都有谁? 发生了什么? 他的爸爸妈妈在做什么?”以此引导幼儿表达剧中的内容。该教师的语言教育活动类型是(　　)

A. 讲述活动　　B. 听说游戏

C. 谈话活动　　D. 文学活动

21. 下列不属于幼儿前识字经验的是(　　)

A. 知道文字有具体意义　　B. 理解文字的功能用途

C. 粗晓文字的来源　　D. 掌握文字书写的技能

22. 对幼儿绘画作品,不要以简单的“像与不像”来衡量,要尽量以探索、了解的态度去欣赏与解读,这是对(　　)的儿童绘画的指导要求。

A. 涂鸦期　　B. 象征期

C. 定型期　　D. 写实期

23. “引导幼儿初步了解自己身体主要部位的特征和功能,初步懂得自我保护”是(　　)的社会教育目标。

A. 幼儿园托班　　B. 幼儿园小班

C. 幼儿园中班　　D. 幼儿园大班

24. 下列不属于幼儿园健康教育活动内容的是(　　)

A. 生活习惯与能力　　B. 保护自身安全

C. 身体活动的知识和技能　　D. 能听懂并理解多种游戏规则

25. 在“教师将幼儿创编的动作进行组合并表演,请幼儿观看,并要求幼儿指出哪些人的动作被采用了”的教学过程中,教师运用的方法是(　　)

A. 提示　　B. 演示

C. 退出　　D. 反馈

8. 一般来说,“学习按物体的一个特征进行分类”这一目标适合于(　　)

A. 小班　　B. 中班　　C. 大班　　D. 学前班

9. 在社会学习理论中,模仿作为儿童掌握社会行为的一种主要机制或途径,它由四个子过程组成,其中模仿学习的第三个子过程是(　　)

A. 动机过程　　B. 注意过程

C. 动作表征与再现过程　　D. 保持过程

10. 当儿童在随音乐走步时遇到速度过慢的情况,他们就会有意识地放慢步速、拉长步距,甚至还能将迈出的脚悬在空中等待音乐中的强拍出现。其年龄段是(　　)

A. 2~3岁　　B. 3~4岁

C. 1~2岁　　D. 4~6岁

11. 数学教育内容应是幼儿所熟悉的、所理解的,让幼儿感受到数学可以解决人们生活中遇到的问题。这体现了学前儿童数学教育内容的(　　)

A. 启蒙性　　B. 启发性

C. 生活性　　D. 可探索性

12. 在幼儿教育机构中,(　　)是对学前儿童进行语言教育的基本形式。

A. 渗透的语言教育活动　　B. 专门的语言教育活动

C. 日常的语言教育活动　　D. 集体形式的语言教育活动

13. 幼儿学着黑猫警长的口气教训小朋友,体现了幼儿品德发展的(　　)特点。

A. 模仿性　　B. 他律性　　C. 情境性　　D. 具体性

14. 儿童容易模仿影片中反面人物的行为,结果导致品德不良,为避免影片的消极影响,根据班杜拉社会学习理论,适当的做法是(　　)

A. 避免幼儿观看这类影片

B. 对有模仿行为的儿童进行说理教育

C. 影片中尽量少描写反面人物

D. 影片应使幼儿体验到“恶有恶报,善有善报”

15. 一个身心健康的学前儿童的作品表现出来的艺术美不包括(　　)

A. 线条稚拙、有力　　B. 图形、形象清晰完整

C. 色彩丰富、多样　　D. 画面饱满、均衡

16. 根据评价的参照体系,将全班幼儿入园初期的口语表达水平与学期末口语表达水平进行比较,判断幼儿的进步程度和教学效果。这属于(　　)

A. 个体内差异评价　　B. 绝对评价

C. 相对评价　　D. 外部评价

3. 简述学前数学教育的任务。

4. 简述学前社会教育目标制定的依据。

四、案例分析题(本大题共2小题,每小题10分,共20分)

1. 这是一次美工活动。孩子们试着用各种盒子和彩色纸制作玩具。几个设计简单的孩子先做好了,而设计得比较复杂的孩子甚至连一半也没做完。这时,教师请大家注意听做好的孩子介绍作品,但几乎没有人听,因为大部分儿童仍忙着自己的事。老师多次提醒也没有效果,最后老师让大家把东西收好、换鞋、排队、出去活动。“老师,我还没有做好呢！再让我做一会儿!”“到点啦！没做好的先把材料放到美工区去,下午有空再做。”有的孩子依依不舍地放下作品,有的孩子还在认真地忙着。教师喊着排队,但当所有孩子排好队时,已经用去了20分钟。

请分析这位老师在活动时间安排上存在的问题,并谈谈你的建议和对策。

25. 教师为幼儿选择歌曲时，首先关注的是曲调的(　　)

A. 音域适宜　　B. 节奏简单

C. 旋律稳定　　D. 结构短小

二、多项选择题(在每小题列出的四个备选项中有两个或两个以上是符合题目要求的，请将其代码填写在题后的括号内。错选、多选或未选均无分。本大题共5小题，每小题2分，共10分)

1. 下列属于技术操作型科学教育活动的指导要点的是(　　)

A. 观察与思考　　B. 操作与构建

C. 讨论与支持　　D. 计划与指导

2. 体育活动的活动量取决于活动的(　　)三个因素的综合情况。

A. 场地　　B. 密度　　C. 时间　　D. 强度

3. 学前儿童社会学习的特点包括(　　)

A. 随机性和无意性　　B. 长期性和反复性

C. 情感驱动性　　D. 实践性

4. 幼儿园高结构化教学的主要特征表现为(　　)

A. 活动主要由儿童发起　　B. 学习目标主要由教师制订

C. 活动动机主要是儿童需要　　D. 强调活动结果

5. 为学前儿童选择歌曲应该兼顾到(　　)

A. 节奏　　B. 曲调　　C. 歌词　　D. 音高

三、简答题(本大题共4小题，每小题5分，共20分)

1. 简述幼儿园课程评价的主要模式

2. 简述幼儿园教育活动的方法。

教师招聘考试学前教育押题试卷(十五)

(满分100分　时间120分钟)

本套试卷共37小题,包括单项选择题(25小题),多项选择题(5小题),简答题(4小题),案例分析题(2小题),活动设计题(1小题)。

一、单项选择题(在每小题列出的四个备选项中只有一个是符合题目要求的,请将其代码填写在题后的括号内。错选、多选或未选均无分。本大题共25小题,每小题1分,共25分)

1. (　　)的优点是它具有逻辑性、系统性和简约性,有利于知识的学习和巩固,同时也便于教学设计和管理。

A. 学科课程　　B. 分科课程

C. 活动课程　　D. 综合课程

2. 体育活动中,影响儿童生理负荷的因素主要有(　　)

A. 运动的强度和老师的态度等　　B. 运动的密度和动作难度等

C. 运动强度和密度等　　D. 老师的态度和动作难度等

3. “学习10以内数的分解和组成,体验总数和部分之间的等量关系,部分数与部分数之间的互补和互换关系”是(　　)儿童的数学教育目标。

A. 小班　　B. 中班　　C. 大班　　D. 学前班

4. 提出幼儿园课程编制目标模式的教育家是(　　)

A. 蒙台梭利　　B. 泰勒　　C. 陈鹤琴　　D. 陶行知

5. 有些儿童在按数取物的活动中往往会认为与一张数字卡相对应的只能取一张相同数量物体的卡片,把数字与个别物体相对应,而没有理解为可以取多张,只要数量相对应就行。这说明儿童学习数学具有(　　)的特点。

A. 从具体到抽象　　B. 从外部动作到内化动作

C. 从不自觉到自觉　　D. 从个别到一般

6. 一个5岁儿童画了一艘神气的轮船航行在蓝色的大海上,正当老师夸奖他时,他却用黑色油画棒将纸涂得凌乱不堪,问他为什么,他说:“这会儿刮大风下大雨了,轮船看不见了。”这个事例说明(　　)

A. 孩子不会爱惜艺术作品

B. 孩子没有养成良好的习惯

五、案例分析题(本大题共10分)

教师节的早上,王老师想到可以利用节日主题组织一次幼儿的谈话活动。于是,王老师设计了“教师节”的主题谈话活动。在活动开始时,王老师便问:“今天是什么日子啊?”很多小朋友都没有回答上来,王老师有些生气地说:“今天不是教师节嘛,是老师们的节日啊!怎么连这个都不知道啊!那教师节,我们应该怎么样呢?”小朋友们回答道:“祝王老师节日快乐”“王老师,让您妈妈带您去买好吃的”“王老师,我们要听话”“老师,你要有节日礼物”……

请分析王老师在此次谈话活动中的不足之处以及该如何恰当地进行谈话活动。

六、活动设计题(本大题共30分)

生活中经常会遇到物体遇热或遇水发生膨胀的现象,孩子们可通过实验初步了解这种现象并简单了解其原理,提高幼儿对事物的观察和探究能力。

根据大班幼儿发展的特点,请设计一个以“物体膨胀真奇妙”为题的科学领域活动,要求写明活动目标、活动准备、活动过程。

15. (　　)是由教师确定某一物体,并教给儿童关于该物体形状、色彩、结构的画法,从而使儿童掌握物体的基本特征。

A. 图案画　　B. 意愿画

C. 情节画　　D. 物体画

16. 给儿童充分机会分组讲述或个别交流所体现的讲述活动设计和实施的步骤是(　　)

A. 运用已有经验自由讲述　　B. 感知、理解讲述对象

C. 引进并学习新的讲述经验　　D. 巩固和迁移新的讲述经验

17. 行为主义的语言学习模式认为,(　　)

A. 周围的语言环境和学习对儿童语言学习和获得起决定性的作用

B. 人类的先天遗传因素决定着儿童语言获得的整个过程

C. 儿童的语言发展是以其认知的发展为基础的

D. 儿童语言的获得是儿童与语言交往环境相互作用的结果

18. 在学前科学教育的年龄阶段目标中,能够认识长方形、梯形、椭圆形;学习以客体为中心区分上下前后;形成昨天、今天、明天的时间概念是(　　)幼儿年龄阶段目标。

A. 小班　　B. 中班

C. 大班　　D. 学前班

19. (　　)是奥尔夫体系独创的一种以简单而原始的身体动作来发出各种有节奏声音的活动。

A. 声势活动　　B. 动作

C. 声音　　D. 手势

20. 王老师在组织幼儿进行"各种各样的昆虫"科学活动时,幼儿对七星瓢虫产生了浓厚的兴趣,其中有一位孩子问:"王老师,我看到身上有9个斑点的瓢虫,是不是就叫九星瓢虫?"王老师愣了一下,心想这个问题还真不确定,但是她机智地表扬了该幼儿:"你说得很有道理,9个斑点的就叫九星瓢虫啦。"王老师的做法违背了科学活动组织的(　　)原则。

A. 开放性　　B. 趣味性

C. 活动性　　D. 科学性

二、判断题(判断下列各命题的正误,并在题后括号内打"√"或"×"。本大题共10小题,每小题1分,共10分)

1. 学前艺术教育的主旨是依托各种适合幼儿的艺术形式,促成儿童人格、能力的整体和谐发展。(　　)

2. 大班幼儿可以认识几种常见的立体图形(正方体、球体、长方体、圆柱体)。(　　)

3. 谈话法可以充分调动儿童学习的积极、主动性,能够引起儿童的认识兴趣,在社会教育中宜单独使用。(　　)

6. 幼儿计数能力发展的关键阶段是能够(　　)

A. 口头数数　　B. 按物点数

C. 说出总数　　D. 按数取物

7. 在语言教育活动中,教师在运用讲解方式时的注意事项不包括(　　)

A. 讲解要适量,不能代替幼儿去学习

B. 讲解时机要适当,尽量启发幼儿自己去理解

C. 讲解时语言应使用术语或成人语,便于幼儿思考

D. 讲解应与主题相结合,使学习内容具体可感

8. 为幼儿选择的歌曲,其歌词一般应具备的特点不包括(　　)

A. 歌词反映的主题与形象应单一

B. 幼儿熟悉、理解并感兴趣的

C. 内容与文字富有童趣并易为幼儿所理解和记忆

D. 歌词形象多样,丰富幼儿的音乐体验

9. 儿童掌握歌曲有一个渐进的过程,通常顺序为(　　)

A. 先是节奏,接着是歌词,然后是速度和音准

B. 先是速度,接着是歌词,然后是节奏和音准

C. 先是歌词,接着是速度,然后是节奏和音准

D. 先是歌词,接着是节奏,然后是速度和音准

10. 幼儿在升国旗活动中,唱国歌,行注目礼,萌发了爱国情感,这体现社会性教育的特点是(　　)

A. 潜移默化　　B. 模仿学习

C. 直接说教　　D. 游戏学习

11. 不仅要跳过水平障碍还要跳过垂直障碍,跨越水平障碍时能躲闪拦截人是对(　　)幼儿的要求。

A. 大班　　B. 中班　　C. 小班　　D. 小小班

12. 在近代儿童美术教育史上,为学前儿童美术教育做出突出贡献的教育家应首推(　　)

A. 裴斯泰洛齐和福禄贝尔　　B. 裴斯泰洛齐和罗伯特·欧文

C. 蒙台梭利和福禄贝尔　　D. 蒙台梭利和罗伯特·欧文

13. 讲述“我喜欢夏天(冬天)”,要说出喜欢的季节及其原因。这一讲述类型属于(　　)

A. 描述性讲述　　B. 叙事性讲述

C. 议论性讲述　　D. 情景性讲述

14. 3岁儿童在对音乐感知体验的结果进行表达时,一般宜采用的创造性表达手段是(　　)

A. 语言表达　　B. 动作表达

C. 绘画表达　　D. 以各自擅长和喜欢的方式表达

四、论述题(本大题共10分)

试述档案袋评价的内容。

五、案例分析题(本大题共10分)

一次早餐时间,杜老师对孩子们说:“要好好吃饭哦!因为只有这样才能长得高,长得结实,就像植物一样每天喝水,才能长得好。”杜老师刚说完就有个声音反应过来:“杜老师,植物又没有嘴巴,它是用什么喝水的呢?”“对呀,对呀。”许多孩子随声附和着。听到这个问题,杜老师的第一个反应是:“这个问题有意思,虽然看似简单,但却是由孩子自身经验有感而发的,且充满童趣。如果我告诉他们是植物的根,他们一定又会问为什么根会喝水等许多问题,这样一来,岂不是剥夺了孩子们一次观察和探究的机会吗?我何不抓住这个兴趣点,让他们自己寻找答案呢?”于是杜老师笑了笑说:“你们先吃饭,吃完了我就告诉你们。”

饭后杜老师带着孩子们到自然角,看了许多植物的种子:“你们不是很想知道植物是怎样喝水的吗?我们现在就来种一些植物吧,你们仔细观察就会得到答案的。”

请用幼儿园科学教育的有关知识,分析案例中杜老师的做法。

三、简答题(本大题共4小题,每小题5分,共20分)

1. 简述幼儿园课程内容的内涵。

2. 简述实施学前儿童心理健康教育应注意的问题。

3. 简述学前儿童音乐教育中韵律活动的总目标。

4. 简述学前科学教育评价的意义。

教师招聘考试学前教育押题试卷(十三)

(满分100分　时间120分钟)

本套试卷共37小题,包括单项选择题(20小题),判断题(10小题),简答题(4小题),论述题(1小题),案例分析题(1小题),活动设计题(1小题)。

一、单项选择题(在每小题列出的四个备选项中只有一个是符合题目要求的,请将其代码填写在题后的括号内。错选、多选或未选均无分。本大题共20小题,每小题1分,共20分)

1. 给幼儿自己探索的空间并让幼儿在活动过程中感到愉悦的学习方法,称之为(　　)

A. 讨论　　B. 观察　　C. 游戏操作　　D. 实验操作

2. (　　)是学唱歌曲的最高境界,它不仅可以使人们完全主动地去学唱歌曲,并且可以使演唱更加准确、细腻、富有个性。

A. 视谱教唱法　　B. 分句教唱法

C. 整体教唱法　　D. 歌词先行教唱法

3. 学前儿童社会教育的内容是广泛的。从生活的维度看它涉及个人生活、家庭生活、社会生活、社区生活、人类生活的内容;从心理结构的维度看它涉及社会认知、社会情感、社会行为三方面的内容;从社会关系的维度看,它涉及儿童与自我的关系、儿童与他人的关系、儿童与社会的关系。这体现了学前儿童社会教育内容选择的原则是(　　)

A. 生活性与适宜性原则　　B. 全面性原则

C. 时代性与民族性原则　　D. 基础性原则

4. 在韵律教学活动中,让儿童在观察具体事物的外部形象或运动状态后,立即用自己的动作创造性地进行表现的活动的导入方法是(　　)

A. 回忆导入　　B. 动作导入　　C. 观察导入　　D. 练习导入

5. 儿童可以亲自动手、反复尝试,能够充分观察到活动过程中发生的现象和变化的科学活动类型是(　　)

A. 教师演示实验　　B. 儿童操作实验

C. 科学观察　　D. 科学讨论

6. 教师让儿童用同一数目、不同大小的种子排队,排好后他们发现,两队的长短竟然不一样。它们的数目一样多,为什么排成队后会有长有短呢?经过仔细观察比较,他们发现,颗粒大的种子占的地方

一个男孩抬头看了一下对面女孩的画说:“画得这么难看!”女孩说:“你画得才难看。”相视一笑又继续作画,教师听到了严厉地说:“不要管人家!”两个孩子听了赶紧把头低下。

请分别就上述两个案例完成以下两个问题:

(1)就教师在美术活动不同教学环节中对幼儿的回应做出评析。(8分)

(2)就美术教学活动中教师与幼儿、幼儿与幼儿之间的言语互动价值以及操作策略谈谈自己的看法。(12分)

五、活动设计题(本大题25分)

以“会咬人的电”为主题设计一个适合小班幼儿课程的方案。

17. 认为才能是通过后天的有效教育发展起来的，为儿童提供优良的教育环境是才能发展的第一个必要条件的音乐教育家是( )

A. 达尔克罗兹　　B. 柯达伊

C. 铃木　　D. 奥尔夫

18. 达尔克罗兹音乐教育体系及教学实践的基本内容分为( )三个方面。

A. 合唱指挥、视唱练耳、即兴创作

B. 体态律动、视唱练耳、即兴创作

C. 视唱练耳、讲练结合、即兴创作

D. 体态律动、即兴创作、合唱指挥

19. ( )是指饮食营养教育活动应适合学前儿童的身心发展特点。

A. 可行性原则　　B. 需要性原则

C. 一致性原则　　D. 直接性原则

20. 教师在组织中班幼儿歌唱活动时，合理的做法是( )

A. 要求幼儿用胸腹式联合呼吸法唱歌　　B. 鼓励幼儿用最响亮的声音唱歌

C. 鼓励幼儿唱八度以上音域的歌曲　　D. 要求幼儿用自然的声音演唱

21. 下面关于幼儿园课程基本特征的叙述，不正确的是( )

A. 基础性与启蒙性　　B. 整合性

C. 活动性与经验性　　D. 潜在性

22. 暑假前，卢老师开展了一次健康教育活动，活动的主要目标是教育幼儿假期不要单独到水池边、河边玩耍，要在成人的陪伴下游泳，并让幼儿了解预防溺水的相关知识。该活动属于幼儿园健康教育内容中的( )

A. 生活制度教育　　B. 营养卫生教育

C. 消防卫生教育　　D. 安全教育

23. 瑞吉欧教育方案的灵魂和核心是( )

A. 项目活动　　B. 作业教学

C. 关键经验　　D. 游戏活动

24. 要求教师在组织幼儿进行身体锻炼活动时，合理安排以及注意调节幼儿身体和心理所承受的负荷量的幼儿园健康教育的原则是( )

A. 适量的运动负荷原则　　B. 全面发展的原则

C. 经常化原则　　D. 多样化原则

25. 下列对学前儿童语言发展的特点描述正确的是( )

A. 到4岁左右，儿童98%以上使用完整句

8. 课程的本质随着社会、教育思想等的发展，也出现了不同的变化和发展，而其中以知识为中心，以科学为构成形式，重视知识及其逻辑组织的课程，就是通常所说的(　　)

A. 学科课程　　B. 经验课程

C. 计划课程　　D. 目标课程

9. 幼儿园课程的(　　)强调的是个性化，目标指向培养儿童的创造性。

A. 行为目标　　B. 生成性目标

C. 表现性目标　　D. 教学性目标

10. 游戏时，教师请幼儿按照要求拿出几个球，这属于幼儿数学活动中的(　　)

A. 口头数数　　B. 按物点数

C. 按数取物　　D. 说出总数

11. 学前儿童认识空间形体呈现不同的年龄特点，其中(　　)这一年龄段的儿童能够正确认识区分三角形、正方形，且对长方形、椭圆形等其他平面图形也有一定的匹配能力。

A. 3～4岁　　B. 4～5岁

C. 5～6岁　　D. 6～7岁

12. 幼儿的学习特点是以无意学习为主，并且通过看似无意的生活学到了很多东西，可以说“有生活就有幼儿的学习”。这体现了学前教育课程内容选择的(　　)

A. 适宜性原则　　B. 兴趣性原则

C. 基础性原则　　D. 生活化原则

13. 教师把孩子带到郊外，启发他们采集各种小石头，然后回到幼儿园，让孩子向同伴介绍自己采集的石头，互相交流，并进行各种分类、制作活动。活动过程中，孩子不仅认识了各种各样的石头，学习了分类方法，发展了他们的观察能力、思维能力、审美能力，同时还培养了他们探索大自然的兴趣和热爱大自然的情感。教师的这种做法是对幼儿实施的(　　)

A. 科学教育　　B. 社会教育

C. 艺术教育　　D. 数学教育

14. 下列物品中可以作为学前儿童非正式测量工具的是(　　)

A. 直尺　　B. 温度计

C. 绳子　　D. 钟表

15. 跳跃的教学重点是(　　)

A. 助跑起跳　　B. 起跳和平衡

C. 起跳和落地　　D. 落地和平衡

16. 音乐教育体系中提倡“儿童自然发展法”的人是(　　)

A. 柯达伊　　B. 奥尔夫

C. 达尔克罗兹　　D. 铃木

7. 学前儿童操可分为(　　)

A. 模仿操　　B. 徒手体操　　C. 轻器械体操　　D. 重器械体操

8. 下列属于学前阶段儿童倾听技能培养的是(　　)

A. 有意识倾听　　B. 辨析性倾听　　C. 理解性倾听　　D. 无意识倾听

9. 科学的学前教育课程评价标准应具有的基本特征有(　　)

A. 准确性　　B. 有用性　　C. 合法性　　D. 可行性

10. 涂鸦期分为(　　)

A. 无意涂鸦　　B. 有意涂鸦　　C. 控制涂鸦　　D. 命名涂鸦

三、简答题(本大题共2小题,每小题5分,共10分)

1. 简述学前儿童语言教育的方法。

2. 简述学前数学教育的途径。

四、论述题(本大题共10分)

试述学前儿童社会性发展的影响因素。

26. 在学前儿童音乐教育中，要注意选择符合幼儿音乐听觉审美需求的音乐作品。其特点不包括(　　)

A. 旋律朴素而富有表现力　　B. 调式特征明显

C. 节奏复杂而富于变换　　D. 曲式结构多重复

27. (　　)构图是幼儿期水平最高的构图形式，以这种方式构图的画面有了清晰明确的前后关系。

A. 多层并列式　　B. 并列式　　C. 遮挡式　　D. 零乱式

28. 掌握儿童体育活动的活动量时，一般要求(　　)

A. 高强度、高密度、时间较短　　B. 低强度、低密度、时间长

C. 低强度、高密度、时间较短　　D. 高强度、低密度、时间长

29. 在学习认识6以内的数字时，幼儿教师提供给幼儿一定数量的花朵模型让幼儿计数。这种方法是(　　)

A. 比较法　　B. 操作法　　C. 发现法　　D. 游戏法

30. 从课程评价的方法划分，可以将课程评价分为(　　)

A. 形成性评价和终结性评价　　B. 定性评价和定量评价

C. 内部评价和外部评价　　D. 整体评价和局部评价

二、多项选择题(下列各题备选答案中至少有两项是符合题意的，请找出恰当的选项，并将其代码填在相应的括号内，多选、错选或少选均不得分。本大题共10小题，每小题2分，共20分)

1. 在蒙台梭利教育体系中，(　　)是蒙台梭利为儿童营造的三根主要支柱。

A. 自由　　B. 作业　　C. 秩序　　D. 工作

2. 课程的基本要素包括(　　)

A. 课程目标　　B. 课程内容　　C. 课程组织　　D. 课程评价

3. 幼儿良好行为习惯的养成是一项长期的、细致的工作，幼儿习惯的养成有许多方法可以采用，要选择合适的方法让幼儿容易接受、乐于接受。在教学中，经常采用的方法有(　　)

A. 行为练习法　　B. 情境教育法　　C. 讲授法　　D. 实践锻炼法

4. 根据课程内容的组织是以客体为核心还是以主体为核心，可将幼儿园课程分为(　　)

A. 学科课程　　B. 经验课程　　C. 综合课程　　D. 分科课程

5. 考虑学前儿童身体及动作在运动过程中的变化特点，在学前儿童体育活动设计中，应遵循的规律包括(　　)

A. 人体机能适应性规律　　B. 人体生理机能活动能力变化的规律

C. 动作技能形成的规律　　D. 适量的运动负荷

6. 早期阅读行为的培养主要在于使学前儿童(　　)

A. 学习认字　　B. 产生阅读兴趣

C. 养成良好的阅读习惯　　D. 掌握早期阅读的有关技能

押题试卷

教师招聘考试学前教育押题试卷(十一)

(满分100分　时间120分钟)

本套试卷共45小题,包括单项选择题(30小题),多项选择题(10小题),简答题(2小题),论述题(1小题),案例分析题(1小题),活动设计题(1小题)。

一、单项选择题(在每小题列出的四个备选项中只有一个是符合题目要求的,请将其代码填写在题后的括号内。错选、多选或未选均无分。本大题共30小题,每小题1分,共30分)

1. 在教授歌曲《小红帽》时,教师根据歌词大意和歌曲的情节内容,把它改编成一个童话故事,让幼儿通过故事来熟悉歌词和歌曲内容。这位教师运用了把歌唱活动与(　　)相结合的教学方式。

A. 学前儿童语言活动　　B. 学前儿童科学活动

C. 学前儿童美术活动　　D. 学前儿童体育活动

2. 他出生于德国,是世界著名的作曲家、音乐家,突出的节奏感是他音乐的风格。"元素性、综合性、即兴性和创造性"是他音乐的核心。他是(　　)

A. 柯达伊　　B. 达尔克罗兹

C. 卡尔·奥尔夫　　D. 铃木

3. 教师在选择故事时,要考虑幼儿是否能够接受,是否适合幼儿当前的发展,这说明选择的故事要(　　)

A. 与教学主题相联系　　B. 符合幼儿的年龄特点

C. 体现中国的传统文化　　D. 与时俱进,具有时代性

4. 幼儿园平面手工活动的主要形式有(　　)

A. 厚纸制作、撕纸、剪纸和染纸　　B. 剪纸、染纸、泥塑和厚纸制作

C. 粘贴、剪贴、厚纸制作和折纸　　D. 粘贴、撕纸、剪贴和染纸

5. 教师在投掷线前挂一条有一定高度的绳子,要求幼儿投沙包时,使沙包从绳子上飞过。这种练习法是(　　)

A. 整体练习　　B. 变化练习　　C. 条件练习　　D. 分解练习

6. 在《狐狸和乌鸦》的故事中,教师问小朋友:"乌鸦的肉怎么掉下去的?如果不听狐狸的甜言蜜语,它的肉会不会掉呢?"这种启发幼儿想象的问题属于(　　)

A. 回忆性提问　　B. 体验性提问

C. 创造性提问　　D. 离散性提问

2. 试论述幼儿情绪发展的特点，并结合《3～6岁儿童学习与发展指南》分析教师应如何维持幼儿的积极情绪。(常考)

16.“老师说我是好孩子”说明幼儿对自己的评价是(　　)

A. 具有独立性的
B. 个别方面的
C. 多方面的
D. 具有依从性的

17. 为歌曲创编动作是幼儿(　　)的表现。

A. 音乐理解力
B. 音乐表现力
C. 音乐创造力
D. 音乐想象力

18. 幼儿道德发展的核心问题是(　　)

A. 亲子关系的发展
B. 同伴关系的发展
C. 性别角色的发展
D. 亲社会行为的发展

19. 孩子能区别一个人是男的还是女的,就说明他已经(　　)

A. 形成了性别角色习惯
B. 具有了性别概念
C. 产生了性别行为
D. 对性别角色有了明确的认识

20. 与幼儿园教育相比,家庭教育的特点具有(　　)(易错)

A. 目的性
B. 组织性
C. 随机性
D. 计划性

三、判断题(判断下列各题的正误,并在题后括号内打“√”或“×”。本大题共20小题,每小题1分,共20分)

1.《3~6岁儿童学习与发展指南》中规定,幼儿每天户外活动时间一般不少于3小时,其中体育活动时间不少于1小时,季节交替时要坚持。(　　)

2. 儿童在剧烈运动后只有大量饮水,才能迅速补充失去的水分。(　　)

3. 除管理人员、教师、家长外,幼儿也是幼儿园教育评价工作的参与者。(　　)

4.“课程游戏化”是实现幼儿园课程改革的重要手段之一,目的是让课程更具自由、自主、愉悦、创造的游戏精神。(常考)(　　)

5. 观察、比较、操作、实验都是幼儿学习科学的方法。(　　)

6. 幼儿成长档案应重点搜集幼儿常态学习过程中的作品,这样才能保证所搜集到的作品能够真实呈现幼儿的学习水平。(易错)(　　)

C. 生殖系统　　D. 运动系统

8. 皮亚杰的“三山实验”考察的是(　　)

A. 儿童的深度知觉　　B. 儿童的计数能力

C. 儿童的自我中心性　　D. 儿童的守恒能力

9. 在角色游戏中,教师观察幼儿能否主动协商处理玩伴关系。这主要考察的是(　　)

A. 幼儿的情绪表达能力

B. 幼儿的社会交往能力

C. 幼儿的规则意识

D. 幼儿的思维发展水平

10. 下列哪一种活动的重点不是发展幼儿的精细动作能力(　　)

A. 扣纽扣　　B. 使用剪刀

C. 双手接球　　D. 系鞋带

11. 初入幼儿园的幼儿常常有哭闹、不安等不愉快的情绪。这说明这些幼儿表现出了(　　)

A. 回避型状态　　B. 抗拒性格

C. 分离焦虑　　D. 黏液质气质

12. 下列对幼儿学习品质的理解正确的是(　　)(常考)

A. 活动过程中的态度和行为倾向

B. 活动过程中的学习速度

C. 活动过程中的知识积累

D. 活动过程中的道德品质

13. 幼儿在户外运动中扭伤,出现充血、肿胀和疼痛,教师应对幼儿采取的措施是(　　)

A. 停止活动,冷敷扭伤处

B. 停止活动,热敷扭伤处

C. 按摩扭伤处,继续活动

D. 清洁扭伤处,继续活动

14. 幼儿自然而然地接受语言,不立即模仿说出,隔一段时间后,或在类似情境出现时,幼儿才模仿说出类似的语言。这是(　　)

A. 即时的、完全模仿　　B. 即时的、不完全模仿

C. 延迟模仿　　D. 创造性模仿

15. 个体自我意识萌芽最重要的标志是(　　)(常考)

A. 会叫妈妈　　B. 思维出现

C. 学会评价　　D. 掌握代词“我”

B. 获得亲密感,避免孤独感

C. 形成角色同一性,防止角色混乱

D. 获得勤奋感,克服自卑感

12. 教师在教室时学生不声不响,教师离开教室之后学生的纪律就变得混乱。与这种课堂纪律相关的教师领导方式最可能是( )

A. 专断型 B. 放任型

C. 管理型 D. 民主型

13. 李红学习了英语语法后,加深了对以前学过的中文语法的理解。这种现象属于( )

A. 负迁移 B. 垂直迁移

C. 顺向迁移 D. 逆向迁移

14. 十九大报告指出,“全党必须牢记,( ),是检验一个政党、一个政权性质的试金石。带领人民创造美好生活,是我们党始终不渝的奋斗目标”。

A. 为人民服务 B. 以人民为中心

C. 最广大人民的根本利益 D. 为什么人的问题

15. 著名英国物理学家( )的家人在2018年3月14日宣布他去世,享年76岁。

A. 麦克斯韦 B. 阿伏伽德罗

C. 奥斯瓦尔德 D. 霍金

三、判断题(判断下列各题的正误,并在题后括号内打“√”或“×”。本大题共20小题,每小题2分,共40分)

1. 当前教师队伍中存在以教谋私,热衷于“有偿家教”的现象。这实际违背了教师职业道德规范中的爱岗敬业的要求。 ( )

2. 当代教育的发展中,学历教育和非学历教育的界限逐渐淡化。(易错) ( )

3. 某学生精力旺盛,争强好斗,做事勇敢果断,为人热情直率,其气质类型是多血质。 ( )

4. 心理学家耶克斯和多德森的研究表明,学习动机强度的最佳水平是固定不变的。 ( )

5. 在对学习材料理解的基础上,依据学习材料的内在联系,并运用已有的知识经验而进行的识记是意义识记。 ( )

6. 教师在教学中的主导作用就是充分调动学生的积极性。 ( )

7. 学生正在听课,忽然教室外发生巨响,引起大家不由自主地转头朝向刺激的方向。这种注意形式是有意注意。(常考) ( )

8. 某一测试在多次施测后所得分数的稳定、一致程度称为效度。 ( )

9. 马斯洛需要层次理论中的最高层次需要是尊重与自尊的需要。 ( )

10. 趋避冲突指一个人对两个目标同时产生两种对立的动机,一方面好而趋之,另一方面恶而避之的矛

C. 关爱学生

D. 爱岗敬业

2. 综合实践活动课在新课改中被列入(　　)(常考)

A. 选修课

B. 活动课

C. 综合课

D. 必修课

3. 古代西方教育中强调身心和谐发展的是(　　)

A. 雅典教育

B. 斯巴达教育

C. 世俗教育

D. 骑士教育

4. 英国教育学家洛克的教育著作是(　　)

A.《教育论》

B.《教育漫话》

C.《大教学论》

D.《爱弥儿》

5. 苏联教育家马卡连柯提出的"平行影响"教育原则是指(　　)

A. 教师教育与家长教育相结合

B. 集体教育与个别教育相结合

C. 学校教育与校外教育相结合

D. 正面教育与反面教育相结合

6. 个体身心发展具有不均衡性,所以教育要(　　)(易混)

A. 因材施教

B. 循序渐进

C. 抓关键期

D. 扬长避短

7. 教师通过展示实物、直观教具等进行示范,指导学生获取知识的方法是(　　)

A. 练习法

B. 演示法

C. 实验法

D. 发现法

8. 心理定势对解决问题(　　)

A. 具有积极作用

B. 具有消极作用

C. 既有积极作用也有消极作用

D. 没有作用

9. 对于做事犹豫不决、优柔寡断的学生,应着重培养的意志品质是(　　)

A. 自觉性

B. 果断性

C. 自制性

D. 坚韧性

10. 校园物质环境、师生关系、校风校训以及行为规范等内容属于哪种类型的课程(　　)

A. 必修课程

B. 选修课程

C. 显性课程

D. 隐性课程

11. 埃里克森认为青少年期(12～18岁)的主要发展任务是(　　)(常考)

A. 获得自主感,克服羞耻感

再看看自由墙上面，这里一个，那里一堆，显得杂乱无章，于是，我让孩子们想想办法，怎样才能让自由墙美观一点。他们想了很多方法，也报出了几种方案。可实施起来，都行不通。正当孩子们一筹莫展的时候，我拿来了几张漂亮的旧挂历纸，裁成条，在作品中贴了几条，顿时，自由墙变成了一个装饰橱的模样，盘子就像在装饰橱的精美展品。孩子们都高兴地拍起手来……在以后的几天里，每天孩子们来园，都要领着爸爸妈妈或同伴，到自由墙前，来欣赏一番。

请评析上述案例中教师的行为，并谈谈对你的启发。

57. 上中班的铭铭，每天来园总是黏着奶奶的手，不肯松手，奶奶好说歹说半天，他才眼泪汪汪的，勉强让奶奶离开。平时铭铭和其他孩子玩不到一起，经常独自看着同伴游戏，老师鼓励他去参加小朋友的游戏，他也不愿意，他的自理能力弱，吃饭、穿衣、动作很慢，还经常把饭菜掉在桌子上，衣服穿反，老师和奶奶沟通后发现，铭铭爸妈由于工作忙，基本顾不上铭铭，他一直由奶奶抚养，并且对他十分宠爱，从来不让他自己动手。

请分析铭铭存在的问题，出现问题的原因，并提出针对性措施。

44. 在儿童创伤现场急救基本生命支持过程中，首要的是有效保持气道开放，然后是口对口人工呼吸和胸外心脏按压。(易错) ( )

45. 对幼儿良好的行为习惯和道德品质的形成，最有效的教育方法就是耳提面命。 ( )

46. 关于“幼小衔接”的正确理解是，整个三年的幼儿园教育都是在为入小学做准备，包括身体动作、学习兴趣和能力、语言发展、个性品质等方面。 ( )

47. 幼儿园档案信息管理最重要的作用是见证幼儿园的成长。 ( )

48. “幼儿发脾气时不硬性压制，等其平静后告诉他什么行为是可以接受的”是帮助幼儿学会恰当表达和调控情绪的好方法。(常考) ( )

判断-48

49. 幼儿教师只需要根据幼儿生长发育正常、对环境有一定的适应能力、体能发展正常三个指标就可以评价幼儿是健康的幼儿。 ( )

50. 游戏常规是幼儿进入游戏环境应该遵守的活动规则，以及允许或者禁止的游戏行为，应由教师进行制定。 ( )

51. 对幼儿的教育主要是教师的事情，跟保育员没有关系。(常考) ( )

52. 幼儿教师平时观察所获得的具有典型意义的幼儿行为表现和所积累的各种作品等，是评价幼儿发展状况的重要依据。 ( )

53. 整理物品是幼儿生活自理的重要表现，幼儿期的发展阶梯是小班能将玩具和图书放回原处，中班能整理自己的物品，大班能按类别整理自己的物品。 ( )

54. 请幼儿取放物体时，使用他们能够理解的方位词，如把桌子下面的东西放到窗台上，把花盆放在大树旁边等。 ( )

55. 当发现幼儿被烫伤、形成水疱时，应当扎破水疱，涂抹抗生素药膏，再用无绒毛纱布包扎，避免伤口感染。(易错) ( )

判断-55

四、案例分析题(本大题共2小题，每小题10分，共20分)

56. 活动简述：

今天我让孩子们在一次性纸盘上进行图案装饰，以巩固有规则排列的装饰方法，同时将作品投放到区角里，供孩子们游戏时使用，孩子们都非常认真地想着画着……不一会儿就有几个孩子画完了。我请他们将装饰好的盘子放在“超市”里，这时候，宋晨走过来，对我说：“老师，我觉得今天的盘子画得太漂亮了，我舍不得放在‘超市’里卖，还是让我把它贴在自由墙上吧。”我拿起他的盘子，的确非常漂亮，而且很有创意。盘子的中央，是两个小朋友在玩耍的主题画，边缘用两种图案，按照一定的规律排列着，真是栩栩如生，叫人爱不释手。我同意了她的做法，她很自豪，也很小心的，将自己的盘子，贴在了自由墙上。她的这一做法带动了其他小朋友，他们纷纷效仿，都将自己的盘子贴了上去，自由墙立刻被占领了。孩子们拥挤在自由墙前，相互指指点点。看看自己的，说说别人的，还不时发出赞叹声，久久不愿离去。

15. 贝贝在午休时不睡觉,还发出阵阵噪音影响其他小朋友,下列教师的做法错误的是(　　)

A. 询问贝贝不睡觉的原因

B. 安抚贝贝,将贝贝带离休息区

C. 惩罚贝贝,将贝贝关进厕所

D. 和贝贝沟通交谈,告诉他午休的益处

16. 幼儿动作技能的形成要经过以下三个阶段:①自动化阶段;②认知阶段;③联系形成阶段。动作技能形成的顺序(　　)

A. ②③①

B. ②①③

C. ③①②

D. ①②③

17. 幼儿体育锻炼需要坚持的原则不包括(　　)(常考)

A. 渐进性原则

B. 兴趣性原则

C. 持久性原则

D. 竞赛性原则

18. 幼儿园纸工活动是以不同性质的纸为主要材料,选用折、剪、撕、贴等各种技能进行造型活动。有关纸工活动,下列说法错误的是(　　)

A. 小班儿童的纸工活动主要以培养兴趣为主

B. 中班的折纸多用单张纸进行简单的平面折叠

C. 为中班儿童设计的课题主要是折纸和剪贴

D. 大班剪纸课题的设计主要是让孩子自剪自贴,重点在"剪"

19. 张老师经常告诉小朋友们:"游戏结束了,要把玩具整理好放回原处,活动发言要举手。"主要是为了树立幼儿的(　　)(易错)

A. 规则意识

B. 情感的稳定性

C. 合作意识

D. 逻辑思维

20. 生活环境对幼儿的发展至关重要,以下属于适合幼儿生活的环境是(　　)

A. 小明上课打扰学习纪律,教师让其站在小椅子上双臂举起

B. 小美的父母多年来恩爱如初,家庭氛围愉悦温馨

C. 小浩家的邻居经常为了一点小事吵架动手

D. 小红因身材矮小经常受到幼儿园小朋友的欺负

21. 科学活动"认识家禽"中,幼儿认识了鸡、鸭、鹅后,教师抛出问题:"你们知道它们有一个共同的名字叫什么吗?""它们有什么相同的地方?"老师的提问策略属于(　　)

A. 启发式提问

B. 发散性提问

C. 推理式提问

D. 总结式提问

22. 下列科学活动中,属于偶发性科学活动的是(　　)

A. 观察大雾天气

B. 记录沉浮现象

C. 观察区角植物生长

D. 制作蝴蝶标本

7. 儿童多动综合征常见的症状是(　　)

A. 活动过度　　B. 注意力不集中

C. 行为冲动　　D. 以上都是

8. 在饮食教育中,老师先让孩子初步认识一些食物,然后再培养他们合理搭配食物的能力,这遵循了饮食营养教育的(　　)

A. 可行性原则　　B. 直接性原则

C. 一致性原则　　D. 序列性原则

9. 有的孩子本来想画小花,看到别的小朋友在画汽车,他也画汽车了。汽车刚画完几笔,听见另一个小朋友说:"我画飞机。"他也说:"我画飞机。"经常有这种情况,邻座的小朋友画的画都很像。这说明幼儿绘画具有(　　)的特点。

A. 随意涂画穿插　　B. 绘画内容转移

C. 易受他人影响　　D. 形象含义易变

10. 一般情况下,幼儿园小班孩子口中的"小白兔",其含义是(　　)(易混)

A. 个头小、皮毛白的兔子　　B. 各种兔子

C. 小而可爱的兔子　　D. 白色的兔子

11. 在幼儿园中,幼儿感受到的更多是环境、活动、材料和教师的行为,而不是教育者的教育目的和期望,这表明幼儿园的课程具有(　　)的特点。

A. 启蒙性　　B. 游戏化

C. 生活化　　D. 潜在性

12. 幼儿时期是进行美育的最好阶段,苏霍姆林斯基说:"教育工作者的任务就在于让每个儿童看到人的心灵美,珍惜爱护这种美,并用自己的行动使这种美达到应有的高度。"下列关于儿童美育说法错误的是(　　)

A. 幼儿在对美的感悟和审美能力上、在艺术表现能力上都处于空白状态,不存在着个体的差异

B. 美是无处不在的,应该把审美教育的目标融入孩子日常的生活教育中

C. 美育与德育密不可分,德育给美育提供了丰富充实的内容,保证了美育的正确方向

D. 美育能够促进学生智力的发展,扩大和加深他们对客观世界的认识

13. 欣欣最近总是搞恶作剧,吓哭了幼儿园的很多小朋友,教师应该(　　)(易错)

A. 请家长来幼儿园教育　　B. 亲自批评教育

C. 认为这是创造力的表现,提出表扬　　D. 发现欣欣的闪光点,及时引导

14. 幼儿园在布置娃娃家、商店等活动区域时,应多提供原材料和(　　),让幼儿有更多的机会参与制作活动。

A. 半成品　　B. 范例　　C. 成品　　D. 图示

51. 材料：

以下是某老师开展“小青蛙唱歌”歌唱活动的片段。

“小青蛙们，大家互相打个招呼吧！”“妈妈先来跟你们打个招呼！”“呱呱！呱呱！”老师提示幼儿用不同的速度和节奏表现青蛙的叫声。

“小青蛙们，你们怎样向池塘里的新朋友介绍自己呢？说说自己长什么样？”老师清唱：“青蛙青蛙大嘴巴，唱起歌来呱呱呱呱……”引导幼儿理解歌词并能用自己的动作表现。

“我们练好本领用好听的歌声介绍自己。”老师提示幼儿听琴声，根据节奏快慢、音量大小歌唱。

“许多小动物们也来了，每个小青蛙找一个好朋友，用歌声向它们介绍自己吧。”

小青蛙一边游一边跟着琴声用好听的声音歌唱，琴声停止，小青蛙躲进水底。

(1)分析教师组织该歌唱活动的优点。(6分)

(2)简述组织这类歌唱活动应注意的问题。(4分)

四、案例分析题（本大题共3小题，第49题9分，第50题8分，第51题10分，共27分）

49. 材料：

大班的李老师在阅读区投放了绘本、广告、文字拼图，还有纸和笔等。洋洋经常光顾阅读区，一天洋洋说："我要做一本自己的书。"他在纸上画了些线条和圆圈，李老师走过去问需不需要帮他在上面写一些字，洋洋用手指着他画的圆圈说："就写在这里，这个是写给妈妈的话。"李老师就帮他在画圆圈的地方写了字。

(1)结合材料，简述洋洋在阅读与书写准备方面的典型表现。(4分)

(2)评析李老师的支持行为及对幼儿阅读与书写准备的意义。(5分)

50. 材料：

大班某幼儿经常尿床，今天午睡该幼儿又尿床了，保育员当着其他小朋友的面不耐烦地说："你怎么又尿床了。"

(1)分析该幼儿尿床的可能原因。(2分)

(2)简述矫治该幼儿尿床的具体措施。(6分)

17. 小儿佝偻病的典型症状是(　　)(常考)

A. 嗜睡　　B. 枕秃

C. 食欲好　　D. 少汗

18. 矫治幼儿咬指甲癖的最佳方法是(　　)

A. 戴手套　　B. 不予理睬

C. 转移注意　　D. 手指涂黄连

19. 美美每到星期一就犯困,注意力不集中。对此保教人员在执行生活制度时应加强(　　)

A. 家园同步　　B. 个别照顾

C. 习惯培养　　D. 保教结合

20. 为预防病毒性肝炎,幼儿园对餐具进行消毒时必须煮沸(　　)

A. 1～2分钟　　B. 5～10分钟

C. 10～15分钟　　D. 15～30分钟

21. 幼儿阅读的主要材料是(　　)

A. 动画片　　B. 图画书　　C. 图片　　D. 玩具

22. 在“晴天好还是雨天好”的辩论活动中,芳芳说:“晴天的时候可以出去玩,雨天的时候不能出去玩。”这种辩论方法是(　　)

A. 比喻　　B. 假设　　C. 反问　　D. 对比

23. 自然角里的小乌龟死了,小朋友们问:“死了还会活过来吗?”为此,张老师组织幼儿讨论如何看待生命的问题。该做法体现了科学教育活动内容选择的(　　)

A. 季节性　　B. 地方性　　C. 生成性　　D. 民族性

24. 幼儿将4朵花分开插进4个瓶子里,发现花和瓶子的数量一样多。他采用的方法是(　　)(易错)

A. 重叠比较　　B. 并放比较

C. 连线比较　　D. 双排比较

25. 教师引导幼儿将一堆积木先按颜色分类,在此基础上再按形状分类,如此连续分类。这种分类方式是(　　)(常考)

A. 二维分类　　B. 多维分类

C. 多角度分类　　D. 层级分类

26. 10以内相邻数的教学一般安排在(　　)

A. 小小班　　B. 小班　　C. 中班　　D. 大班

27. 琳琳5个5个地数出一堆雪花片的数量。她采用的计数方法是(　　)

A. 一一点数　　B. 目测数数

C. 按群计数　　D. 口头数数

8. 了解和评价幼儿不适宜的方法是( )

A. 日常观察

B. 家庭调查

C. 统一测试

D. 幼儿谈话

9.《中共福建省委福建省人民政府关于全面深化新时代教师队伍建设改革的实施意见》提出,分区域逐步将幼儿园教师学历提升至( )

A. 本科

B. 师范专业专科和非师范专业本科

C. 研究生

D. 专科以上层次,做到专科与本科并重

10.《中共中央国务院关于全面深化新时代教师队伍建设改革的意见》提出,幼儿园教师重点培训方式是( )

A. 自主研修和跟岗实践

B. 集中培训和跟岗实践

C. 网络学习和定岗实践

D. 集中培训和定岗实践

11. 幼儿一边进食一边说话容易呛咳,是因为幼儿( )

A. 呼吸道管腔狭窄

B. 会厌软骨保护性反射机能不完善

C. 声带还不够坚韧

D. 气管、支气管的自净能力差

12. 让幼儿干什么他乐于接受,让他别干什么就难了。这符合幼儿大脑皮质活动特性的( )(易错)

A. 优势原则

B. 动力定型

C. 镶嵌式活动原则

D. 兴奋过程强于抑制过程

13. 幼儿严重缺铁和缺锌可能出现( )(易错)

A. 异食癖

B. 肝、脾肿大

C. 皮肤发炎,脱发

D. 注意力不集中

14. 幼儿每天饮水的正确做法是( )

A. 少量多次饮水

B. 一次足量饮水

C. 乳饮料和果汁替代白开水

D. 餐前餐后多饮水

15. 幼儿患急性肾炎,尿色呈( )(易错)

A. 橘黄色

B. 棕色

C. 红色

D. 乳白色

16. 预防幼儿"脚气病"的膳食配置方法是( )(易错)

A. 干稀搭配,少吃调料和油炸食品

B. 荤素搭配,经常吃适量的鱼、禽、蛋、瘦肉

C. 蔬菜水果搭配,多吃新鲜蔬菜、水果

D. 粗细粮搭配,每天吃豆类及其制品

45. 在教育教学中体罚或变相体罚幼儿的个人,应由教育行政部门对直接责任人员给予警告、罚款的行政处罚,或者由教育行政部门建议有关部门对责任人员给予行政处分。 ( )

46. 幼儿园科学课程实施途径很多,应该更多的重教学、轻游戏,这将有助于教育目标的实现。 ( )

47. 认识油画棒、蜡笔、水彩笔和画纸,掌握基本使用方法,养成正确的握笔和绘画姿势是大班美术绘画教育中的主要内容。(易混) ( )

48. 教师在提高幼儿对文字的敏感程度时,专门让幼儿识字和机械记诵文字的方法是非常可取的。 ( )

49. 培养幼儿演奏打击乐的能力时,身体动作的参与是帮助幼儿感知、表现节奏的最直接的手段。 ( )

50. 维果斯基认为,角色游戏是学前儿童的典型游戏,研究儿童的游戏应当以角色游戏为主要对象。 ( )

第二部分 主观题

四、论述题(本大题共10分)

51. 良好的师幼关系是顺利开展幼儿教育活动的重要保障。

试述教师与幼儿交往应遵循的原则。

五、案例分析题(本大题共10分)

52. 案例:

如果说中小学奥数火爆程度还在预料之中,那么幼儿园级别的奥数火爆程度可能会让无数人大跌眼镜。时下,越来越多的家长开始把还在读幼儿园的孩子送进奥数课堂。当然,奥数的新名字变成了"思维训练"。

翟女士有个五岁半的女儿,九月开学就要上幼儿园大班了。最近翟女士的内心十分纠结:"挣扎了好久,最终还是决定给女儿报个奥数班。"对于女儿的教育,翟女士一直觉得要给孩子一个快乐无负担的童年。但最近和朋友聚餐,聊起孩子的教育,翟女士有点坐不住了。"都说奥数培养的是逻辑思

35. 根据《幼儿园教师专业标准(试行)》,幼儿教师要拥有良好的个人修养与行为,具体包括(　　)

A. 富有爱心、责任心、耐心和细心　　B. 乐观向上、热情开朗、有亲和力

C. 善于自我调节情绪　　D. 勤于学习,不断进取

36. 兴趣是人类探究某种事物带有情感色彩的认知倾向,能引起幼儿学习数学兴趣的因素主要包括(　　)(易错)

A. 适合幼儿水平的学习内容

B. 能引起幼儿积极思维的活动形式和教学方法

C. 多种多样的直观材料、玩具和教学形式的新颖性

D. 和谐美满的家庭环境

37. 自然角是指在幼儿园的教室内、廊沿或活动室的一角,供饲养小动物、栽培植物、陈列幼儿收集的生物样本的场地和场所。它对幼儿的特殊作用包括(　　)

A. 能培养幼儿的责任感

B. 能激发幼儿的求知欲和探究热情

C. 能满足幼儿认识周围世界的需要

D. 能树立幼儿的主人翁意识,培养幼儿的劳动习惯

38. 造型即用美术的媒介创造出图形或形象,它是美术创作的基础。教师可对幼儿进行的造型指导包括(　　)(易混)

A. 引导幼儿观察、理解物体的形体结构　　B. 引导幼儿再现

C. 通过系列活动掌握物体的造型　　D. 巧妙安排画面和色彩

39. 为了更好地培养幼儿的语言运用能力,教师可以做的是(　　)

A. 创设宽松的支持性语言环境　　B. 严厉批评幼儿语言运用中出现的错误

C. 面向全体幼儿,注意个体差异　　D. 各领域要积极配合,共同提高幼儿的语言运用能力

40. 以下游戏表现出儿童的想象力与现实相结合的是(　　)(易错)

A. 儿童扮演医生游戏时用橡皮当作药物　　B. 儿童在操场玩开轮船的游戏

C. 儿童在操场玩斗陀螺的游戏　　D. 儿童用方形小木块搭建高楼大厦

三、判断题(判断下列各题的正误,并在题后括号内打"√"或"×"。本大题共10小题,每题0.82分,共8.2分)

41. 幼儿园课程以幼儿的直接经验为基础,让幼儿以获得直接经验为主。(常考)　　(　　)

42. 班级常规就是规定在班级中禁止幼儿做的一些事情,一般以"不"字开头制定常规。　　(　　)

43. 在成人与婴幼儿的交往中,要尽量采用多种适宜的身体语言动作。　　(　　)

44. 幼儿所有的竞争行为都可能导致攻击,因为在竞争的情境中,不能满足其期望目标的幼儿会受到暂时的挫折,这种挫折会导致攻击。(易错)　　(　　)

15. 幼儿经常听到长辈说:“你听话,就给你买糖果。”在发现长辈说了很多次却没有一次兑现后,他们也学会了说谎,幼儿的这种说谎现象属于(　　)

A. 间接说谎　　B. 有意说谎

C. 模仿说谎　　D. 无意说谎

16. 在体育活动中,教师不仅要观察幼儿动作发展的情况,还要善于进行设计和指导,让每位幼儿每天都有机会进行使用大肌肉和小肌肉的活动。下列活动中,属于发展幼儿小肌肉动作的活动是(　　)

A. 用手指拾起豆子　　B. 走高度、宽度适宜的平衡木

C. 投掷“沙包”练习　　D. 模仿动物走

17. 幼儿体操动作的编排应包括身体的各个部位和不同方向的动作,成套幼儿体操的编排程序是(　　)(常考)

A. 上肢或四肢的伸展动作→扩胸、转体动作→腹背动作→下肢及全身动作→放松、整理动作

B. 扩胸、转体动作→腹背动作→下肢及全身动作→上肢或四肢的伸展动作→放松、整理动作

C. 放松、整理动作→上肢或四肢的伸展动作→扩胸、转体动作→腹背动作→下肢及全身动作

D. 腹背动作→上肢或四肢的伸展动作→扩胸、转体动作→下肢及全身动作→放松、整理动作

18. 掌握10以内的加减运算,不只是理解的问题,还有个巩固和熟练的问题,教师用两张画有不同数目小鱼的图片,让幼儿看图回答“一共有几条小鱼”,并说明是用什么方法算的,这运用的是(　　)

A. 教学游戏法　　B. 书面练习法

C. 感知练习法　　D. 编题练习法

19. 年龄小的孩子能够准确地回答出自己家里有妈妈、爸爸、爷爷、奶奶和自己,但却不能简单直接地用抽象的数字“5”来概括家里共有几人,这体现了儿童早期教学概念发展过程中具有(　　)的特点。

A. 从个别到一般　　B. 从外部动作到内部动作

C. 从具体到抽象　　D. 从同化到顺应

20. 李老师在进行科学活动时,问小朋友:“小鸡长成什么样子?”晨晨站起来回答:“小鸡的嘴巴扁扁的。”李老师据此了解到晨晨并不知道小鸡的嘴巴长成什么样子,这表明了提问具有(　　)(易错)

A. 引起学习动机作用　　B. 帮助学生学习作用

C. 管理功能　　D. 评价功能

21. 在美术活动《小动物》中,杨老师先呈现一些小动物的图片,让幼儿进行认识和区分,并引导幼儿表达看到这些小动物后内心的情绪和情感,最后才让大家开始动手画画,杨老师将美术教学与促进知识、语言和情感的发展联系起来,遵循了幼儿园美术教育活动设计中的(　　)原则。

A. 主体性　　B. 渗透性

C. 开放性　　D. 游戏性

7. 幼儿教师要培养幼儿各种有利于消化吸收的进食行为，对此，幼儿教师的下列做法中正确的是（　　）（易错）

A. 为增加食欲，要求幼儿在餐前做大量剧烈运动

B. 告诉幼儿要细嚼慢咽每一口饭菜

C. 将积木拿给正在吃饭的幼儿玩耍

D. 若发现幼儿不愿吃饭，选择用零食代替正餐

8. 幼儿园应当制定合理的幼儿一日生活作息制度，正餐间隔时间不得少于（　　）

A. 1小时　　B. 2小时　　C. 3.5小时　　D. 5小时

9. 在日常工作中，应让婴幼儿了解基本的安全知识，掌握更多的自我保护知识。下列关于防火的知识中有误的是（　　）

A. 知道火警电话是119　　B. 知道水、土、沙子都能灭火

C. 看见着火了自己要赶紧灭火　　D. 见到点着的烟头要踩灭它

10. 在目前的学前教育实践中，有时会出现这样的问题：老师在幼儿园教育孩子要懂得分享、合作、谦让等，但是有些家长却告诉孩子喜欢的玩具可以占为己有……在很多方面，家长的观念与教师的观念有很大差异，这违背了幼儿社会性教育的（　　）原则。（常考）

A. 行为实践　　B. 一致性　　C. 榜样作用　　D. 情感支持性

11. 在幼儿跳跨栏活动中，要提供几种不同高度的跨栏，让幼儿自由选择；对肥胖的幼儿以及体弱幼儿，教师应和保健医生配合制订运动方案。这体现了幼儿园户外活动原则中的（　　）

A. 经常性原则　　B. 动静交替原则　　C. 全面锻炼原则　　D. 个别对待原则

12. 一个孩子无论是在安静还是嘈杂的学习氛围中学习，都能不受影响，保持自我的学习进度和步调，他的这种认知风格属于（　　）

A. 场依赖型　　B. 场独立型　　C. 反思型　　D. 深层加工型

13. 斯金纳在《美国教育之耻》中谈到："只有当我们提升对行为主义的理解时，当今世界的主要问题才能得到很好的解决。"行为主义的最主要特征是（　　）（易错）

A. 研究刺激反应之间联结的学习过程

B. 研究操作性条件作用原理

C. 研究社会学习理论

D. 研究经典行为主义到新行为主义的转变

14. 在日常教育中，幼儿教师在运用干预攻击性行为常用方法中的（　　）时，会提醒幼儿向那些能够做出合作、分享和助人行为的幼儿学习，并用动画片、故事中的英雄形象鼓励幼儿，促使他们认可并接受良好的社会行为。（常考）

A. 强化法　　B. 角色扮演法　　C. 榜样示范法　　D. 转移注意法

132. 习近平总书记在十九大报告中指出,要加强思想道德建设,加强集体主义教育。关于集体主义,下列说法不正确的是(　　)

A. 集体主义是一种道德原则

B. 集体利益与个人利益是矛盾的统一体

C. 集体主义原则尊重劳动者个人才能的充分发挥

D. 一切个人利益都要让步于集体利益

133. 社会主义道德最广泛的社会基础是(　　)

A. 公民道德　　B. 社会道德

C. 职业道德　　D. 个人道德

134. 职业道德的基本规范是对各行各业职业道德共同本质的概括和反映,是调整各行各业之间、从业人员之间、各行各业与从业人员之间相互关系所必须遵循的共同的基本要求。从我国历史和国情来看,职业道德的基本规范中最普遍、最基本的是(　　)

A. 爱岗敬业　　B. 诚实守信

C. 办事公道、服务群众　　D. 奉献社会

135. 在公共管理中,履行公共管理职能的组织的工作重点是(　　)(易混)

A. 履行管理职能　　B. 改善工作作风

C. 提高管理水平　　D. 提升管理效率

136. 坚持教育的社会公益性,建立公共教育管理与服务体系,保证公民接受义务教育权利的公平,是政府履行(　　)的要求。

A. 政治职能　　B. 社会公共服务职能

C. 经济职能　　D. 金融职能

137. 公文语言的第一要素是(　　)

A. 准确　　B. 简明

C. 朴实　　D. 庄重

138. 公文用于处理公务,具有行政机关赋予的影响力,这说明(　　)(易混)

A. 公文的制作者只能是组织　　B. 公文具有特定效力

C. 公文的法制性强　　D. 公文的内容必须规范

139. 洋务运动是近代中国第一次大规模的模仿、学习西方工业化的运动,它的根本目的是(　　)

A. 向西方学习　　B. 抵抗外来侵略

C. 维护清朝统治　　D. 镇压人民起义

140. 珠穆朗玛峰位于(　　)

A. 印度　　B. 中国

127. 习近平总书记反复强调，要发扬钉钉子精神，不折腾，不反复，切实把工作落到实处，做出经得起实践、人民、历史检验的实绩。钉钉子精神体现的哲学道理是（　　）

A. 事物之间可以根据情况建立新的具体联系

B. 事物发生质变后才能为新的量变开辟道路

C. 树立全局观念是实现整体的最优目标的条件

D. 发挥主观能动性有利于推动事物的进一步发展

128. 到2020年实现农村贫困人口脱贫的既定目标，时间十分紧迫，任务相当繁重，要采取产业精准扶贫一批，移民搬迁安置一批，低保兜底脱贫一批，医疗救助扶贫一批等措施，坚决打赢这场攻坚战。下列说法正确的是（　　）

A. 脱贫的手段各异，印证了事物的联系具有多样性和条件性

B. 致贫的原因多样，说明了同一事物在不同阶段的矛盾相同

C. 脱贫的任务艰巨，要求坚持个人主体地位，激发内在动力

D. 脱贫的时间紧迫，必须超越历史条件，创新扶贫开发路径

129. "神威·太湖之光"是国内第一台全部采用国产处理器构建的超级计算机，其峰值计算速度达每秒12.54亿亿次，是世界上首台峰值计算速度超过十亿亿次的超级计算机。依托"神威·太湖之光"，我国在天气气候、航空航天、海洋科学等重要领域出现了一大批应用成果，这表明（　　）（易错）

A. 人们在实践中不断检验和发展真理

B. 人们的实践能力依赖认识工具的发展

C. 人们认识世界的能力随着工具的发展而发展

D. 认识工具的发展是人类获得真理性认识的关键

130. 从党的十九大到二十大，是"两个一百年"奋斗目标的历史交汇期。我们既要全面建成小康社会、实现第一个百年奋斗目标，又要乘势而上开启全面建设社会主义现代化国家新征程。开启全面建设社会主义现代化国家新征程，这说明（　　）

A. 中国特色社会主义进入了新时代

B. 我国已全面建成小康社会

C. 我国已基本实现现代化

D. 我国已成为社会主义现代化强国

131. 朱自清夏夜走过月光朦胧的荷塘，写下散文名作《荷塘月色》，这表明（　　）

A. 意识是社会的产物

B. 人脑是产生意识的源泉

C. 意识是对客观事物的反映

D. 意识歪曲反映客观事物

107. 新中国成立70周年，是进行“（　　）”教育的最好时间节点。

A. 新时代中国特色社会主义思想　　B. 改革开放新思想

C. 不忘初心，牢记使命　　D. 不忘初心，继续前进

108. 中国的改革开放之所以能够顺利推进并取得历史性成就，根本原因在于始终坚持正确的改革方向和改革立场，既不走封闭僵化的老路，也不走改旗易帜的邪路。坚持改革的正确方向，最核心的是（　　）

A. 坚持社会主义市场经济

B. 坚持改革与开放相结合

C. 坚持和完善中国共产党领导的多党合作和政治协商制度

D. 坚持和完善党的领导，坚持和完善中国特色社会主义制度

109. 《中共中央关于制定国民经济和社会发展第十三个五年规划的建议》强调，我国仍处于并将长期处于社会主义初级阶段，基本国情和社会主要矛盾没有变，这是谋划发展的（　　）（常考）

A. 根本依据　　B. 基本依据

C. 根本标准　　D. 基本遵循

110. 党的十九大提出我国“两个一百年”奋斗目标的实现，分二〇二〇年到二〇三五年、二〇三五年到本世纪中叶两个阶段来安排，下列属于二〇二〇年到二〇三五年这一阶段要实现的奋斗目标是（　　）

A. 全体人民共同富裕基本实现

B. 实现国家治理体系和治理能力现代化

C. 成为综合国力和国际影响力领先的国家

D. 法治国家、法治政府、法治社会基本建成

111. 中国特色社会主义的本质属性是（　　）

A. 共同富裕　　B. 社会和谐

C. 公平正义　　D. 和平发展

112. 社会主义的基本原则是（　　）（易错）

A. 不断发展生产，增加社会财富　　B. 扩大改革开放，增强综合国力

C. 实行按劳分配，改善人民生活　　D. 以公有制为主体，实现共同富裕

113. 习近平总书记指出，做好新形势下宣传思想工作，必须自觉承担起举旗帜、聚民心、（　　）、兴文化、展形象的使命任务。

A. 立自信　　B. 育新人

C. 强根基　　D. 鼓斗志

88. 4～5岁的幼儿做了错事要敢于承认，不说谎。 ( )

89. 在感知运动阶段，婴儿以各种感觉和活动来适应环境。 ( )

90. 学前儿童获得词义的过程比获得语音、语法的过程缓慢。(易错) ( )

91. 从某种程度上说，游戏本身就是学前儿童参与社会生活的独特方式。 ( )

92. 学前儿童美术教育目标包含手工教育目标和欣赏教育目标两大类。 ( )

93. 线条是中小班儿童画中最基本的成分。 ( )

94. 倾听是幼儿语言学习不可缺少的一种行为能力，在幼儿阶段，培养儿童倾听行为是十分重要的。 ( )

95. 学前儿童语言发展水平的评价目标中包含着认知、情感与态度、技能和习惯这三个方面。 ( )

96. 在同一年龄阶段的学前儿童中，艺术偏好和艺术才能都差不多。(易混) ( )

97. 从音乐实践类型的角度来看，歌唱活动、韵律活动、音乐欣赏活动属于音乐表现活动，打击乐器演奏活动属于音乐体验活动。 ( )

98. 为幼儿选择的韵律活动的音乐应具有节奏清晰、结构工整、旋律优美、形象鲜明等特点。 ( )

99. 在韵律活动中，3～4岁幼儿可以开始学习上下肢联合移动动作。 ( )

100. 一般来说，为4～6岁幼儿选择歌曲时，以2拍子和4拍子为主，可以开始较多地选择3拍子甚至6拍子的歌曲。 ( )

101. 在幼儿园歌唱教学中，两个小组(或声部)一先一后按一定间隔开始演唱同一首歌曲的演唱形式是对唱。 ( )

102. 3岁幼儿的语言发展已有了许多进步，他们已经能够完整地再现一些短小和较长歌曲中比较完整的片段，在理解歌词含义方面也没有困难。 ( )

103. 绘画和以绘画为主的简单图表是幼儿表现和记录的主要形式。(常考) ( )

104. 学习10以内的加减法应该是数学课程的中心。 ( )

105. 湿疹是一种较常见的过敏性皮肤病，均因食物过敏引起。 ( )

第二部分　公共基础理论知识

四、单项选择题(在每小题列出的四个备选项中只有一个是符合题目要求的，请将其代码填写在题后的括号内。错选、多选或未选均无分。本大题共40小题，每小题0.75分，共30分)

106. 中国特色社会主义进入新时代，对新时代的“新”理解不正确的是( )

A. 新时代，是在新的历史条件下继续夺取中国特色社会主义伟大胜利的时代

B. 新时代，是全体中华儿女勠力同心、奋力实现中华民族伟大复兴中国梦的时代

C. 新时代，是决胜全面建成小康社会、进而全面建设社会主义现代化强国的时代

D. 新时代，是全国各族人民团结奋斗、不断创造美好生活、逐步实现全体人民同步富裕的时代

52. 各年龄阶段进行比较性观察时要求有所不同,5~6岁年龄班的要求是(　　)(常考)

A. 比较物体明显的不同点

B. 比较物体的不同点

C. 比较物体的相同点

D. 比较物体的不同点和相同点

53. 下面哪个选项不适宜作为集体科学教育活动的内容(　　)

A. 动物的外观特征

B. 观察露水

C. 蔬菜和水果

D. 实验:水的净化

54. 学前儿童美术教育中,教师应引导小班儿童在泥工中塑造(　　)

A. 平面物象

B. 简单立体物象

C. 结构复杂物象

D. 物象主要特征和细节

55. 学前儿童美术教育中,教师应引导中班儿童在绘画中表现感受过物体的(　　)

A. 轮廓特征

B. 基本形态

C. 基本结构和主要特征

D. 动态结构

56.《幼儿园工作规程》将美育目标规定为:"培养幼儿初步感受美和(　　)的情趣和能力。"(常考)

A. 热爱美

B. 发现美

C. 表现美

D. 理解美

57. 在我国幼儿园的美术教学实践中,最常见的方法是教师在黑板上画一幅范画,让孩子临摹下来。你觉得这种方法(　　)

A. 能够使儿童很快地学会画画,画得较像

B. 限制了儿童的创造力,将艺术的真正内涵排除在美术教育之外

C. 能够培养儿童画画的兴趣

D. 很好,因为教师肯定比儿童画得更好

58. 在儿童美术欣赏进入形式分析阶段时,主要分析(　　)

A. 作品的内容

B. 作品的题目

C. 作品的造型、色彩

D. 作品的时代背景

59. 系列歌唱教学方案设计的主要目的是(　　)

A. 让儿童较好地理解歌曲

B. 让儿童熟练地掌握歌曲

C. 发展儿童的创造能力

D. 让儿童在学会歌曲的过程中获得全面发展

60. 幼儿园韵律活动的第一目的是(　　)

A. 发展幼儿运用身体动作进行艺术表现的能力

B. 发展幼儿感受音乐的能力

C. 让幼儿享受参与韵律活动的快乐

D. 积累一定的音乐语汇和艺术动作语汇

44. 完整语言教育观的基本内涵不包括(　　)

A. 学前儿童语言教育目标是完整的

B. 学前儿童语言发展有赖于社会知识、认知知识和语言知识的整合习得

C. 学前儿童语言教育内容是全面的、完整的

D. 学前儿童语言教育活动是真实的、形式多样的

45. 关于儿童早期阅读能力的研究发现,两三岁儿童最初的阅读行为是(　　)(易混)

A. 注意图画,但未形成故事

B. 注意图画并形成故事

C. 注意图画、阅读和讲故事

D. 注意文字

46. 幼儿园课程的社会学基础在更大程度上影响着幼儿园课程编制中(　　)的问题。

A. 为什么教

B. 如何教

C. 教什么

D. 教得怎么样

47. 从两个月起,幼儿便开始出现对人脸的积极情绪反应,这体现了(　　)

A. 儿童情绪的社会化

B. 儿童依恋的发展

C. 儿童道德情感的发展

D. 儿童社会认知的发展

48. 以下有关儿童道德情感发展的观点中,错误的是(　　)(易错)

A. 共情对攻击性行为的产生有一定的抑制作用

B. 内疚感的产生主要是因为个体行为达不到自己内心的理想要求,而羞愧感更多是因为达不到外部要求

C. 儿童的共情能力是随着年龄的增长而自然发展的

D. 学前儿童道德情感的发展与道德认知、道德行为相互影响、协同发展

49. 以下对“科学”的认识不正确的是(　　)

A. 科学是一种知识体系

B. 科学是一种过程与方法

C. 科学是一种实践意义

D. 科学是一种精神、态度和价值体系

50. 科学精神的核心是(　　)

A. 发展

B. 求真

C. 务实

D. 验证

51.《幼儿园教育指导纲要(试行)》中关于科学领域的发展目标不包括以下哪一点(　　)

A. 能用适当的方式表达、交流探索的过程和结果

B. 能努力做好力所能及的事,不怕困难,有初步的责任感

C. 能运用各种感官,动手动脑,探究问题

D. 爱护动植物,关心周围环境,亲近大自然,珍惜自然资源,有初步的环保意识

17. 幼儿知道“夏天很热，最好不要到户外去”，反映了幼儿(　　)

A. 感觉的概括性　　B. 知觉的概括性

C. 思维的概括性　　D. 记忆的概括性

18. 四岁幼儿一般能集中注意约(　　)(常考)

A. 5分钟　　B. 10分钟

C. 15分钟　　D. 20分钟

19. 下列哪种现象能表明新生儿视听协调(　　)

A. 有些婴儿听到音乐会露出笑容

B. 听到巨大的声响，婴儿会瞪大眼睛

C. 婴儿听到母亲叫“宝宝”，就会去找妈妈

D. 婴儿看到大人逗他说话，会一跳一跳表现出快乐的样子

20. 下列不属于影响学前儿童攻击性行为因素的是(　)

A. 榜样　　B. 强化

C. 移情　　D. 挫折

21. 下列属于4~5岁幼儿想象特点的是(　　)

A. 想象出现了有意成分　　B. 想象活动没有目的，没有前后一贯的主题

C. 想象形象力求符合客观逻辑　　D. 想象依赖于成人的语言提示

22. 下列哪种活动反映了儿童的形象思维(　　)(易错)

A. 做游戏，遵守交通规则过马路　　B. 过家家，用玩具锅碗瓢盆做饭、吃饭

C. 给娃娃穿衣、喂奶　　D. 儿童能算出2+3=5

23. 让一个4岁半的幼儿看“牛、人、船、猪”四张图，要求拿出不同的一张，他拿出了“船”，是因为(　　)

A. 他认为牛、人、猪经常在一起出现，而船不是

B. 他认为船是没有生命的，而另外的都是有生命的

C. 他认为牛、人、猪都有头、脚和身体，而船没有

D. 以上理由都不正确

24. 儿童最容易学习语言发音的年龄阶段是(　　)

A. 2~3岁　　B. 3~4岁

C. 4~5岁　　D. 5~6岁

25. 幼儿语言发展中最早产生的句型是(　　)

A. 疑问句　　B. 陈述句

C. 感叹句　　D. 祈使句

C. 风格美　　D. 形体美

7. (　　)是调整教师与教师职业之间相互关系的道德规范。

A. 为人师表　　B. 教书育人

C. 爱岗敬业　　D. 爱国守法

8. 对于我国大部分的幼儿园来说,课程的整合首先应该关注的是(　　)(常考)

A. 领域间的整合　　B. 领域内的整合

C. 超领域的整合　　D. 多个领域之间的整合

9. 儿童的发展是通过(　　)

A. 对物体的操作和与人的交往而发展的　　B. 聆听教师讲授知识而发展的

C. 观察教师的操作过程而发展的　　D. 观看电视频道节目而发展的

10. 在其他教育基本要素都具备的情况下,在教育过程中起决定作用的是(　　)

A. 教育者的主导性　　B. 受教育者的主动性

C. 教育目的　　D. 教育的方法

11. 实现保教合一的前提是(　　)(常考)

A. 良好的工作伙伴与师生关系　　B. 教师的保育意识

C. 保育员的工作态度　　D. 幼儿的自理能力

12. 儿童心理发展的关键期主要表现在(　　)

A. 儿童个性发展上　　B. 儿童智力发展上

C. 儿童语言发展和感知觉方面　　D. 儿童动作发展上

13. 幼儿主动与外部环境相互作用的最重要的方式是(　　)

A. 游戏　　B. 交往

C. 活动　　D. 游玩

14. 所谓(　　),就是把儿童所应该学的东西结合在一起,完整地、系统地教授儿童。

A. 吸收性心智　　B. "整个教学法"

C. 全面教育　　D. 教、学、做合一

15. 幼儿园常用的教学方法有活动法、直观法、(　　)

A. 形象法　　B. 观察法

C. 演示法　　D. 口授法

16. 下列属于5~6岁幼儿特征的是(　　)(易混)

A. 认识依靠行动　　B. 开始掌握认知方法

C. 开始接受任务　　D. 最初步的生活自理

3. 简述体育活动实施与指导原则。(常考)

4. 简述幼儿园图画书阅读活动的组织策略。

5. 简述感知理解数、量、数量关系的教育建议。

6. 简述学前儿童音乐教育活动的内容。(常考)

25. 档案袋评价中，张老师在一段时间里持续而又系统地收集了能代表贝贝在测量主题活动中成长、进步和成就的作品，这种档案属于(　　)(易错)

A. 陈列性档案　　B. 文件性档案

C. 历程性档案　　D. 评鉴性档案

26. 下面不属于图式期幼儿绘画表现特点的是(　　)

A. 强调式表现　　B. 拟人化表现

C. 实用性表现　　D. 装饰性表现

27. 李老师带领中班孩子去参观了地方民俗文化馆，孩子们看了皮影戏，欣赏了捏面人和剪纸能人的现场表演。这最有助于哪条幼儿艺术教育目标的达成(　　)

A. 喜欢自然界与生活中美好的事物　　B. 具有初步的艺术表现与创造能力

C. 喜欢进行艺术活动并大胆表现　　D. 喜欢欣赏多种多样的艺术形式和作品

28. 下面不属于音乐活动有效示范特征的是(　　)

A. 时效性　　B. 反思性　　C. 目的性　　D. 准确性

29. "能用律动或简单的舞蹈动作表现自己的情绪或自然界的情景"，这类艺术表现与创造适合的年龄段是(　　)

A. 3～4岁　　B. 4～5岁　　C. 5～6岁　　D. 6～7岁

30. 儿童绘画能力发展的四个阶段排序正确的是(　　)

A. 涂鸦期—象征期—概念画期—写实期

B. 象征期—涂鸦期—概念画期—写实期

C. 涂鸦期—概念画期—象征期—写实期

D. 涂鸦期—象征期—写实期—概念画期

二、简答题(本大题共6小题，每小题5分，共30分)

1. 简述教学活动游戏化的特征。(易错)

2. 简述玩具利用的策略。

2019年浙江省教师招聘考试学前教育真题试卷(五)

(满分100分　时间150分钟)

本套试卷共38小题,包括单项选择题(30小题),简答题(6小题),案例分析题(1小题),活动设计题(1小题)。

一、单项选择题(在每小题列出的四个备选项中只有一个是符合题目要求的,请将其代码填写在题后的括号内。错选、多选或未选均无分。本大题共30小题,每小题1分,共30分。)

1. 以皮亚杰认知发展理论为基础的课程方案是(　　)

A. 蒙台梭利课程　　B. 瑞吉欧课程

C. 五指活动课程　　D. 高宽课程

2. 第一次明确提出并系统确立了幼儿园课程开发过程模式的课程理论家是(　　)(常考)

A. 杜威　　B. 泰勒　　C. 蒙台梭利　　D. 斯坦豪斯

3. 决定幼儿园课程实施质量的关键是(　　)

A. 课程督导　　B. 教材质量

C. 课程计划　　D. 园长课程领导力及教师课程素养

4. 下面不属于学习者中心取向的课程设计是(　　)

A. 经验中心设计　　B. 广域设计

C. 人本主义设计　　D. 开放教室设计

5. 根据评价功能和评价进行的时间,可将课程评价分为(　　)

A. 整体评价与局部评价　　B. 相对评价与绝对评价

C. 形成性评价与终结性评价　　D. 自我评价与他人评价

6. 丢手绢游戏最能体现的幼儿游戏特点是(　　)(易错)

A. 想象和真实的统一　　B. 自由和约束的统一

C. 过程和结果的统一　　D. 轻松和紧张的统一

7. 以下最能促进幼儿语言发展的游戏是(　　)

A. 词语接龙游戏　　B. 老鹰捉小鸡游戏

C. 搭积木游戏　　D. 击鼓传花游戏

8. “好的”教学游戏的特征不包括(　　)

A. 有较多幼儿参与的可能性　　B. 幼儿自己不能够判断活动的结果

四、论述题(本大题共2小题,每小题10分,共20分)

68. 幼儿园一日生活包括入园、晨检、进餐、饮水、午睡、如厕、离园等,请你谈谈作为幼儿园老师应该怎样指导这一类活动。

69. 有家长认为幼儿园教学活动以游戏为主,对幼儿的教育不起作用,请针对这种观点说说幼儿园教学活动的教育作用。

45. 为了顺利背诵课文，某学生对文中的重点句子进行画线和圈点批注，这种学习策略属于(　　)

A. 注意策略

B. 精细加工策略

C. 复述策略

D. 组织策略

46. 豆豆原本只知道用小勺子盛面糊做饼干。在老师的提示和示范下，豆豆可以用大勺子做更多的花样的糕点，豆豆这一变化的过程体现了(　　)的概念。

A. 关键期

B. 不平衡期

C. 敏感期

D. 最近发展区

47. 幼儿园老师看到小朋友哭泣，就会自然地安慰，这种行为几乎成了下意识的表现，这属于(　　)

A. 表面扮演

B. 失调扮演

C. 深层扮演

D. 自主调节

48. 在幼儿上小学时，有些新生在老师询问作业时，很轻松地说:“我不喜欢做。昨天妈妈带我去奶奶家了，所以我没写。”这种现象要求幼小衔接工作中要(　　)

A. 帮助幼儿做好入学准备

B. 培养幼儿的规则意识和任务意识

C. 培养幼儿的主动性

D. 培养幼儿的独立性

49.《幼儿园工作规程》提出的教育目标中“培养儿童活泼开朗的性格”属于(　　)目标的范畴。

A. 智育

B. 体育

C. 德育

D. 美育

50. 幼儿保育和教育的态度与行为应做到(　　)(易混)

A. 关爱幼儿，重视幼儿的身心健康

B. 尊重平等对待幼儿

C. 信任了解幼儿，满足有益于幼儿身心发展的不同需要

D. 保护幼儿的好奇心，培养想象力

二、多项选择题(在每小题列出的四个备选项中有两个或两个以上是符合题目要求的，请将其代码填写在题后的括号内。错选、多选或未选均无分。本大题共15小题，每小题1.2分，共18分)

51. 关于幼儿园社会教育的描述，正确的有(　　)

A. 是品德教育在幼儿园中的体现

B. 是幼儿社会性发展所需要的

C. 应从幼儿生活经验出发

D. 渗透于幼儿日常生活、活动中

52. 下列说法正确的有(　　)

A. 两餐间隔时间不得少于3个半小时

B. 幼儿每日户外活动时间不得少于2个小时

C. 建立幼儿健康检查制度和幼儿健康卡或档案

D. 教师和幼儿是评价的主体和对象

53. 语言领域教学活动环境创设的要求包括(　　)(易错)

A. 提供使幼儿“想说、爱说”的活动材料

B. 利用语言区角环境，使教学活动同步拥有丰富的语言环境

34. 上幼儿园前，彤彤见了陌生人就躲，上了幼儿园一个月后，彤彤的这种行为消失了。根据加涅的学习结果分类，这里发生了(　　)的学习。

A. 言语信息　　B. 智慧技能　　C. 动作技能　　D. 态度

35. 幼儿往往对某个故事百听不厌，其原因主要是(　　)

A. 想象受情绪影响　　B. 想象的内容零散

C. 以想象过程为满足　　D. 想象具有夸张性

36. 学前儿童先会走、跑，后会灵活地使用剪刀，这说明儿童动作发展具有(　　)

A. 从整体到局部规律　　B. 首尾规律

C. 大小规律　　D. 远近规律

37. 幼儿开始学习跳舞时，注意了脚部动作，手就一动不动，注意到手的动作，脚步又乱了。这说明儿童注意的(　　)(常考)

A. 稳定性比较差　　B. 范围比较小

C. 转移能力有限　　D. 分配能力差

38. 根据埃里克森的心理社会发展理论，13 岁儿童形成的人格是(　　)

A. 信任感　　B. 主动性　　C. 自主性　　D. 自我同一性

39. 为儿童创设一定的环境，让儿童在其中自我疏导其身心的某些不平衡性，这种教育方法是(　　)

A. 疏导法　　B. 排遣法

C. 发泄法　　D. 环境体验法

40. 与儿童自我意识的真正出现联系的是(　　)

A. 言语的发展　　B. 动作的发展

C. 意志的发展　　D. 情感的发展

41. 下列选项中更有利于激发幼儿的亲社会行为的是(　　)

A. 父母的榜样　　B. 游戏

C. 助人观念的灌输　　D. 自我强化

42. 幼儿时常提出一些不平常的问题，是以下哪方面的具体表现(　　)

A. 再造想象　　B. 创造想象　　C. 无意想象　　D. 有意想象

43. 儿童动作发展中，通过运动，幼儿探索和体会自己身体的运动能力，控制和操纵周围环境中的物体，这个阶段属于(　　)

A. 反射动作阶段　　B. 最初动作阶段

C. 基础动作阶段　　D. 专门化动作阶段

44. 反映幼儿记忆发展中最重要的质的飞跃的是(　　)(易混)

A. 有意识记的发展　　B. 无意识记的发展

C. 机械识记的发展　　D. 意义识记的发展

2020年河南省平顶山市叶县教师招聘考试幼儿园真题试卷(四)

(本套试题共69小题,目前已收录66小题)

本套试卷共69小题,包括单项选择题(50小题),多项选择题(15小题),案例分析题(2小题),论述题(2小题)。

一、单项选择题(在每小题列出的四个备选项中只有一个是符合题目要求的,请将其代码填写在题后的括号内。错选、多选或未选均无分。本大题共50小题,每小题0.9分,共45分)

1. 提出教育即生活的教育家是(　　)(常考)

A. 布鲁姆　　B. 赫尔巴特　　C. 杜威　　D. 卢梭

2. 近代中国政府颁布并实施的第一个学制是(　　)

A. 壬子学制　　B. 癸卯学制　　C. 壬戌学制　　D. 壬寅学制

3. 认为儿童是民族和国家的财富,是家族传承和繁衍的工具的是(　　)(易混)

A. 个人本位的儿童观　　B. 社会本位的儿童观

C. 神本位的儿童观　　D. 教育本位的儿童观

4. 下列关于学前儿童科学教育的各种评价中,较多采用非正式评价的是(　　)

A. 诊断性评价　　B. 课程评价　　C. 终结性评价　　D. 形成性评价

5. 儿童能运用语言表现他们的世界所发生的事,从而获得知识,这种认知表征是(　　)(易错)

A. 动作表征　　B. 符号表征　　C. 图像表征　　D. 表象表征

6. 幼儿园教育活动设计的综合课程趋向是(　　)活动。

A. 主题教育　　B. 学科教学　　C. 综合学科　　D. 综合实践

7. 通过设计道德两难问题,并在道德讨论中采用“引入性提问”和“深入性提问”的道德教育模式是(　　)(易错)

A. 认知模式　　B. 社会模仿模式　　C. 体谅模式　　D. 活动模式

8. 福禄贝尔重视游戏在教育中的价值,将游戏理解为(　　)

A. 儿童的外部肢体活动　　B. 儿童创造性自我活动的表现

C. 对儿童实施基础教育的最佳形式　　D. 促进儿童身体发育和健康成长的手段

9. 幼儿园教育的基本任务是(　　)(常考)

A. 促进幼儿德智体美全面发展　　B. 开发智力

C. 培养创造力　　D. 发展幼儿情商

五、活动设计题(本大题共2小题,第1小题15分,第2小题35分,共50分)

1. 请规划一个中班班级区域活动的设置图,用简要图式表示并用适当文字说明。

2. 为大班主题《秋天》预设主题网络图(15分),并根据诗歌《秋天的颜色》设计一个集体教学活动。(20分)

附诗歌:

秋天的颜色

秋天是一幅美丽的图画,美在哪儿呢?我乘上一片落叶做的小船,要去看看美丽的秋天。

一阵秋风吹来,我感到凉悠悠的,呀!秋天还送来一阵阵的香味,我看到秋天里有许许多多的颜色,真美!那秋天到底是什么颜色呢?

我问小草,小草轻轻地告诉我:“秋天是黄色的。”

我问枫叶,枫叶沙沙地告诉我:“秋天是红色的。”

我问菊花,菊花悄悄地告诉我:“秋天是白色的。”

我问松树,松树大声地告诉我:“秋天是绿色的。”

我问大地,大地骄傲地告诉我:“秋天是绚丽多彩的。”

啊!我终于明白了秋天美丽的颜色。

2021年浙江省绍兴市教师招聘考试学前教育真题试卷(三)

(满分100分　时间150分钟)

本套试卷共27小题,包括单项选择题(10小题),判断题(10小题),简答题(4小题),案例分析题(1小题),活动设计题(2小题)。

一、单项选择题(本大题共10小题,每小题1分,共10分。在每小题列出的四个备选项中只有一个是符合题目要求的,请将其代码填写在题后的括号内。错选、多选或未选均无分)

1. 儿童最先掌握的守恒是(　　)

A. 长度守恒　B. 数量守恒　C. 体积守恒　D. 容积守恒

2. 除了奶类和其他食物中摄入的水分,幼儿每天应少量多次地饮用白开水,幼儿每天饮用水量一般为(　　)(常考)

A. 200～400mL　B. 600～800mL　C. 1200～1400mL　D. 1300～1600mL

3. 儿童绘画发展的第二个阶段称之为(　　)

A. 涂鸦期　B. 图式期　C. 象征期　D. 写实期

4. 提出最近发展区理论的是(　　)

A. 维果斯基　B. 皮亚杰　C. 蒙台梭利　D. 福禄贝尔

5. 行为目标要用可以观察的行为来表述教学目标,下列词语中体现行为目标的动词是(　　)

A. 说出　B. 体验　C. 欣赏　D. 知道

6. 马斯洛需要层次理论中最高层次的需要是(　　)

A. 安全需要　B. 归属和爱的需要

C. 生理需要　D. 认知和理解需要

7. 开始能按成人的要求进行观察的孩子处于(　　)阶段。(易混)

A. 托班　B. 小班　C. 中班　D. 大班

8. 能在较窄的低矮物体上平稳地走一段距离是对(　　)幼儿提出的要求。

A. 托班　B. 小班　C. 中班　D. 大班

9. “染于苍则苍,染于黄则黄”这用来说明(　　)对人的成长发展影响是巨大的。

A. 颜色　B. 环境　C. 遗传　D. 物质

51. 一天，在大班的种植园。有一个小朋友看到土里钻出来一只蚯蚓，立即大声招呼："快看快看，这儿有一条蚯蚓。"这叫声吸引了许多小朋友聚拢过来，"它是怎么生活在土里的呢？""它吃什么长大的呢？""它是吃青菜的根。""它应该是吃土长大的。"小朋友们七嘴八舌地讨论开来。林老师见到了，建议小朋友们把蚯蚓带回班级，养在有土的透明玻璃皿里，并引导小朋友设计一张记录表，每天对它进行观察和记录。林老师还动员家长和孩子们一起上网查找蚯蚓的不同种类、生活习性等方面的资料，还在班级张贴了各种各样蚯蚓的图片。两周后，林老师组织大家开展一个交流讨论活动"我认识的蚯蚓"。

(1)结合材料分析林老师在组织该科学教育活动中的教育行为特点。(8分)

(2)结合材料为"我认识的蚯蚓"活动设计至少三个供幼儿交流讨论的问题。(2分)

六、活动设计题(本大题共25分)

52. 请以《真高兴》为主题设计一个中班健康教育活动。要求写出活动名称、活动目标、活动准备、活动过程、活动延伸。

附故事

真高兴

小鸟、青蛙、蝴蝶、小猫是好朋友。

小鸟说："我愿意为朋友们唱歌，让它们高兴。"

青蛙说："我愿意为朋友们讲故事，让它们高兴。"

蝴蝶说："我愿意为朋友们跳舞，让它们高兴。"

小猫好着急，它能为朋友们做些什么呢？

一天，一群小蚂蚁正忙着搬东西，它们从小猫身边走过时，小猫对它们友好的微笑，一只小蚂蚁说："小猫，你的微笑真甜啊。"小猫想："对呀，我可以把微笑送给朋友们，让它们高兴啊。"小猫就画了很多张图画，每一张画上都是小猫甜甜的微笑，小动物们看了高兴地笑了。

19. 幼儿找舞伴并与舞伴对舞的集体舞类型是(　　)

A. 直列舞　　B. 单圈舞　　C. 双圈舞　　D. 邀请舞

20. 在小班绘画活动中,教师引导幼儿观察金鱼的外形特征、游动时的姿态。这一美术活动的环节是(　　)

A. 感知与体验　　B. 探索与发现　　C. 创作与表现　　D. 欣赏与评议

21. 在美术活动中,教师引导幼儿将猪的身体比作大冬瓜,这种教学方法为(　　)

A. 用手抚摸　　B. 形象比喻　　C. 语言描述　　D. 几何图形概括

22. 幼儿对绘画作品中的形象不做空间安排,画面没有上下之分,更没有前后之别。这种构图方式是(　　)

A. 平行式　　B. 并列式　　C. 零乱式　　D. 开放式

23. 4~5岁幼儿手工制作的发展阶段是(　　)(易混)

A. 探索阶段　　B. 直觉表现阶段

C. 灵活表现阶段　　D. 探索表现阶段

24. 教师专门组织幼儿欣赏莫奈的艺术作品《睡莲》,这种欣赏形式为(　　)

A. 专题性欣赏　　B. 随机性欣赏　　C. 渗透性欣赏　　D. 整体性欣赏

25. 幼儿能辨别五度及五度以上的音有明显的"空间"差异,并能从前奏中辨别熟悉的歌曲,这种旋律知觉能力的年龄为(　　)

A. 3~4岁　　B. 4~5岁　　C. 5~6岁　　D. 6~7岁

26. 在实验操作中让幼儿经历"随意—探究—领悟"三个阶段。这种设计思路为(　　)

A. 自由——引导式　　B. 猜想——验证式

C. 感受——操作式　　D. 运用——操作式

27. 感知沙、水特征的活动对象属于(　　)

A. 动植物　　B. 无生命物质　　C. 自然科学现象　　D. 生活中的科技

28. 教师以笑话、幽默谜语的方式开展语言游戏,这种语言游戏的类型是(　　)练习的游戏。

A. 语音　　B. 词汇　　C. 句型　　D. 语篇

29. 教师出示图片,引导幼儿讲述《小猴卖圈》的故事。这种讲述方式为(　　)

A. 看图讲述　　B. 实物讲述　　C. 情境表演讲述　　D. 生活经验讲述

30. 幼儿入园时,幼儿园园长在门口向幼儿问好,幼儿也会微笑回应。这种教育方式为(　　)

A. 谈话法　　B. 榜样示范法　　C. 观察法　　D. 共情法

31. 教师应该根据社会教育的目标,组织和协调各方面的因素,为幼儿提供连续统一的教育影响,这要求教师保持教育态度的(　　)(易错)

A. 明确性　　B. 严谨性　　C. 一致性　　D. 灵活性

7. 幼儿具有初步的阅读理解能力，体现为(　　)

A. 反复看自己喜欢的图书

B. 能大体讲出所听故事的主要内容

C. 喜欢用涂涂画画表达一定的意思

D. 愿意用图画和符号表达自己的愿望和想法

8. 李老师在本班进行了关于绘本阅读的有效指导的教育行动研究，这体现了教师的专业能力是(　　)

A. 反思与发展

B. 沟通与合作

C. 教育活动的计划与实施

D. 一日生活的组织与保育

9. 小班幼儿比较一组幼儿和他们面前摆放的一排椅子数量是否一致，应用的数学技能是(　　)

A. 分类　　B. 排序　　C. 计数比较　　D. 对应比较

10. 在5～6岁幼儿探究动植物时，教师可以引导他们(　　)(易混)

A. 初步了解和体会动植物和人们生活的关系

B. 能感知和发现动植物的生长变化及其基本条件

C. 能察觉到动植物的外形特征、习性与生存环境的适应关系

D. 认识常见的动植物，能注意并发现周围的动植物是多种多样的

11. 预防幼儿登革热的有效措施是(　　)

A. 防止蚊虫叮咬　　B. 开窗通风　　C. 勤洗手　　D. 管理好粪便

12. 幼儿能轻松地下腰、劈叉的原因是(　　)

A. 肌肉纤维柔嫩

B. 骨骼弹性强

C. 脊柱生理性弯曲尚未固定

D. 关节的伸展性和柔韧性强

13. 除了奶类和其他食物中摄入的水分，幼儿每天应少量多次地饮用白开水，幼儿每天饮用水量一般为(　　)(常考)

A. 200～400mL　　B. 600～800mL　　C. 1200～1400mL　　D. 1300～1600mL

14. 诺如病毒性胃肠炎的主要传播途径是(　　)

A. 粪—口传播　　B. 虫媒传播　　C. 血液传播　　D. 土壤传播

15. 幼儿气管异物堵塞时，现场急救最有效的方法是(　　)

A. 口对口吹气法

B. 胸外心脏挤压法

C. 肩部颠簸法

D. 海姆里克腹部冲击法

16. 幼儿的退缩性行为属于(　　)问题。

A. 社会交往　　B. 生理性　　C. 情绪　　D. 语言

17. 幼儿开始空气浴的最佳季节是(　　)

A. 春　　B. 夏　　C. 秋　　D. 冬

18. 下列最适合小班幼儿的早操是(　　)

A. 器械操　　B. 创编操　　C. 模仿操　　D. 变换队列操

31. 简述幼儿良好的社会适应能力主要表现在哪些方面。

三、材料分析题(本大题共12分)

32. 小苏是某幼儿园小班的幼儿，今年4岁，小苏是家里的“小公主”，小苏的奶奶认为小苏年龄还小，不愿让小苏上幼儿园，每次入园前，奶奶都抱着小苏不肯撒手。入园后，小苏要哭好一会儿才平静下来。在与小苏的接触中，陈老师发现小苏生活自理能力相比同班幼儿非常弱，不能独立吃饭，也不和别的小朋友交流。对于老师和小朋友的打招呼，小苏也没有反应，在幼儿园也不说话。在一次课间活动中，别的幼儿都能够排队洗手，只有小苏对老师的要求毫不理会。陈老师跟小苏说:“去排队洗手。”小苏既不理会也不做。直到陈老师发现小苏呆在原地不动，问小苏是不是想上厕所，小苏才点点头。

(1)请结合《指南》中小班幼儿倾听与表达，说说小苏没有做到倾听与表达的哪些目标?(4分)

(2)如果你是陈老师，你有哪些教育建议。(8分)

27. 对幼儿园教育目标进行评价时，可以从哪些角度进行评价。

28. 简述教师介入游戏的重要性。（易错）

29. 简述幼儿多元文化教育活动实施途径。

30. 简述幼儿园音乐活动的特点。（常考）

真题试卷

2021年浙江省临海市教师招聘考试学前教育真题试卷(一)

(满分100分　时间150分钟)

本套试卷共33小题,包括单项选择题(25小题),简答题(6小题),材料分析题(1小题),活动设计题(1小题)。

一、单项选择题(本大题共25小题,每小题1.28分,共32分。在每小题列出的四个备选项中只有一个是符合题目要求的,请将其代码填写在题后的括号内。错选、多选或未选均无分)

1. 幼儿园课程要与幼儿的现实发展联系起来,适时而教,循序而育,体现了幼儿园课程的(　　)特点。(易混)

A. 启蒙性　　B. 奠基性　　C. 义务性　　D. 潜在性

2. 幼儿园整合课程的选择中,是整合(　　)内容。

A. 课程要创设一个好的氛围　　B. 贯彻在生活中

C. 获得的知识包罗万象　　D. 多个领域之间相互联系、相互促进

3. 在幼儿园课程设计中,选择以儿童兴趣为起点的是(　　)

A. 分科课程　　B. 核心课程

C. 活动课程　　D. 户外课程

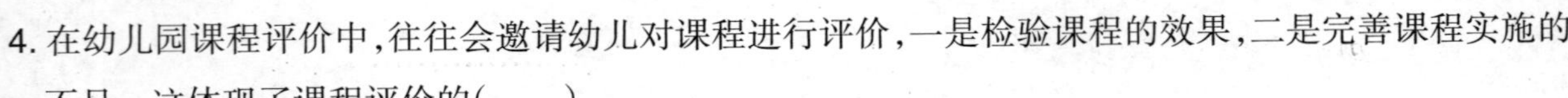

4. 在幼儿园课程评价中,往往会邀请幼儿对课程进行评价,一是检验课程的效果,二是完善课程实施的不足。这体现了课程评价的(　　)

A. 鉴定功能　　B. 诊断功能　　C. 选择功能　　D. 渗透功能

5. 目标取向的课程评价被看作是将教育结果或课程计划与预定课程目标相对照的过程,说明课程受(　　)支配。

A. 逻辑理性　　B. 内容理性

C. 工具理性　　D. 实践理性

6. 游戏的实质在于儿童的主体性、自主性能够在(　　)中实现。(易错)

A. 活动　　B. 教学　　C. 游戏　　D. 主题活动

7. 幼儿刚能灵活上下楼梯,就开始在楼梯上玩跑上跑下的游戏。这种游戏属于(　　)

A. 感觉机能性游戏　　B. 象征性游戏

目 录

参考答案及解析单独成册

教师招聘考试

历年真题解析及押题试卷

学科专业知识 学前教育

山香教师招聘考试命题研究中心 主编

图书在版编目(CIP)数据

教师招聘考试历年真题解析及押题试卷. 学科专业知识. 学前教育 / 山香教师招聘考试命题研究中心主编. -- 北京：首都师范大学出版社, 2020.10(2021.8重印)

ISBN 978-7-5656-6016-0

Ⅰ. ①教… Ⅱ. ①山… Ⅲ. ①学前教育—幼教人员—聘用—资格考试—习题集 Ⅳ. ①G451.1-44

中国版本图书馆CIP数据核字(2020)第181769号

教师招聘考试历年真题解析及押题试卷

XUEKE ZHUANYE ZHISHI XUEQIAN JIAOYU

学科专业知识·学前教育

山香教师招聘考试命题研究中心　主　编

策划编辑　张文强

责任编辑　曹亮亮　　　　封面设计　山香教育

首都师范大学出版社出版发行

地　　址　北京市西三环北路105号

邮　　编　100048

电　　话　010-68418523(总编室)　　010-68982468(发行部)

网　　址　http://cnupn.cnu.edu.cn

印　　刷　河南黎阳印务有限公司

经　　销　全国新华书店

版　　次　2020年10月第1版

印　　次　2021年8月第6次印刷

开　　本　787mm×1092mm　1/16

印　　张　13.5

字　　数　300千

定　　价　42.00元

愿你千帆过尽
归来仍是少年

坚持初心　匠心铸品

人的一生只有一次青春。现在,青春是用来奋斗的;将来,青春是用来回忆的。

人生之路,有坦途也有陡坡,有平川也有险滩,有直道也有弯路。

优质的试卷,会为你增添动力,助你"扶摇直上九万里"。这对试卷的编写也有了更高质量的要求。

高质量的试卷,往往能带给考生一种"真实感"。无论是从形式上还是内容上,都能带给考生"实战演练"的体验,助力考生在紧张的学习阶段找准方向,提高学习效率,实现从量变到质变的飞跃。

本书具有如下特点:

1.尽量接近实战

让考生接近"真题",感受真题试卷的氛围。本套试卷包含两部分:真题试卷和押题试卷,其中真题试卷10套;押题试卷10套。

真题均由山香教育通过特殊渠道搜集而来,力保原题原卷,考生可通过真题检测知识、感知战场。

押题均由山香名师在教研考情的基础上撰写而成,从内容到形式,都与真题保持较高相似度,力求在知识分布、总体难度、题干表述、选项设置等方面做到高仿真。

2.解析讲解巧妙

解析部分非常重要,其地位不亚于试题部分。解析除了检测对错外,还有答疑解惑、指导复习的作用。山香的解析标准是知其然知其所以然,在解析选项的同时,通过"易错警示""方法技巧"等栏目,达到考生掌握考题所涉考点的目的。

不管你是"倔强青铜"还是"不屈白银",坚持下去,终成心中"最强王者"。

山香教育编辑部

C. 结构游戏　　D. 规则游戏

8. 老师在布置幼儿园活动室，墙壁四处有窗户，还有天窗，老师就在阳光照射进来的地方设置了四个不同的活动区域，这体现了区域规划的(　　)

A. 发展适宜性原则　　B. 安全卫生原则

C. 参与性原则　　D. 因地制宜原则

9. 磊磊处于(　　)阶段，和自己玩相同积木的小朋友离开不会影响他。

A. 单独游戏　　B. 平行游戏

C. 联合游戏　　D. 合作游戏

10. 在学前儿童健康教育活动中，幼儿园教师让幼儿自己发现问题，发表自己的看法和意见，解决问题并得出结论，使用了(　　)

A. 讲解演示法　　B. 情境表演法

C. 感知体验法　　D. 讨论评议法

11. 幼儿身心保健教育活动过程的组织中，(　　)是幼儿自主学习、建构知识的重要环节。

A. 开始环节　　B. 呈现环节

C. 操作环节　　D. 巩固环节

12. 下列哪项不属于大班幼儿"手的动作灵活协调"目标(　　)

A. 熟练使用筷子

B. 能够用劳动工具进行简单劳动

C. 能根据需要画出图形，线条基本平滑

D. 能双手抓杠悬空吊起20秒

13. 对于初次攀登攀爬架的幼儿，教师应在其身后扶住其(　　)部位。

A. 头部和颈部　　B. 左上臂和右上臂

C. 腰部和臀部　　D. 肘部和膝部

14. 幼儿通过对话、动作、表情进行表演，体验作品和人物情感变化属于(　　)

A. 谈话活动　　B. 文学作品表演

C. 辩论活动　　D. 讲述活动

15. 早期阅读活动能够为幼儿提供三种经验，其中不包括(　　)

A. 前图书阅读经验　　B. 前绘画经验

C. 前识字经验　　D. 前书写经验

16. 听说游戏中的描述练习的游戏是以练习用简单、生动、形象的语言描述事物特征，发展幼儿(　　)为目的的游戏。

A. 连贯性语言　　B. 一致性语言

C. 积极性语言　　D. 象征性语言

17. 教师事先拟定一系列儿童关心的问题，让全体儿童一起来表达自己的意见。(　　)运用的目的就是向儿童提供公开自己价值观的机会，让儿童获得他对自己价值的态度。(易混)

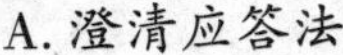

A. 澄清应答法　　B. 价值表决法

C. 价值排队法　　D. 展示自我法

18. 在幼儿园人际交往中，呈现一些反面事例，让幼儿讨论，引出人际关系技巧的方法是(　　)

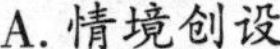

A. 情境创设　　B. 理论学习

C. 直接呈现　　D. 间接呈现

19. 能感受到家乡的发展变化并为此感到高兴，属于5～6岁幼儿(　　)表现之一。

A. 喜欢并适应集体生活　　B. 具有自尊、自信、自主的表现

C. 具有初步的归属感　　D. 具有初步的探究能力

20. 对学前儿童进行科学教育的目的在于(　　)

A. 丰富幼儿科学知识储备　　B. 提高幼儿科学素养

C. 帮助幼儿更好地认识世界　　D. 为国家培养科学家奠定基础

21. 大部分(　　)幼儿能以自身为中心和以客体为中心区分并说出物体的左右方位。

A. 大班　　B. 中班　　C. 小班　　D. 托班

22. 在幼儿科学教育活动中，尊重幼儿主体地位，让他们在丰富的实践活动中进行主动的探索，从而获取科学知识、发展科学能力、培养科学精神。符合科学教育(　　)

A. 科学性原则　　B. 发展性原则

C. 整合性原则　　D. 活动性原则

23. 不顾及画中形象的大小、比例、内容等是否合理，属于图式期(　　)的表现。

A. 美梦式　　B. 透明式

C. 展开式　　D. 强调式

24. 奥尔夫音乐教育体系的课程内容包括嗓音造型、声音造型、动作造型，其中声音造型是指(　　)活动。(常考)

A. 乐器演奏　　B. 歌词朗读

C. 身体韵律　　D. 声势节奏

25. 根据达尔克罗兹音乐教育体系理论，下列属于空间类型的律动词汇是(　　)

A. 唱歌　　B. 旋转　　C. 蹦跳　　D. 摇摆

二、简答题(本大题共6小题，每小题6分，共36分)

26. 简述陈鹤琴活教育理论思想中方法论的原则。

四、活动设计题(本大题共20分)

33. 为了促进幼儿艺术表现与创造能力,请根据中班幼儿的年龄特点,设计一次“可爱的小娃娃”泥工活动,包括活动名称、设计意图、活动目标、活动重难点、活动准备、活动过程等。

2021年福建省教师招聘考试幼儿教育真题试卷(二)

(满分150分　时间120分钟)

本套试卷共52小题，包括单项选择题(35小题)，判断题(10小题)，简答题(3小题)，材料分析题(3小题)，活动设计题(1小题)。

一、单项选择题(下列每题四个选项中只有一个符合题意，将其选出并把其标号写在题后的括号内。错选、多选或未选均不得分。本大题共35小题，每小题2分，共70分)

1.《关于学前教育深化改革规范发展的若干意见》指出，学前教育的重点任务是(　　)

A. 公益性学前教育　　B. 营利性学前教育

C. 盈利性学前教育　　D. 普惠性学前教育

2.《关于学前教育深化改革规范发展的若干意见》指出，学前教育的管理体制是(　　)

A. 省政府领导、市县统筹、以乡为主　　B. 省政府领导、地市统筹、以镇为主

C. 国务院领导、省市统筹、以县为主　　D. 国务院领导、省市统筹、以市为主

3. 中共福建省委 福建省人民政府印发《关于全面深化新时代教师队伍建设改革的实施意见》指出，评价教师的第一标准是(　　)

A. 专业知识　　B. 专业能力　　C. 身心健康　　D. 师德师风

4. 中共福建省委 福建省人民政府印发《关于全面深化新时代教师队伍建设改革的实施意见》指出，完善教师收入分配激励机制，有效体现教师工作量和工作绩效，绩效工资分配向特殊岗位教师倾斜，这些教师有(　　)

A. 班主任、名优教师和从事特殊教育的教师　B. 班主任、名优教师和职业教师

C. 农村教师、名优教师和特殊岗位教师　　D. 农村教师、名优教师和职业教师

5. 中共福建省委 福建省人民政府印发《关于全面深化新时代教师队伍建设改革的实施意见》指出，要突出教师主体地位，落实教师的(　　)

A. 知情权、表决权、教学权、监督权　　B. 知情权、决策权、表达权、监督权

C. 知情权、参与权、表达权、监督权　　D. 管理权、参与权、表达权、监督权

6. 能发现生活中许多问题都可以用数学的方法来解决，体验解决问题的乐趣。这一典型表现属于哪个年龄段的儿童(　　)(常考)

A. 2～3岁　　B. 3～4岁　　C. 4～5岁　　D. 5～6岁

32. 教师引导幼儿用手沿着图形的边缘触摸识记图形有几条边几个角，这种活动是(　　)

A. 感知图形特征　　B. 图形归类　　C. 制作图形　　D. 区分图形

33. 对幼儿学习加减运算的特点叙述错误的是(　　)

A. 学习加法比减法容易　　B. 学习实物加减比算式加减容易

C. 理解和掌握应用题比算式容易　　D. 学习加大数、减大数比学习加小数、减小数容易

34. 幼儿指着苹果，从左到右，一边点着物体一边说数词："一个，二个……"在点到最后一个时，提高声音说4个。这种数数方法是(　　)

A. 口头数数　　B. 按物点数　　C. 接数　　D. 按群计数

35. 教师带幼儿到超市体验购物过程，帮助幼儿学习并运用数学知识，这体现了幼儿学习数学的(　　)

A. 发展儿童思维结构的原则　　B. 让儿童操作、探索的原则

C. 重视个体差异的原则　　D. 密切联系生活的原则

二、判断题(判断下列各命题的正误，并在题后括号内打"√"或"×"。本大题共10小题，每小题1分，共10分)

36.《幼儿园教师专业标准(试行)》的基本理念是师德为本、能力为先、幼儿为重和终身学习。(　　)

37. 中共福建省委 福建省人民政府印发《关于全面深化新时代教师队伍建设改革的实施意见》指出，要突显教师职业的公共属性，强化教师承担的国家使命和公共教育服务的职责。(　　)

38. 幼儿园教育工作评价实行以园长和有关管理人员评价为主，教师自评，其他教师及家长参与评价的制度。(常考)(　　)

39.《关于开展幼儿园"小学化"专项治理工作的通知》指出，小学起始年级必须按照国家课程标准规定实施零起点教学。(　　)

40. 当一个数用来表示集合中元素的个数时，叫作基数。(　　)

判断-40

41. 学前儿童早期阅读活动是有计划、有目的地培养儿童学习书面语言的活动。(　　)

42. 奥尔夫打击乐器是指有固定音高的一类乐器，可以分为金属类、皮革类、木质类、散响类。(　　)

判断-41

43. 幼儿体育教学活动的活动量应由小到大，再逐渐减小，要合理安排运动负荷和强度，避免幼儿出现疲劳。(常考)(　　)

44. 制定幼儿园的生活制度，既要考虑幼儿的年龄特点和季节特点，又要适当考虑家长接送的需要。(　　)

45. 幼儿食物中毒的潜伏期较长，发病急，应立即采取措施。(　　)

三、简答题(本大题共3小题，每小题6分，共18分)

46. 简述幼儿园音乐教育活动的基本类型。

47. 简述幼儿园班级应对新冠肺炎的常态化预防措施。

48. 简述幼儿谈话活动的基本特点。(常考)

五、材料分析题(本大题共3小题,第49题9分,第50题8分,第51题10分,共27分)

49. 中班的小萌是个爱看书的小姑娘。区域活动时,她总出现在阅读区,哪怕阅读区已经满了,她也要硬挤进去。班里最近新增了几本图书,小萌为了抢先看新书,匆匆忙忙地吃完午餐,就去阅读区了。小萌一下把两三本新书抱在身上,其他小朋友很想看,她也不愿意给。

问题:(1)结合《3~6岁儿童学习与发展指南》,分析材料中小萌在社会适应方面的行为表现。(6分)

(2)结合材料提出教师的指导策略。(3分)

50. 午饭时间刚刚开始,王老师就听到悦悦小朋友尖厉的哭喊声。只见他边捂着脸边哭:"好痛啊,老师,我的牙齿好痛啊!"王老师让悦悦张开嘴巴,只见他的口腔里有好几颗发黑的龋齿,其中一个龋洞塞进了食物残渣。

(1)结合材料分析造成悦悦龋齿的可能原因。(4分)

(2)提出预防幼儿龋齿的措施。(4分)

10. 儿童的审美情感具有(　　),他们经常将审美过程中的情感带入其他活动,把自己当作某个形象本身,沉浸在角色之中。

A. 外显性　　B. 直觉性　　C. 单纯性　　D. 弥漫性

二、判断题(本大题共10小题,每小题1分,共10分。判断下列各命题的正误,并在题后括号内打"√"或"×")

1. 我国现代教育史上"南陈北张"中陈鹤琴是南京人,他在南京创办了鼓楼幼稚园。(　　)
2. 5~6岁的幼儿学习按物体两个以上特征或特性进行分类,并学习按标记进行逐级分类。(　　)

判断-2

3. 遗传因素和生理成熟是影响儿童心理发展的生物因素,其中,最具重要意义的因素是遗传。(易错)(　　)
4. 幼儿园小学化现象指提前进行小学内容的教学。(　　)
5. 《3~6岁儿童学习与发展指南》于2015年正式颁布。(　　)
6. 师德为先、幼儿为本、能力为重、终身学习是《幼儿园教师专业标准(试行)》的基本理念。(常考)(　　)
7. 幼儿词汇量增长的活跃期是5~6岁。(　　)
8. 角色游戏、建构游戏、表演游戏都是规则游戏。(　　)
9. 小班阶段的幼儿逐步出现亲社会行为的萌芽。(　　)
10. 幼儿园的基本活动是游戏。(　　)

判断-8

三、简答题(本大题共4小题,每小题4分,共16分)

1. 简述幼儿午睡起床后保育员工作的重点。

2. 简述幼儿前识字经验包括的内容。(常考)

3. 简述饲养蚕宝宝活动中幼儿用到的4种主要科学方法。

4. 简述幼儿园课程体系构成的五个要素。

四、案例分析题(本大题共14分)

某幼儿园将在12月5日星期三迎接一次非常重要的对外展示活动。12月3日星期一的早上,大(2)班的几个孩子们发现自然角里有些菊花出了问题,有三盆菊花的花朵上有点枯萎了,颜色也由淡黄色变成了有点烧焦的颜色。在晨间分享时,他们急切地把这个发现告诉了老师和其他小朋友;其他幼儿也很惊讶,甚至有几个孩子立即跑到自然角去看那几盆菊花。

假设你是这个班级的老师,你会如何处理,并说说你的理由。

10. 学前儿童知识经验少,理解能力差,不易分清正确与错误,各种教育影响都易接受,为了帮助学前儿童分辨是非,发扬积极因素克服消极因素。在学前儿童德育中应贯彻(　　)

A. 规范与尊重相结合原则　　B. 坚持正面教育原则

C. 教育影响一致性与一惯性原则　　D. 集体教育和个别教育相结合原则

11. 根据维果斯基的最近发展区理论,在选择与确定幼儿园课程的内容时应遵循(　　)

A. 目的性原则　　B. 基础性原则

C. 发展适宜性原则　　D. 兴趣性原则

12. 以保育和教育相结合的原则为依据,根据幼儿一日生活各环节中的教育侧重点,把教育活动划分为(　　)

A. 课堂教育活动、体育活动与教学活动　　B. 生活教育活动、游戏活动与教学活动

C. 教学活动、娱乐活动与游戏活动　　D. 学习活动、娱乐活动与体育活动

13. 从教育的角度来说,儿童绘画的真谛是(　　)(常考)

A. 内心表现　　B. 直观表现

C. 创造性表现　　D. 创造性的自我表现

14. "不要让孩子输在起跑线上"已成为许多家长的座右铭,"超前教育"成为家长选择,然而"超前教育"实际上是不可取的,因为违背了儿童身心发展的(　　)规律。

A. 顺序性　　B. 阶段性　　C. 不平衡性　　D. 个别差异性

15. "我们老师说……"是幼儿对教师信任、尊重和依恋的表现,幼儿也常常模仿教师的言行,亲师性强,这反映幼儿教师劳动的(　　)

A. 创造性　　B. 长期性　　C. 反复性　　D. 主体性

16. 在角色游戏中,教师观察幼儿能否主动协商处理玩伴关系,主要考察(　　)

A. 幼儿的情绪表达能力　　B. 幼儿的社会交往能力

C. 幼儿的规则意识　　D. 幼儿的思维发展水平

17. 建立和谐的师幼关系是创设良好精神环境的主要组成部分,下列不利于尽快建立和谐师幼关系的是(　　)

A. 热爱、尊重幼儿　　B. 身体接触降低陌生感

C. 对幼儿纪律的遵守要求严格　　D. 创设宽松、自由的互动氛围

18. 班级管理方法中,对班级幼儿最直接、最常用的是(　　)

A. 规则引导法　　B. 情感沟通法

C. 互动指导法　　D. 榜样激励法

19. 缺

20. 幼儿教师专业发展的关键是(　　)(易混)

A. 专家指导　　B. 同事间的合作

C. 教师自身的主体意识增强　　D. 幼儿园领导加强管理

21. 吃饭时,老师教育小朋友要珍惜粮食,这种行为符合(　　)原则。

A. 直观性　　B. 生活性　　C. 保教结合　　D. 活动性

22. 下列句子中,最晚说出的是(　　)

A. 我爱爸爸　　B. 花真漂亮

C. 妈妈看我跳舞　　D. 这里有鲜艳的花

23. 教师对小班幼儿说,站到靠墙一边,而不是站到右边是因为(　　)

A. 幼儿的方位知觉发展落后于方位词的理解

B. 幼儿方位知觉的发展还未达到"恒常"水平

C. 幼儿的方位辨别能力比较弱

D. 幼儿的方位知觉发展早于方位词的掌握

24. 对于2岁儿童,男孩喜欢汽车,女孩喜欢毛绒玩具,对于玩具的选择体现了儿童的(　　)

A. 性别认同　　B. 性别角色认同

C. 性别角色标准　　D. 性别偏爱

25. 幼儿改正不吃青菜的习惯,家长给予取消看动画片时间的限制,属于(　　)(常考)

A. 正强化　　B. 负强化　　C. 正惩罚　　D. 负惩罚

26. 社会学习理论认为儿童语言获得主要机制是(　　)

A. 经典条件反射　　B. LAD

C. 观察模仿学习　　D. 选择性强化

27. 教师新奇服饰、活动室布景容易引起幼儿(　　)

A. 注意的转移　　B. 注意的分散　　C. 注意的范围　　D. 注意的分配

28. 儿童时期表现最突出的是(　　)

A. 成就内驱力　　B. 自我提高内驱力

C. 认知内驱力　　D. 附属内驱力

29. 幼儿的行为动机常表现为(　　)

A. 内部动机　　B. 间接动机　　C. 直接动机　　D. 远景动机

30. 教师对小朋友说"在草地上走,会把小草踩疼的",儿童就不去踩,反映的儿童具有(　　)(常考)

A. 好奇的特点　　B. 好探索的特点

C. 自我中心的特点　　D. 好动的特点

31. 缺

32. 缺

33. 教师提问幼儿:"如果你是一位老年人,在生活中有很多不便,你的心情会怎样? 该怎样对待老年人?"该教师主要是运用了(　　)的训练方法。

A. 认知提示　　B. 情绪追忆　　C. 情感换位　　D. 情境表演

C. 提供促使幼儿“多说”的示范

D. 创设使幼儿“敢说”的环境气氛

54. 学前儿童身心发展处于一个特殊的时期，幼儿园教学要贯彻德育和教育相结合的原则，实施体育、智育、德育和美育，促进学前儿童的全面发展。在学前儿童智育方面，要实现的目标主要有( )

A. 培养正确运用感官认知和初步的动手能力

B. 培养有益的兴趣和求知欲望

C. 培养基本知识和基本技能

D. 培养运用语言交往的基本能力

55. 幼儿以游戏为基本活动，游戏准备包括( )(易错)

A. 时间

B. 地点

C. 材料

D. 经验准备

56. 对幼儿攻击性行为进行纠正的策略有( )

A. 给予榜样示范

B. 减少环境中易产生攻击性行为的刺激

C. 对幼儿的攻击性行为“冷处理”

D. 教幼儿解决问题

57. 关于幼儿教师的权利，说法正确的有( )

A. 进行保育教育活动，开展保育教育改革和实验的权利

B. 指导幼儿的学习和发展，评定幼儿成长发展的权利

C. 参与幼儿园民主管理的权利

D. 按时获得工资报酬，享受国家福利待遇的权利

58. 培养幼儿自我意识的措施包括( )

A. 对幼儿正确评价

B. 明确行为要求

C. 增加交往机会

D. 在专项活动中教育

59. 根据认知发展的信息加工观点，下列说法错误的是( )

A. 小学生不会使用记忆策略来帮助记忆

B. 复述故事时，年幼比年长儿童更善于添枝加叶

C. 教给儿童一些学习方法可以促进其认知发展

D. 幼儿园儿童不会使用精细加工策略

60. 下列关于幼儿思维的特点，描述正确的有( )(易错)

A. 思维的具体形象性是主要特点

B. 思维的抽象逻辑性开始萌芽

C. 言语在幼儿思维发展中的作用日益增强

D. 辩证思维萌芽

61. 皮亚杰根据自己的研究认为前运算阶段的儿童由于表征能力得到发展，因此( )

A. 能解决守恒问题

B. 可以进行象征游戏

C. 喜欢画画

D. 语言发展迅速

62. 新课程理念下，课程与教学评价的关注点包括（　　）

A. 学生的水平等次　　B. 学习方法的掌握情况

C. 学生参与课堂的积极性　　D. 学生在课堂中的合作精神

63. 下列选项属于导致幼儿错误概念的原因有（　　）

A. 感知错误　　B. 想象活跃　　C. 受经验局限　　D. 错误推理

64.《幼儿园教育指导纲要（试行）》中要求教师应该成为学习活动的（　　）

A. 支持者　　B. 研究者　　C. 合作者　　D. 引导者

65.《幼儿园教师专业标准（试行）》中教师的专业能力包括（　　）

A. 环境的创设与利用　　B. 沟通与合作

C. 一日生活的组织与保育　　D. 反思与发展

三、案例分析题（本大题共2小题，第66小题7分，第67小题10分，共17分）

66. 某幼儿园大班亲子活动中，家长和幼儿一起开心地玩着手中的游戏，只见有些家长拿着相机朝幼儿不停地拍着照片，还不时地让幼儿摆着各种动作；有些家长则陪在幼儿旁边，看到幼儿操作有困难，要么直接上阵，亲自解决，要么对着幼儿一顿“呵斥”；还有些祖辈家长，由于体力精力有限，早已坐在旁边休息，让幼儿自己在一旁玩耍。

如果你是本班的老师，你会怎样做？（7分）

67. 刘老师组织幼儿园中班进行诗歌教学活动，诗歌内容是“小草爱做梦，梦是绿绿的，小花爱做梦，梦是红红的……”在教学活动中，刘老师首先朗诵诗歌，朗诵完提问“诗歌中有小草、小花、露珠、小朋友是不是？”接着刘老师带小朋友反复朗诵诗歌，小朋友分组和老师朗读，然后小朋友自己读，最后背诵诗歌比赛。

（1）请对刘老师的教学进行评价。（4分）

（2）简述实施幼儿智育应注意的问题。（6分）

C. 任务难度与幼儿已有经验相匹配　　　　D. 符合幼儿的年龄特点

9. 以下不属于幼儿园游戏活动评价要求的是(　　)

A. 幼儿是评价的主体,教师是评价的支架

B. 每次评价有重点,避免面面俱到

C. 重点点评幼儿在游戏中表现的好坏,并给予奖惩

D. 承认和关注幼儿的个体差异

10. 以下不属于《幼儿园教育指导纲要(试行)》中规定的幼儿园健康教育内容的是(　　)

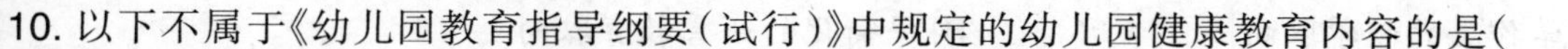

A. 在体育活动中,培养幼儿坚强、勇敢、不怕困难的意志品质和主动、乐观、合作的态度

B. 进行专门的体育训练,参加各级体育比赛

C. 建立良好的师生、同伴关系,让幼儿在集体生活中感到温暖,心情愉快,形成安全感、信赖感

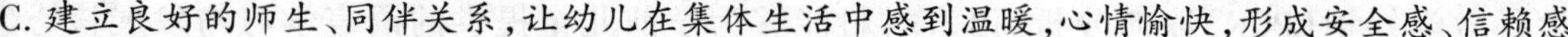

D. 提高幼儿的自我保护意识和能力

11. 学前儿童身体机能适应过程的阶段排序正确的是(　　)(常考)

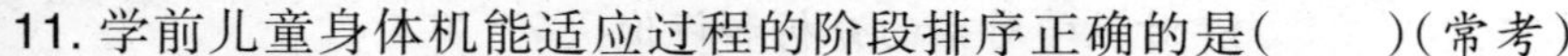

A. 工作阶段—超量恢复阶段—相对恢复阶段—复原阶段

B. 工作阶段—相对恢复阶段—减量恢复阶段—复原阶段

C. 工作阶段—相对恢复阶段—超量恢复阶段—复原阶段

D. 工作阶段—减量恢复阶段—相对恢复阶段—复原阶段

12. 以下关于幼儿园早操活动组织策略的表述,正确的是(　　)

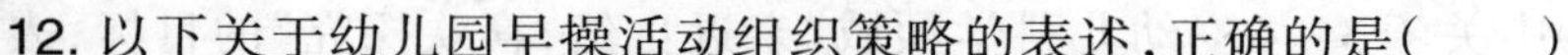

A. 早操活动的时间段一年四季都不能变更

B. 不同年龄段儿童做操时间不需要统一

C. 早操活动的单次持续时间不能超过15分钟

D. 基本体操的内容一年内最好不要更换

13. 幼儿园运动会的实施与指导策略中,不正确的是(　　)(易错)

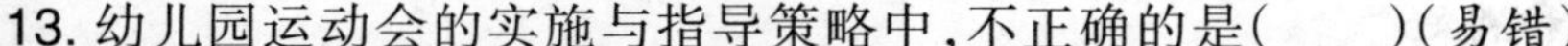

A. 面向全体,人人参与

B. 重在参与和娱乐,满足幼儿的表演欲和参与积极性

C. 以集体和合作项目为主,注重团队精神的培养

D. 重在运动会前突击训练

14. 在体育活动中,说明幼儿已经非常疲劳的表现是(　　)

A. 面色十分红或苍白,躯干大量出汗　　　　B. 肩部出汗较多

C. 面色稍红　　　　D. 动作准确

15. 点心时间到了,阅读区的豆豆将手里的书往地上一扔就要离开。李老师看在眼里,提醒道:“豆豆,请将书送回书架再离开,好吗?”李老师的教育行为所遵循的社会教育原则是(　　)

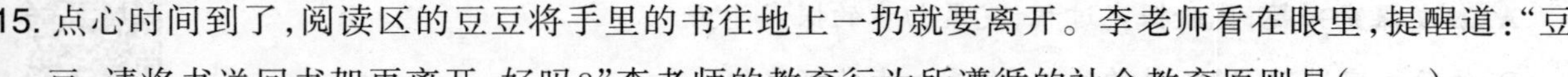

A. 正向引导性原则　　　　B. 生活性原则

C. 实践性原则　　　　D. 发展性原则

16.《3～6岁儿童学习与发展指南》中关于儿童书面表达技能目标，表述正确的是(　　)

A. 3～4岁儿童写画时姿势正确　　B. 3～4岁儿童会书写自己的名字

C. 4～5岁儿童会书写自己的名字　　D. 5～6岁儿童会书写自己的名字

17. 在学前儿童语言教育的理论取向中，主张给儿童提供丰富的读写环境，并将听、说、读、写整合在一起的是(　　)(易错)

A. 基本技能教学取向　　B. 全语言教育取向

C. 基于文学作品的教学取向　　D. 平衡化的语言教育取向

18. 认为儿童语言主要是在社会交往中学习和发展的代表人物是(　　)

A. 斯金纳　　B. 班杜拉　　C. 乔姆斯基　　D. 布鲁纳

19. 从学科教学知识(PCK)取向分析，语言材料能够为学前儿童提供的语言学习与发展核心经验是什么，这属于(　　)

A. 对教学内容的分析和评价　　B. 对教学对象的分析和评价

C. 对教学方法的分析和评价　　D. 对教学环境的分析和评价

20. 下面不属于优秀幼儿故事语言特征的是(　　)

A. 有一致的段落结构　　B. 符合幼儿倾听的习惯

C. 有幼儿生活化的词汇　　D. 没有重复性语句

21.《3～6岁儿童学习与发展指南》中关于3～4岁幼儿科学领域"亲近自然，喜欢探究"的目标，表述正确的是(　　)(常考)

A. 常常动手动脑探索物体和材料，并乐在其中

B. 对自己感兴趣的问题总是刨根问底

C. 经常问各种问题，或好奇地摆弄物品

D. 探索中有所发现时感到兴奋和满足

22. 学前儿童科学教育中实施的生命教育不包括(　　)

A. 培养儿童尊重生命的意识　　B. 引导儿童解剖小动物

C. 引导儿童尊重生存的环境　　D. 引导儿童感受生命的历程

23. 皮亚杰认为，影响儿童智力发展的关键知识类型是(　　)

A. 社会知识　　B. 物理知识

C. 生命知识　　D. 逻辑—数理知识

24.《3～6岁儿童学习与发展指南》指出，幼儿科学学习的核心是(　　)

A. 激发探究兴趣，体验探究过程，发展初步的探究能力

B. 体验探究过程，增长科学知识，发展初步的探究能力

C. 激发探究兴趣，增长科学知识，发展初步的探究能力

D. 激发探究兴趣，体验探究过程，增长科学知识

三、案例分析题(本大题共15分)

雨后,小朋友在操场上发现一条粉红色、细细长长的东西,一个小朋友说:“是蚯蚓!”另一个说:“不是,是蛇!”又一个说:“不,是毛毛虫!”他们开始讨论,它会不会动……小朋友们七嘴八舌地讨论了起来,然后有个小朋友伸手碰了一下它。这时老师看见了说:“啊!好恶心!王老师,快把它丢掉!”保育员王老师拿了树枝将它丢进了垃圾桶。

(1)教师的做法合适吗?(2分)为什么?(5分)

(2)如果是你,你会怎么做?(4分)并说明理由。(4分)

四、教育活动设计题(本大题共25分)

围绕幼儿的合作能力开展教育活动。

附:　　　　　　　　　　　　　　儿歌

小蚂蚁,搬虫虫。一个搬,搬不动。两个搬,掀条缝。三个搬,动一动。四个五个六七个,大家一起搬进洞。

(1)列出主题活动名称、对象、活动目标。

(2)列出主题一览表,列出序号、活动名称、领域(不少于5个)。

(3)选择其中一个写出详细教案(不限阶段和领域)。

2019年河北省邢台市桥西区教师招聘考试幼儿园教育理论基础真题试卷(六)

(满分100分　时间120分钟)

本套试卷共145小题,包括单项选择题(110小题),多项选择题(5小题),判断题(30小题)。

第一部分　教育专业能力测验

一、单项选择题(在每小题列出的四个备选项中只有一个是符合题目要求的,请将其代码填写在题后的括号内。错选、多选或未选均无分。本大题共70小题,每小题0.71分,共49.7分)

1.《国务院关于当前发展学前教育的若干意见》规定:学前教育公共服务提供必须(　　)

A. 广覆盖、高质量　　B. 重点覆盖、保基本

C. 广覆盖、保基本　　D. 多覆盖、有质量

2.《国家中长期教育改革和发展规划纲要(2010—2020年)》要求学前教育发展的一大任务是重点发展(　　)(常考)

A. 西部地区学前教育　　B. 边远地区学前教育

C. 城镇学前教育　　D. 农村学前教育

3.《幼儿园教育指导纲要(试行)》的基本指导思想集中反映在总则里,贯穿在整个《纲要》的各部分,其基本指导思想不包括(　　)

A. 终身教育的理念　　B. "以知识为本"的幼儿教育

C. 面向世界的科学幼儿教育　　D. "以人为本"的幼儿教育

4. 规定幼儿园教育要以游戏为基本活动,寓教育于各项活动之中的是(　　)(易混)

A.《幼儿园教育指导纲要(试行)》　　B.《幼儿园工作规程》

C.《幼儿园工作暂行管理条例》　　D.《中华人民共和国未成年人保护法》

5.《幼儿园教育指导纲要(试行)》中提到的五个领域,每个领域都可以提炼出一个关键的能力,艺术是(　　)

A. 感受能力　　B. 表现能力

C. 创造能力　　D. 思维能力

6. 师表美的精神内涵或内在方面应该是(　　)

A. 表美　　B. 道美

26. 幼儿看到桌子上有一个苹果,所说的话中直接体现幼儿知觉活动的是(　　)

A. “真香”　　B. “这是什么”

C. “这有个苹果”　　D. “我要吃”

27. 3~6岁幼儿个性发展阶段的主要表现是(　　)(常考)

A. 先天气质差异　　B. 个性特征萌芽

C. 个性开始形成　　D. 个性基本定型

28. 幼儿能知道自己的性别,并初步掌握性别角色知识一般在(　　)

A. 1~2岁　　B. 2~3岁

C. 3~4岁　　D. 4岁以后

29. 下面有关游戏的说法错误的是(　　)

A. 游戏可以促进幼儿情感的发展

B. 游戏以想象为条件

C. 幼儿在游戏中可以模仿生活中的行为规则,但生活中无法模仿游戏中的规则

D. 合作性游戏是幼儿游戏中社会性交往水平最高的形式

30. 幼儿的形象记忆主要依靠的是(　　)(常考)

A. 动作　　B. 言语

C. 表象　　D. 情绪

31. 有个孩子很喜欢长颈鹿,有一天他对小朋友说:“我家有一头真的长颈鹿。”这说明(　　)

A. 幼儿想象的独特性　　B. 幼儿想象的夸张性

C. 幼儿想象的情绪性　　D. 幼儿想象不受外界刺激的影响

32. 儿童开始能够按照物体的某些比较稳定的主要特征进行概括,这是(　　)

A. 直观的概括　　B. 语词的概括

C. 动作的概括　　D. 知觉的概括

33. 教师在向小班幼儿描述常规时应避免使用否定性的语句,这是由于(　　)

A. 按规定不能用　　B. 小班幼儿年龄小,语言理解能力弱

C. 说否定句有损教师形象　　D. 容易造成幼儿的逆反心理

34. 对幼儿园活动的正确理解是(　　)(易错)

A. 儿童尽情地随意玩耍

B. 在安全的前提下按课程的要求活动

C. 为儿童舒展筋骨而开展活动

D. 教育过程就是活动过程,促进儿童身心健康发展

35. 孤独、退缩,对亲人没有依恋之情,不能领会表情的含义,也不会表示自己的要求和情感,这是婴儿孤独症的(　　)障碍。

A. 行为　　B. 语言

C. 社会交往　　D. 情绪

36. 幼儿园每班幼儿人数一般为小班(3周岁至4周岁)25人,中班(4周岁至5周岁)30人,大班(5周岁至6周岁)35人,混合班(　　)人。

A. 35　　B. 30

C. 40　　D. 25

37. 幼儿的语言能力是在(　　)的过程中发展起来的。(常考)

A. 讲话　　B. 阅读

C. 运用　　D. 倾听

38. 幼儿园日常生活组织,应当从实际出发,建立必要的、合理的常规,坚持一贯性、一致性和(　　)的原则,培养幼儿的良好习惯和初步的生活自理能力。

A. 综合性　　B. 灵活性

C. 全面性　　D. 启蒙性

39. 在幼儿生活经验的基础上,帮助幼儿了解自然、环境与人类生活的关系。从身边的小事入手,培养初步的(　　)和行为。

A. 感性认识　　B. 环保意识

C. 人文意识　　D. 自然规律

40. 前语言发音阶段大致可分为单音发声、音节发声和(　　)

A. 语义发声　　B. 语调发声

C. 前词语发声　　D. 语气发声

41. 儿童语言中的约定俗成的符号系统和系列规则是指(　　)(易错)

A. 语言内容　　B. 语言形式

C. 语言运用　　D. 语言符号

42. 作为语言教育活动设计中最重要的一环,将对整个活动设计产生决定性影响的是(　　)

A. 活动内容的选择　　B. 活动结构的研究

C. 活动目标的制定　　D. 活动过程的展开

43. 幼儿应学习的谈话规则不包括(　　)

A. 用适合角色的语言进行交谈　　B. 用轮流的方式交谈

C. 有中心、有顺序、有重点地谈话　　D. 用修补的方法延续谈话

61. 音乐作为一种独立的艺术,其基本特征之一是(　　)(易混)

A. 音乐是时间的艺术　　B. 音乐是视觉的艺术

C. 音乐是语言的艺术　　D. 音乐是空间的艺术

62. 为3~4岁儿童选择配器方案时,一般宜在(　　)

A. 乐句之间变化音色　　B. 乐段之间变化音色

C. 乐句之中变化音色　　D. 乐段之中变化音色

63. 学前儿童在歌唱活动中最难掌握的技能是(　　)

A. 节奏　　B. 呼吸　　C. 速度　　D. 音准

64. 3~4岁儿童在选择韵律动作时,最感兴趣的是(　　)

A. 基本动作　　B. 模仿动作

C. 舞蹈动作　　D. 组合动作

65. 2岁的儿童每天需要睡眠的总时间一般为(　　)(常考)

A. 13~14小时　　B. 12~13小时

C. 14~15小时　　D. 11~12小时

66. 幼儿园大班每节课最长以(　　)分钟为宜。

A. 20　　B. 15　　C. 35　　D. 40

67. "培养小班幼儿,愉快地进餐,正确地使用小勺,饭后擦嘴",这属于幼儿园教育目标层次中的(　　)

A. 远期目标　　B. 中期目标

C. 近期目标　　D. 活动目标

68. 对脂类的生理功能描述错误的是(　　)

A. 供给机体能量　　B. 促进水溶性维生素的吸收

C. 人体组织的重要组成部分　　D. 有保护功能

69. 关于微量营养素,描述错误的是(　　)

A. 钙是构成人体骨骼和牙齿的重要成分　　B. 磷是构成人体骨骼和牙齿的重要成分

C. 铁是合成血红蛋白的重要原料　　D. 碘是组成甲状腺素的主要成分

70. 阳光中的紫外线照射到皮肤上可生成(　　)

A. 维生素A　　B. 维生素B

C. 维生素C　　D. 维生素D

二、多项选择题(下列各题备选答案中至少有两项是符合题意的,请找出恰当的选项,并将其代码填在相应的括号内,多选、错选或少选均不得分。本大题共5小题,每小题1分,共5分)

71. 培养幼儿对小学生活的社会适应性主要包括(　　)(常考)

A. 培养主动性　　B. 培养独立性

C. 发展人际交往能力

D. 培养幼儿的规则意识

E. 培养幼儿的任务意识

72. 幼儿观察发展的特点主要有(　　)

A. 目的性逐渐增强

B. 持续时间逐渐延长

C. 反应更加敏捷

D. 概括性逐渐增强

E. 观察的方法逐渐形成

73. 下列属于幼儿德育要素的是(　　)

A. 道德认识

B. 道德理论

C. 道德意志

D. 道德行为

E. 道德情感

74. 幼儿记忆的特点是(　　)

A. 无意识记忆占主导地位

B. 形象记忆占主要地位

C. 幼儿多为瞬时记忆

D. 记忆反映孩子年龄特点

E. 记忆的理解和组织程度逐渐提高

75. 防止幼儿注意分散的方法有(　　)(常考)

A. 防止无关刺激的干扰

B. 制定合理的作息制度

C. 培养良好的注意习惯

D. 灵活地交互运用无意注意和有意注意

E. 提高教学质量

三、判断题(判断下列各命题的正误,并在题后括号内打"√"或"×"。本大题共30小题,每小题0.51分,共15.3分)

76. "教师讲、幼儿听"是灌输式的机械教育。(　　)

77. 教师指导的频率越高,越有助于儿童游戏水平的提高。(易错)(　　)

78. 学前教育的基本活动是户外活动。(　　)

79. 幼儿园体育应以增强幼儿体质为核心。(　　)

80. 尊重幼儿的人格尊严和合法权益意味着教师要根据幼儿的意愿来安排教育活动。(　　)

81. 保教结合就是教师要与保育员沟通、相互帮助。(　　)

82. 幼小衔接的意义在于能够使幼儿更好地适应小学的文化学习。(常考)(　　)

83. 幼儿的学习是否有意义,关键在于幼儿采用哪种学习方式。(　　)

84. 尊重幼儿游戏的自主性就是要尊重幼儿游戏的意愿和兴趣。(　　)

85. 多元智能理论评价的目的不是为发现小天才,而是对儿童进行选拔、排队。(　　)

86. 先天与后天相互作用论认为,个体的认知结构来源于主体和客体之间的相互作用。(　　)

87. 后天环境决定论,强调环境和学习对语言获得的决定性影响。(　　)

114. 十九大报告指出,建设教育强国是中华民族伟大复兴的(　　)

A. 基础工程　　B. 辅助工程

C. 阶段工程　　D. 重大工程

115. “一带一路”教育合作原则不包括(　　)

A. 育人为本,人文先行

B. 政府主体,民间参与

C. 共商共建,开放合作

D. 和谐包容,互利共赢

116. 中国特色社会主义伟大事业是一个复杂的系统工程,需要几代人的共同努力,(　　)是中国特色社会主义的本质要求和重要保障。

A. 全面从严治党　　B. 全面深化改革

C. 全面依法治国　　D. 全面建成小康社会

117. 习近平总书记指出:“政府是执法主体,对执法领域存在的有法不依、执法不严、违法不究,甚至以权压法、权钱交易、徇私枉法等突出问题,老百姓深恶痛绝,必须下大力气解决。”关于法治政府,下列说法错误的是(　　)(常考)

A. 法治政府是全面建成小康社会的前提和基础

B. 没有法治政府,就谈不上法治经济和法治社会

C. 法治政府建设是法治国家在行政管理领域的进一步深化

D. 法治政府建设要与创新政府、廉洁政府、服务型政府建设相结合

118. 与其他普通法律相比,《中华人民共和国宪法》具有鲜明特征,以下不能体现其特征的是(　　)

A. 内容规定不同　　B. 法律效力不同

C. 制定和修改的程序不同　　D. 处罚的方式不同

119. 下列情形中,属于犯罪预备的是(　　)

A. 甲买回剧毒农药意图杀害妻子,后念及夫妻多年情分,悄悄将农药倒掉

B. 乙尾随从银行取款出来的刘某,意图抢劫,在小区入口被保安拦阻后转身回家

C. 丙以出卖为目的,买到一婴儿后,尚未出手即被抓获

D. 丁趁某女不备,伸手抢夺该女肩上背包,却反被该女制服

120. 根据我国《民法总则》规定,因紧急避险造成损害的(　　)

A. 由紧急避险人承担民事责任

B. 由引起险情发生的人承担民事责任

C. 无须承担民事责任

D. 由紧急避险人和引起险情发生的人共同承担民事责任

121. 甲见义勇为不幸牺牲。早年丧妻的甲父得知消息后悲痛欲绝,引发心脏病不治身亡。甲有妻子乙、儿子丙、弟弟丁。据此,甲父遗产的继承人应为(　　)

A. 丁　　B. 丙、丁

C. 乙、丙、丁　　D. 甲、乙、丙、丁

122. 王某在某电子商务平台定制了一张桌子,购买了一盏台灯、一台电视机和一台抽油烟机。下列情形中,不符合法律规定的是(　　)(易错)

A. 王某购买的台灯被快递公司丢失,有权要求卖方重新发货

B. 王某自收到桌子之日起七日内有权退货,且无须说明理由

C. 王某购买的电视机为冒牌货,有权要求平台提供卖方的信息

D. 王某因抽油烟机缺陷而受伤,有权向生产者或销售者请求赔偿

123. 王某驾车时因未张贴"交强险"标识,被交警孔某拦下,孔某当场作出罚款50元的决定。下列关于该行政处罚的说法,正确的是(　　)

A. 孔某一人不能当场做出这一处罚决定

B. 王某在处罚决定做出前有权要求听证

C. 孔某须将处罚决定报所属交警大队备案

D. 王某若不服处罚而起诉,起诉前应先提请复议

124. 十九大报告指出,建设现代化经济体系,必须把发展经济的着力点放在(　　)上。

A. 国有经济　　B. 实体经济

C. 公有制经济　　D. 国民经济

125. 习近平总书记强调,推动高质量发展,关键是要按照新发展理念的要求,以供给侧结构性改革为主线,推动经济发展________、________、________。下列选项不正确的是(　　)

A. 质量变革　　B. 效率变革

C. 动力变革　　D. 革命变革

126. 绿色GDP是指一个国家或地区在考虑了自然资源与环境因素影响之后经济活动的最终成果,即将经济活动中所付出的资源耗减成本和环境降级成本从GDP中扣除。引入"绿色GDP"概念的主要目标是(　　)(易错)

A. 不能把GDP的增长作为唯一的指标

B. 促进产业结构调整,发展能耗低、污染少的第三产业

C. 建立新的、更加科学的国民经济核算体系

D. 实现经济、社会、环境的可持续发展

C. 美国　　D. 巴基斯坦

141. 关于滑轮,下列说法正确的是(　　)

A. 使用定滑轮一定能省力　　B. 使用动滑轮能省力

C. 使用滑轮组可以省力,也可以省距离　　D. 使用滑轮组可以省力,但不能省距离

142. 在地震救援中,使用雷达探测仪能探测到哪种生命体征(　　)

A. 体温　　B. 心跳

C. 血压　　D. 呼吸

143. 颗粒物既是一种污染物,也是污染物的载体。下列除了哪项均是其对人的危害表现(　　)

A. 对呼吸道的刺激和腐蚀作用　　B. 引起抗体免疫功能下降

C. 使体内蛋白质和酶代谢发生紊乱　　D. 致突变性

144. “茕茕孑立,形影相吊”出自(　　)

A.《出师表》　　B.《答司马谏议书》

C.《陈情表》　　D.《报刘一丈书》

145. 在Windows系统中,若强行关闭一个正在运行的程序,可使用任务管理器来实现。打开任务管理器需按下(　　)

A.Ctrl+Del键　　B.Ctrl+Alt+Shift键

C.Ctrl+Shift键　　D.Ctrl+Alt+Del键

2019年广东省广州市越秀区教师招聘考试学前教育真题试卷(七)

(满分100分　时间120分钟)

本套试卷共53小题，包括单项选择题(30小题)，多项选择题(10小题)，判断题(10小题)，论述题(1小题)，案例分析题(1小题)，活动设计题(1小题)。

第一部分　客观题

一、单项选择题(在每小题列出的四个备选项中只有一个是符合题目要求的，请将其代码填写在题后的括号内。错选、多选或未选均无分。本大题共30小题，每小题1.21分，共36.3分)

1. 在构成学前教育的基本要素中，除了学前儿童、教育内容、教师，还包括(　　)

A. 家长和家庭环境　B. 教育环境　C. 教育机构　D. 教育目标

2. ________是儿童健康成长的第一个生活场所，________是儿童的第一任教师。(　　)(常考)

A. 社会　朋友　B. 学校　老师　C. 家庭　家长　D. 课堂　同学

3. 教学前王老师将收集的各类风筝布置成一个风筝展，准备完毕后对班上幼儿说："今天，老师带小朋友去参观一个展览，大家看看这是个什么样的展览，展览上的东西有什么特点？"然后，王老师引导孩子观察、欣赏各种风筝的美，让孩子在观察中自然地激发出创造愿望。王老师在开展教学活动时采取了(　　)

A. 直观导入法　B. 实验操作导入法

C. 电教设备演示导入法　D. 环境创设导入法

4. 小明和小花平时比较调皮，也不爱学习。但每次碰到李老师的数学课时，他们二人都听得很认真，因为李老师的课生动有趣，比如在教班上幼儿认识数字7时，李老师就会在旁边画一把弯弯的镰刀，学习数字8时，则会在旁边画一个小葫芦等。案例中李老师运用了(　　)来培养幼儿的识记能力。

A. 归类记忆法　B. 形词结合法　C. 线索记忆法　D. 协同记忆法

5. 幼儿园教师既要承担保育的工作，又要承担教育教学的任务；既要负责儿童的学习，又要负责儿童的生活。这体现了幼儿园教师劳动的(　　)

A. 自主性　B. 复杂性　C. 主动性　D. 单一性

6. 3岁以前是幼儿口头语言学习的重要时期，乳牙的正常萌出有利于幼儿口齿伶俐和正常发音。下列不利于乳牙健康的是(　　)

A. 均衡营养　B. 漱口和刷牙　C. 避免任何刺激　D. 避免外伤

22. (　　)是美术门类中最主要的一种形式，其应用最为广泛，适合幼儿欣赏的该门类作品，特别是大师的经典作品，是学前儿童美术欣赏教育活动可以选择的主要内容。(易错)

A. 雕塑　　B. 建筑　　C. 绘画　　D. 书法

23. 一个孩子用废纸盒做了一个小汽车，起于他那小小心灵中的一个愿望，当孩子把废纸盒中的方形同汽车的外形等同起来的时候，他已将两者都做了相当抽象，而后他考虑还需什么材料和工具去完成他的设想。他动手修剪那个盒子，又经历了一个紧张思考和操作的过程，最后，那个废纸盒完全改观了，出现了一个汽车样子的物体。这主要体现了艺术创造在儿童发展中的(　　)的作用。

A. 发展多种心理能力　　B. 保障身心健康

C. 审美　　D. 提高动手能力

24. 赵老师想通过画人物来测量班上儿童的社会性发展水平，于是他给每人一张白纸和一支铅笔，说："请画出你们脑袋里想的一个人，并且不可以用橡皮擦。"可见，赵老师主要是采用(　　)来对学前儿童社会学习进行观察。(易错)

A. 观察法　　B. 谈话法　　C. 投射法　　D. 调查法

25. 小明在阅读时，每次都能够把书中角色的动作、表情与背景之间的关系串连起来，对照前后画面的变化，找出二者的共同点、不同点和衔接点，并在理解的基础上对图书的主要内容形成一个总的印象，最后以口语表达的形式表现出来。上述案例说明小明具备了良好的(　　)

A. 观察理解技能　　B. 概括技能

C. 预期技能　　D. 质疑、假设技能

26. 宋老师将小班的语言教育活动融入幼儿的日常生活中，选择以"我的家""过生日"等为主题的活动，而对大班幼儿则开展了"环保标志""玩具展览"等涉及信息社会、信息科技类的语言活动。这表明宋老师在安排语言教育教学内容时考虑到(　　)(易混)

A. 按照语言教育目标有序地安排教学内容

B. 按照幼儿的年龄特征循序渐进地安排教学内容

C. 幼儿原有生活经验的内在联系

D. 以教师的个人喜好安排教学内容

27. 情境讲述对幼儿的有意注意、有意识记、有意想象等有目的的心理活动有积极的促进作用。在情境讲述的准备过程中，首先要做的是(　　)

A. 确定主题　　B. 准备道具　　C. 排练表演内容　　D. 制订活动计划

28. 整体教唱法是指老师完整地、有表情地、一遍一遍地重复演唱歌曲，幼儿从头至尾、一遍遍地反复跟唱。关于该方法的优缺点，下列说法错误的是(　　)(易错)

A. 可以保全整首歌曲的意义、情绪和形象的完整性

B. 利于幼儿注意力集中地观察、倾听和模仿

C. 幼儿对于歌曲细节的把握可能比较粗糙

D. 能使幼儿的记忆、思维、想象等心理活动始终处于积极的状态

29. 童童的妈妈准备系统地为三岁的童童培养音乐审美能力，音乐审美能力不包括(　　)方面的内容。

A. 音乐美的感受　　B. 音乐美的表达

C. 音乐美的创造　　D. 音乐美的节奏

30. 关于学前儿童音乐教育，以下说法错误的是(　　)

A. 幼儿唱歌时吐字清晰要比说话、念儿歌更为困难

B. 为幼儿学过的歌曲增编新的歌词不利于幼儿熟悉旋律与掌握音准

C. 培养幼儿的歌唱正确、准确、富有表情是幼儿园唱歌的一般要求

D. 帮助幼儿增加对歌曲的理解可提高歌唱的表现力

二、多项选择题(下列各题备选答案中至少有两项是符合题意的，请找出恰当的选项，并将其代码填在相应的括号内，多选、错选或少选均不得分。本大题共10小题，每小题1.55分，共15.5分)

31. 照顾好幼儿的睡眠需要做到(　　)(常考)

A. 为幼儿准备舒适安静的环境　　B. 教会幼儿穿脱衣服

C. 做好幼儿睡眠中的巡查　　D. 让幼儿把小物品带到床上玩耍

32. 家园合作的个别方式是指教师与家长一对一交流互动的家园合作方式，具体方式包括(　　)

A. 家长委员会　　B. 家园联系册

C. 个别约谈　　D. 随机交谈

33. 学习迁移是指先前学习中所获得的知识、技能、情感和态度等对后来的学习和解决新问题的影响，因此，学习的有效迁移对幼儿学习新的知识技能等是有益的。为了促进幼儿的学习迁移，作为教师需要注意(　　)(常考)

A. 关注情感因素对幼儿学习迁移的影响

B. 幼儿学习迁移离不开具体事物的支持

C. 丰富幼儿的日常生活，使其在学习中发生迁移

D. 提高幼儿的分析与概括能力

34. 刚上幼儿园的东东由于不适应新的环境，出现了分离焦虑，每次去幼儿园他都要紧紧抓住爸妈的手不放，爸妈一离开就哭闹不停，甚至对外人感到恐惧。针对这类问题，父母可以采取的有效措施包括(　　)

A. 在入学前选择一些以幼儿园生活为主题的绘本，让孩子对集体生活产生兴趣

B. 告诉幼儿回来后会和他做些什么，让幼儿有期待感

C. 每次离家和回家设置一定的程序，让幼儿提前感知到分离，有心理准备

D. 平时少练习一些减少焦虑的活动

维，要是现在不学，以后课堂上就会跟人家差出一大截。”贾女士说，跟女儿同班的一个孩子对三位数加减法已经很熟练了，而自己的女儿两位数加减法还比较困难。这让她隐隐感觉到了压力。“我不想让孩子‘抢跑’，但更不想‘落单’。”

问题：

请结合案例，从学前儿童思维发展的角度，评析越来越多家长送幼儿进奥数课堂的现象。

六、活动设计题（本大题共20分）

53. 列宁曾说：“爱国主义就是千百年来巩固起来的对自己祖国的一种最深厚的情感。”幼儿爱祖国教育是幼儿德育内容之一。对幼儿进行爱国主义教育，在幼儿稚嫩的心里播种下爱国主义的种子，是帮助他们树立爱国主义信念、培养爱国主义情操，将来成长为四有新人的关键所在。为此，班级将开展认识“国歌、国旗和国徽”的教育活动，请你设计一份活动方案。

要求：主题鲜明，方案具有针对性和可操作性，步骤清晰，符合幼儿实际。

2019年福建省教师招聘考试幼儿教育真题试卷(八)

(满分150分　时间120分钟)

本套试卷共52小题,包括单项选择题(35小题),判断题(10小题),简答题(3小题),案例分析题(3小题),活动设计题(1小题)。

一、单项选择题(下列每题四个选项中只有一个符合题意,将其选出并把其标号写在题后的括号内。错选、多选或未选均不得分。本大题共35小题,每小题2分,共70分)

1. 依据幼儿的理解和接受能力选择内容,体现了教育内容的(　　)

A. 启蒙性　　B. 思想性

C. 全面性　　D. 代表性

2. 幼儿问:"蜗牛有耳朵吗? 它能听见我们说话吗?"老师的最佳做法是(　　)

A. 让幼儿回家问父母　　B. 引导幼儿一起探究

C. 直接告诉幼儿答案　　D. 告知幼儿,老师也不知道

3. "能努力做好力所能及的事,不怕困难,有初步的责任感。"这一目标属于(　　)(易混)

A. 健康领域　　B. 语言领域

C. 科学领域　　D. 社会领域

4. 建立良好家园关系的原则是(　　)(常考)

A. 尊重、平等、合作　　B. 尊重、平等、配合

C. 开放、平等、合作　　D. 理解、平等、配合

5. "能说出所阅读的幼儿文学作品的主要内容。"该典型表现所属的年龄段是(　　)

A. 2~3岁　　B. 3~4岁

C. 4~5岁　　D. 5~6岁

6. 4~5岁幼儿观察的目标是能发现(　　)(易错)

A. 事物的明显特征　　B. 并描述不同种类事物的特征

C. 事物的异同　　D. 某个事物前后的变化

7. "能通过简单的调查收集信息"所属的科学领域目标是(　　)

A. 对周围的事物有好奇心　　B. 具有初步的探究能力

C. 亲近自然,喜欢探究　　D. 在探究中认识周围事物和现象

28. 林老师通过分析幼儿观察豆子生长变化的记录表，评价幼儿观察的细致性、系统性等发展情况。林老师使用的评价方法是(　　)(常考)

A. 问卷法　　B. 观察法　　C. 调查法　　D. 作品分析法

29. 明明把自己喜欢的玩具带到幼儿园并愿意请其他小朋友一起玩。该行为是(　　)

A. 分享　　B. 合作　　C. 谦让　　D. 同情

30. 王老师要求幼儿见到他人要主动问好，而王老师自己却没有做到。这说明王老师没有贯彻社会教育的(　　)

A. 活动性原则　　B. 适宜性原则

C. 一致性原则　　D. 强化性原则

31. “祖国妈妈孩子多，民族服装大展览”所属的教育内容是(　　)

A. 多元文化　　B. 社会交往

C. 社会环境　　D. 自我意识

32. 活动室区域布置合理，材料摆放有序，幼儿能自主选区并愉快游戏。这体现的教育方法是(　　)

A. 环境熏陶法　　B. 移情训练法

C. 榜样示范法　　D. 价值澄清法

33. 把图片和联想到的事物联合起来说一句话，如看到小兔子想到萝卜，就说小兔子爱吃萝卜。这种语言游戏的类型是(　　)(易混)

A. 发音游戏　　B. 词汇游戏

C. 句子游戏　　D. 描述性游戏

34. 小班阶段开展意愿画美术活动的侧重点是(　　)

A. 自主选择绘画主题　　B. 有创意地表现主题

C. 自由涂画，宣泄情绪　　D. 自由构思，大胆表现

35. 幼儿美术能力发展分为三个阶段，即(　　)(常考)

A. 涂鸦期—图式期—象征期

B. 涂鸦期—象征期—图式期

C. 象征期—涂鸦期—图式期

D. 图式期—象征期—涂鸦期

二、判断题(判断下列各命题的正误，并在题后括号内打“√”或“×”。本大题共10小题，每小题1分，共10分)

36. 教师要遵循幼儿身心发展特点和保教活动规律，提供适合的教育，保障幼儿快乐健康成长。(　　)

37. 《3～6岁儿童学习与发展指南》就是《幼儿园教育指导纲要(试行)》的具体化。(　　)

38. 了解家乡的名胜古迹能培养幼儿初步的归属感。(常考)(　　)

39. 艺术是幼儿感受美、表现美和创造美的重要形式。 ( )

40. 为保证幼儿的安全,幼儿园不应使用剪刀、锤子等工具。 ( )

41. 幼儿科学教育的宗旨是对幼儿进行科学素质的早期培养。 ( )

42. 《中国学龄前儿童膳食指南》倡导“多样、平衡、适量”的科学营养观念。(易错) ( )

43. 幼儿食谱应每月更换一次。 ( )

44. 为了使幼儿脚底的肌肉、韧带长结实,应选择运动量小的活动。 ( )

45. 除睡眠外,应避免幼儿连续超过1小时的静止状态。(易错) ( )

三、简答题(本大题共3小题,每小题6分,共18分)

46. 依据《教育部办公厅关于开展幼儿园“小学化”专项治理工作的通知》的精神,简述应纠正的幼儿园“小学化”的教育方式。

47. 某幼儿在户外活动时出现头晕、眼花、口渴、头冒虚汗等中暑症状,简述对幼儿的急救措施。(易错)

48. 教师不能简单用像不像、好不好来评价幼儿的美术作品,简述评价幼儿美术作品的标准。

五、活动设计题（本大题共25分）

52. 根据4～5岁幼儿能单手将投掷物向前投掷4米左右的典型表现，设计一个中班体育活动方案。

要求：自拟活动名称、活动目标、活动准备、活动过程、活动延伸。

2019年安徽省合肥市教师招聘考试学前教育真题试卷(九)

(满分100分　时间120分钟)

本套试卷共58小题,包括单项选择题(30小题),多项选择题(5小题),判断题(20小题),案例分析题(2小题),活动设计题(1小题)。

一、单项选择题(在每小题列出的四个备选项中只有一个是符合题目要求的,请将其代码填写在题后的括号内。错选、多选或未选均无分。本大题共30小题,每小题1分,共30分)

1. 选择中秋节、重阳节、元宵节等题材作为社会教育的内容属于(　　)(常考)

A. 社会环境　　B. 社会文化

C. 自我意识　　D. 人文交往

2. 幼儿园环境属于(　　),所以幼儿园教师要注意环创。

A. 活动课程　　B. 综合课程

C. 经验课程　　D. 潜在课程

3. 对幼儿园的玩具管理、使用、保护。说法错误的是(　　)

A. 玩具由老师统一管理,统一发放,放在幼儿不能轻易拿到的地方

B. 玩具经常清洗消毒、补修损耗

C. 保持幼儿对玩具的新鲜感

D. 积极探索玩具的多种玩法,不要用成人的想法代替

4. 进行区域活动之前,教师总是会给小朋友集中进行区域活动的导入,教师的这一做法主要是(　　)

A. 向儿童介绍区域中的新材料　　B. 让幼儿明白区域活动规则及新材料

C. 引发幼儿参与区域活动的兴趣　　D. 对上次区域活动进行小结和评价

5. 幼儿园与家庭合作的基本原则,不正确的是(　　)(易错)

A. 平等合作,相互尊重　　B. 家园共建,责任共担

C. 协同配合,互惠互助　　D. 幼儿园为主,家庭为辅

6. 结构短小、内容紧凑、形象生动集中、音乐表现手法简单的歌曲,如《小老鼠》歌唱教学最适合的方法是(　　)

A. 视谱教唱法　　B. 分句教唱法

C. 整体教唱法　　D. 歌词先行教唱法

23. 幼儿园里经常使用一些塑料瓶、废旧的管道等作为环境创设的材料，这体现了幼儿园环境创设的(　　)

A. 观赏性原则　　　　B. 主体性原则

C. 创造性原则　　　　D. 环保性原则

24. 童趣是评价幼儿美术作品的主要标准之一，是否具有童趣，除了具有想象性外，最重要的标准是(　　)(易错)

A. 夸张　　　　B. 色彩鲜艳

C. 线条流畅　　　　D. 内容是幼儿眼中的世界

25. 对幼儿进行身体安全教育包括：个人卫生习惯和爱护公共卫生习惯，正确认识自己的身体、了解身体各部分的基本功能和(　　)等。

A. 认识自己的情绪

B. 懂得分享和控制情绪

C. 认识周围生活隐藏的危害身体的因素

D. 明白自己的优缺点

26. 喜欢自己歌唱，也喜欢与同伴一起歌唱，并能注意使自己的歌声与集体相一致，这是(　　)年龄段的歌唱活动的目标。(常考)

A. 托班　　　　B. 小班

C. 中班　　　　D. 大班

27. 在不影响幼儿游戏意愿的情况下，教师通过提示一个问题或建议，给出一个鼓励或参照，邀请一个同伴加入或营造一种气氛支持幼儿的游戏行为是(　　)

A. 间接指导　　　　B. 直接指导

C. 语言指导　　　　D. 平行指导

28. 以下哪个不是开放性材料(　　)

A. 塑料瓶盖　　　　B. 小汽车玩具

C. 贝壳　　　　D. 积木

29. 照顾好幼儿睡眠的标志有(　　)(常考)

①晚上尽量早的入睡　②睡够应睡的时间　③保持良好的睡眠姿势和习惯　④按时睡

A. ①②③　　　　B. ①③④

C. ②③④　　　　D. ①②③④

30. 下列不适合幼儿运动会的项目是(　　)

A. 基本体操　　　　B. 两人三足走

C. 跳绳　　　　D. 百米短跑

二、多项选择题(下列各题备选答案中至少有两项是符合题意的,请找出恰当的选项,并将其代码填在相应的括号内,多选、错选或少选均不得分。本大题共5小题,每小题2分,共10分)

31. 下列关于儿童保健内容的重点,正确的有(　　)(易错)

A. 多吃营养保健品　　B. 持续进行生长发育的监测

C. 重视早期教育　　D. 注意锻炼与保健、营养等的结合

32. 通常情况下,应在(　　)中引导幼儿自然而然地产生对文字的兴趣,用机械记忆和强化训练的方式让幼儿过早地识字不符合其学习特点和接受能力。

A. 集体活动　　B. 小组活动

C. 生活情境　　D. 阅读活动

33. 小班幼儿在数与量的内容上可以表现出(　　)典型行为。(常考)

A. 区分1和许多　　B. 区分物体的大小、高矮等

C. 一一对应比较两组物体　　D. 知道5比4多1

34. 下列对幼儿园环境布置叙述正确的有(　　)

A. 幼儿园的环境要尽可能地发挥它“会说话的教材”的作用,增强与幼儿的互动性

B. 幼儿园的环境布置要能体现地域、季节变化、时节等要素的特点

C. 幼儿园的环境布置是由教师设计完成的,幼儿是被动的信息接受者

D. 幼儿园的环境也是幼儿园课程的重要组成部分

35. 幼儿园体育活动性游戏构成的要素包括(　　)

A. 游戏的任务　　B. 游戏的内容

C. 游戏的条件　　D. 游戏的角色和规则

三、判断题(判断下列各题的正误,并在题后括号内打“√”或“×”。本大题共20小题,每题1分,共20分)

36. 对幼儿的评价最重要的是阶段性评价。(　　)

37. 活动区材料的投放要越多越好。(　　)

38. 不正确的擤鼻涕方法会引发中耳炎,所以幼儿教师或者家长应该教会幼儿掌握正确的擤鼻涕的方法。(常考)(　　)

39. 能从25厘米的高处自然地跳下是小班幼儿体育活动的目标。(　　)

40. 为便于玩具的保管,幼儿园摆放玩具的柜子应高于儿童的身高。(　　)

41. 儿童发韵母比发声母困难。(　　)

42. 幼儿园设立家长开放日的主要目的是了解家长的教养态度。(易错)(　　)

判断-42

43. 某幼儿园开设了多种兴趣班以培养幼儿的不同特长和技能,由于某些师资需要园外聘请,因此幼儿园可以向相关幼儿家长收取一定费用以支付外聘教师的课时经费。(　　)

五、活动设计题(本大题共20分)

58. 以"乌龟怪脾气"诗歌为活动内容,设计一堂幼儿园集体教学活动。

(1)年龄段、领域自定,活动安排符合幼儿年龄特点;

(2)活动设计周密完整(包含设计意图、活动目标、活动准备、活动过程和活动延伸);

(3)活动过程安排合理,有操作性和现实意义,启发性强。

《乌龟怪脾气》

乌龟怪脾气,见谁都不理。

太阳红艳艳,乌龟忙爬山。

蜗牛说:"山路陡!"乌龟不理蜗牛。

青蛙说:"山路滑!"乌龟不理青蛙。

乌龟爬到半山腰,四脚一滑喊:"不好!"

山路好像大滑梯,一滑滑到山谷底。

摔得头昏眼又花,乌龟还是不说话。

乌龟不说话,谁来救他?

2018年山东省菏泽市教师招聘考试幼儿园教育理论基础真题试卷(十)

(满分200分　时间150分钟)

本套试卷共102小题,包括填空题(20小题),单项选择题(35小题),判断题(40小题),简答题(5小题),论述题(2小题)。

第一部分　教育公共知识

一、填空题(在下列每小题的空格中填上正确的答案。错填、不填均不得分。本大题共10小题,每小题2分,共20分)

1. 教育机智体现教师工作具有________的劳动特点。(常考)

2. 教学工作的基本环节是备课、________、作业的布置与反馈、课外辅导、学业成绩的检查与评定。

3. 皮亚杰将个体的认知发展分为四个阶段:感知运动阶段、________、具体运算阶段和形式运算阶段。

4. 奥苏贝尔根据学生学习方式将学习分为接受学习与________。

5.《中华人民共和国教育法》第五条规定,“教育必须为社会主义现代化建设服务、为人民服务,必须与生产劳动和社会实践相结合,培养________等方面全面发展的社会主义建设者和接班人”。

6.《中华人民共和国教师法》规定,“教师是履行教育教学职责的________,承担教书育人,培养社会主义事业建设者和接班人、提高民族素质的使命。教师应当忠诚于人民的教育事业”。

7.《中华人民共和国义务教育法》指出,“义务教育是国家统一实施的所有适龄儿童、少年必须接受的教育,是国家必须予以保障的________事业”。(常考)

8.《中华人民共和国未成年人保护法》所称未成年人是指________的公民。

9.《中小学教师职业道德规范》(2008年修订)要求教师“崇尚科学精神,树立________理念,拓宽知识视野,更新知识结构。潜心钻研业务,勇于探索创新,不断提高专业素养和教育教学水平”。

10. 新一轮基础教育课程改革倡导的学习方式是自主学习、探究学习和________。

二、单项选择题(在下列每小题列出的四个选项中只有一个是最符合题意的,请将其代码填在括号内。错选、多选或未选均不得分。本大题共15小题,每小题2分,共30分)

1. 有的班主任教师按学生考试分数给学生排名次,并把名次作为安排、调整座位和评先推优的唯一标准。这违反了《中小学教师职业道德规范》(2008年修订)中的(　　)

A. 爱国守法　　　　B. 教书育人

盾的内心冲突。 ( )

11. 儿童在明白了“青菜”“萝卜”等概念后，再学习“蔬菜”的概念。这属于下位学习。 ( )

12. 心境是一种微弱的、持续时间较长的、带有弥散性的情绪状态。 ( )

13. 从信息加工的角度来看，记忆过程就是对输入信息的编码、储存和提取的过程。 ( )

14. 德育过程的主要矛盾是教育者和受教育者的矛盾。 ( )

15. 循序渐进教学原则中的“序”是指学生认识能力的发展顺序。 ( )

16. 在教学过程中，学生对客观世界的认识，主要是在教师指导下通过学习间接经验来实现的。 ( )

17. 先前学习的材料对识记和回忆后学习材料的干扰作用叫倒摄抑制。(常考) ( )

18. 学生既是教育的对象，又是自我教育和发展的主体。 ( )

19. 博鳌亚洲论坛2018年年会于4月8日至11日在海南博鳌举行。今年论坛的主题为“开放创新的亚洲，繁荣发展的世界”。习近平总书记应邀出席论坛年会开幕式并发表主旨演讲。 ( )

20. 党的十九大报告指出，中国特色社会主义进入新时代，我国社会主要矛盾已经转化为人民日益增长的美好生活需要和落后的社会生产的矛盾。 ( )

四、简答题(本大题共10分)

简述建构良好师生关系的基本策略。

第二部分 学前教育专业知识

一、填空题(在下列每小题的空格中填上正确的答案。错填、不填均不得分。本大题共10小题，每小题1分，共10分)

1.《幼儿园教育指导纲要(试行)》指出，“幼儿园教育应尊重幼儿的人格和权利，尊重幼儿身心发展的规律和学习特点，以________为基本活动，保教并重，关注个别差异，促进每个幼儿富有个性的发展”。(常考)

2. 2011年12月12日，教育部正式公布了《幼儿园教师专业标准(试行)》征求意见稿。其基本理念是________、师德为先、能力为重、终身学习。

3.《幼儿园工作规程》指出，“幼儿园是对________周岁以上学龄前幼儿实施保育和教育的机构”。

4. 心理学家帕登根据学前儿童游戏的社会参与程度将游戏分为非游戏行为、旁观游戏、独立游戏、平行游戏、________和合作游戏等。

5. 幼儿的绘画可分为三个发展阶段，即涂鸦期、________和图式期。

6. 有"中国幼儿教育之父"称号的近代幼儿教育家是________。（常考）

7. 研究学前儿童的基本方法是________。

8. 幼儿的科学教育是科学启蒙教育，重在激发幼儿的认识兴趣和________。

9. 意大利教育家蒙台梭利建立了学前教育机构________。

10. 幼儿园音乐教育活动包括歌唱活动、韵律活动、打击乐演奏活动和________。

二、单项选择题（在下列每小题列出的四个选项中只有一个是最符合题意的，请将其代码填在括号内。错选、多选或未选均不得分。本大题共20小题，每小题1分，共20分）

1. （　　）是指幼儿园班级中的保教人员通过计划、组织、实施、调整等环节，把幼儿园的人、财、物、时间、空间、信息等资源充分运用起来，以达到高效率实现保育和教育的目的。（常考）

A. 幼儿园班级管理　　B. 幼儿园年级管理

C. 幼儿园教师管理　　D. 幼儿园儿童管理

2. 食物供给中既要考虑量的多少，又要考虑是否优质的营养成分为（　　）

A. 碳水化合物　　B. 脂肪

C. 蛋白质　　D. 无机盐

3. 幼儿艺术活动的能力是在大胆表现的过程中逐渐发展起来的，教师的作用应主要在于激发幼儿感受美、表现美的情趣，丰富他们的（　　），使之体验自由表达和创造的快乐。

A. 认识水平　　B. 情感体验

C. 创造性思维　　D. 审美经验

4. 幼儿记忆的特点之一是（　　）

A. 形象记忆占优势　　B. 语词记忆占优势

C. 意义记忆用得多　　D. 意义记忆效果好

5. （　　）认为"儿童的发展是一个顺序模式的过程，这个模式是由机体成熟预先决定和表现的"。

A. 弗洛伊德　　B. 皮亚杰

C. 格塞尔　　D. 华生

6. 幼儿对同伴说："我看到一只像牛那样大的狗。"幼儿的这种"说谎"属于（　　）（易混）

A. 夸耀式的说谎　　B. 分不清事实与想象的说谎

C. 掩盖式的说谎　　D. 模仿式的说谎

7. 在整个童年期基本没有什么发展的器官系统是（　　）

A. 神经系统　　B. 淋巴系统

7. 鼻是呼吸系统的主要器官,是气体交换的场所。 ( )

8. 幼儿小肌肉群发育较早,大肌肉群发育较晚。 ( )

9. 传染病的前驱期也具有传染性。 ( )

10. 依恋是指婴儿寻求并企图保持与另一个人亲密的身体与情感联系的倾向。(常考) ( )

11. 幼儿看到天上飘动的白云,一会儿说是奔跑的“骏马”,一会儿说是移动的“高山”。这种现象属于有意想象。 ( )

12. 科尔伯格认为个体一生的道德发展阶段包括三个水平、六个阶段。 ( )

13. “有礼貌地倾听别人说话”这一活动目标属于认知目标。 ( )

14. 听信号左右分队走是小班幼儿在体育活动走步方面应达到的目标。 ( )

15. 能借助一些词汇描述自己对音乐情绪的体验是中班幼儿音乐能力的发展特征。 ( )

16. 幼儿最初社会性发生的标志是有差别的微笑出现。 ( )

17. 幼儿园的“娃娃家”游戏属于表演游戏。 ( )

18. 认为儿童天生就有学习语言能力且体现在一种语言获得装置中的教育家是皮亚杰。 ( )

19. 幼儿健康教育的核心目标是形成健康的行为。(常考) ( )

20. “跳一跳,够得着”体现了幼儿园教育活动的全面性原则。 ( )

四、简答题(本大题共4小题,每小题5分,共20分)

1. 怎样科学、合理地安排和组织幼儿的一日生活?(常考)

2. 学前儿童为什么容易发生意外事故?

3. 幼儿教师实施惩罚时要注意哪些事项?(易错)

4. 简述5~6岁幼儿动作发展中力量和耐力的发展目标。

五、论述题(本大题共2小题,每小题15分,共30分)

1. 游戏是幼儿的基本活动。试分析在幼儿的游戏活动中,教师起什么样的作用,创设幼儿园游戏环境有哪些要求。

7. 幼儿园里开展的“你怎么了”“就让我来帮助你”“难过的时候怎么办”等活动，其内容所属的领域是(　　)

A. 科学领域　　B. 社会领域　　C. 健康领域　　D. 语言领域

8. 儿童自己独立地确定绘画的具体内容、形式和表现方法，教师协助他们完成的绘画形式是(　　)

A. 装饰画　　B. 意愿画　　C. 临摹画　　D. 命题画

9. 家长应提供纸张让2岁幼儿自由涂抹，是因为该阶段幼儿美术发展所处的时期是(　　)

A. 涂鸦期　　B. 象征期　　C. 概念期　　D. 造型期

10. 渗透的学前儿童科学教育活动包括(　　)科学教育。

A. 日常生活中的、游戏中的、集体性的

B. 集体性的、游戏中的、其他教育活动中的

C. 日常生活中的、集体性的、其他教育活动中的

D. 日常生活中的、游戏中的、其他教育活动中的

11. 教师在幼儿谈话中，间接指导的方式是提问和(　　)

A. 显性示范　　B. 隐性示范　　C. 直接示范　　D. 讲解示范

12. (　　)儿童在韵律活动中的动作表现往往是以自我为中心的，他们还不善于运用动作与同伴配合、交流、共享。

A. 2～3岁　　B. 3～4岁　　C. 4～5岁　　D. 5～6岁

13. 谈话活动是幼儿园语言教育的重要形式，以下关于谈话活动特点的阐述不正确的是(　　)

A. 谈话活动有一个有趣的中心话题　　B. 谈话活动注重师幼双方的信息交流

C. 谈话活动拥有宽松的交谈气氛　　D. 谈话活动中教师起间接引导作用

14. 开始学习基本舞蹈“小跑步”的年龄是(　　)

A. 小班　　B. 中班　　C. 大班　　D. 学前班

15. 学前儿童音乐教育活动包括歌唱活动、韵律活动、打击乐演奏活动和(　　)活动。

A. 音乐创作　　B. 音乐欣赏　　C. 音乐感受　　D. 音乐理解

16. 儿童在学前阶段的早期阅读技能是指(　　)

A. 掌握未来书面语言学习的方式和途径　　B. 初步掌握汉语拼音

C. 认识常见的字　　D. 会写常用的汉字

17. 中班幼儿走的基本动作的发展目标之一是(　　)

A. 上体正直，自然地走　　B. 听信号按节奏上下肢协调地走

C. 轻松自如地绕过障碍进行曲线走　　D. 左右分队走

18. 对于原设计简单，幼儿有更多创造性表达机会的打击演奏活动，其适合的导入方式是(　　)

A. 歌唱导入　　B. 总谱学习导入

C. 总谱创编导入　　　　D. 音乐欣赏导入

19. 下列不属于小班社会教育目标的是(　　)

A. 引导儿童逐步熟悉集体生活环境，认识集体中的同伴与成人，初步了解他们与自己的关系，使儿童初步适应集体生活

B. 使儿童保持愉快的情绪，不爱哭、不怕生，愿意与他人交往，鼓励儿童积极参与集体生活

C. 引导儿童初步掌握日常生活中常用的礼貌用语，使儿童能初步有礼貌地同他人交往，见了老师和长辈会问好

D. 使儿童能初步了解自己与他人的情绪，初步懂得同情和关心他人

20. 一儿童在家里将布娃娃和玩具动物整齐地靠在沙发上，然后对它们说："小朋友们请坐好，小脚并并拢，小手放放好，两只眼睛看着老师，嘴巴不要发出声音，嗯，很好，下面我们开始上课了。"这属于儿童在语言方面的哪种模仿(　　)

A. 即时的、完全模仿　　　　B. 延迟模仿

C. 即时的、不完全模仿　　　　D. 创造性模仿

21. 图片上画有数个斜度不同的面与玩具小汽车，西西看着这些图片，就准确地表述出车开得快或者慢的情况，这说明西西的认知水平处于(　　)水平的阶段。

A. 动作表征　　　　B. 图像表征

C. 符号表征　　　　D. 逻辑表征

22. 学前儿童美术教育的组织原则有(　　)

A. 审美性原则、创造性原则、实用性原则

B. 审美性原则、创造性原则、目的性原则

C. 审美性原则、创造性原则、教育性原则

D. 审美性原则、创造性原则、实践性原则

23. 在选择科学教育内容时，需要考虑现代科学技术的成就，这体现的科学教育内容选择的原则是(　　)

A. 民族性　　B. 时代性　　C. 代表性　　D. 启蒙性

24. 用于科学教育的文艺作品范围很广，主要有文学作品和艺术作品。下列作品中不属于艺术作品的是(　　)

A. 图片　　B. 歌曲　　C. 谜语　　D. 科普画册

25. 李老师在一次美术活动中的教育目标是，提供给幼儿一张硬纸和一些毛线，在教师的指导下，用它们制作一个相框。这种目标属于(　　)

A. 表现目标　　　　B. 行为目标

C. 过程目标　　　　D. 技能目标

五、案例分析题（本大题10分）

在一次大班数学的分类教学中，活动开始，老师出示了许多动物的卡片，请小朋友们上来把他认为具有相同特征的动物放在一起，航航上来将狮子、老虎与羊放到一起，其他小朋友马上大叫起来："不对，不对，老虎和狮子会把羊吃掉的。"航航迟疑了一会儿，把羊去掉，然后将乌龟与狮子、老虎放在了一起。又有小朋友说："不对，乌龟是生活在水里的，狮子和老虎是生活在陆地的。"航航有些为难了，用求助的眼神看着老师，但老师只是微笑地看着他并没有回应，他只好自己继续分下去，最后他把大象与狮子、老虎放在了一起。老师没有对航航的分类过程和结果进行评价，接着又请另一位小朋友上来操作，就这样，老师连续请四位小朋友上来操作，结束后，总结说："动物有很多的特点，所以我们可以有很多种不同的分类。"

请你根据上述内容分析幼儿学习数学的心理特点。你认为教师的教育行为是否恰当，并阐述理由。

六、活动设计题（本大题共20分）

请设计大班语言活动"快乐的国庆节"，要求写明活动目标、活动准备、活动过程。

教师招聘考试学前教育押题试卷(十二)

(满分100分　时间120分钟)

本套试卷共41小题，包括单项选择题(25小题)，判断题(10小题)，简答题(4小题)，案例分析题(1小题)，活动设计题(1小题)。

一、单项选择题(在每小题列出的四个备选项中只有一个是符合题目要求的，请将其代码填写在题后的括号内。错选、多选或未选均无分。本大题共25小题，每小题1分，共25分)

1. 有关科学技术教育的内容中，不适合学前儿童的是(　　)

A. 了解灯的发展历史　　B. 制作不倒翁

C. 了解基因工程　　D. 学习用小剪刀、小锤子

2. 幼儿园课程目标主要分为总目标、年龄阶段目标、(　　)、月或周目标、某一教育活动目标等五个目标。

A. 学年目标　　B. 学期目标

C. 每日目标　　D. 主题目标

3. 选择幼儿园科学教育内容的首要前提是(　　)

A. 科学性和启蒙性　　B. 系统性和整合性

C. 地方性和季节性　　D. 多样性和代表性

4. 儿童根据自己的生活经验，由自己独立确定绘画主题和内容，运用所掌握的美术知识和技能，自由地表达自己的情感、愿望的绘画形式是(　　)

A. 命题画　　B. 工笔画

C. 装饰画　　D. 意愿画

5. 幼儿将橡皮泥制作成许多彩色的小圆球，该活动幼儿要用到的橡皮泥制作的基本技能是(　　)

A. 抻拉　　B. 抟圆

C. 压扁　　D. 搓长

6. “我自己吃饭了”“我上大班了”，这些社会领域活动所体现的内容是(　　)

A. 环境适应　　B. 自我成长

C. 行为规范　　D. 社会文化

7. 纸、布、树叶、羽毛等是幼儿手工活动中常用的(　　)

A. 块状材料　　B. 点状材料

C. 线状材料　　D. 面状材料

B. 5～6岁是儿童语音发展最迅速的时期

C. 儿童先掌握的是名词和形容词

D. 儿童的不完整句大多发生在2岁以前，主要是单词句和双词句

二、判断题（判断下列各命题的正误，并在题后括号内打"√"或"×"。本大题共10小题，每小题1分，共10分）

1. 在谈话活动中，教师要做示范，给幼儿以提示，及时纠正幼儿说话时用词造句的错误。（ ）

2. 谈话活动着重培养儿童的欣赏文学作品能力以及利用文学语言表达想象、表达生活经验的能力。（ ）

3. 完整句的数量和比例随年龄的增长而增长。到6岁以后，儿童98%以上使用完整句。（ ）

4. 学前教育课程实施的实质在于把静态的课程方案转化为动态的课程实施的过程，是课程的"再设计"过程。（ ）

5. 幼儿园语言教育内容指的是教师有目的、有计划地组织的专门的语言教育活动。（ ）

6. 认读和书写10以内的数字是大班的数学教学内容之一。（ ）

7. 学前儿童自我控制能力结构主要由自制力、自觉性、坚持性、自我延迟满足四个方面组成。（ ）

8. 轻器械体操是指手持轻器械，在徒手操的基础上，结合器械的特点进行的身体练习。（ ）

9. 儿童语言的发展是指儿童阅读能力成长变化的过程和现象。（ ）

10. 幼儿在跳跃时，两脚需并拢，否则容易扭伤腿。（ ）

三、简答题（本大题共4小题，每小题5分，共20分）

1. 幼儿园课程内容选择有哪些基本原则？

2. 简述3～4岁儿童学习科学的特点。

3. 简述学前社会教育中自我意识的目标。

4. 简述学前儿童学习数学的心理特点。

四、案例分析题(本大题共20分)

案例一

背景:在一次绘画教学活动中,教师在猫脸的左右两边各画了对称的四根胡子。一男孩叫道:“老师,猫的胡子不是这样画的,猫的胡子是长在鼻子上的!”

教师:“嗯,我画错了吗?”老师愣了一下。

男孩:“不是这样画的,是长在鼻子上的。”

教师:“我看到的好像是长在脸上的,等会儿我们去看看好吗?”

男孩:“是长在鼻子上,好吧。”

结果:参加本次教学活动的所有孩子画的猫,胡子都是长在鼻子上的。

案例二

一次幼儿园大班绘画教学活动的幼儿操作环节,孩子们都在认真地作画。

大,排的队就长,而颗粒小的种子占的地方小,排的队就短。在这一活动中,反映的是数学教育内容的(　　)

A. 科学性　　B. 启蒙性　　C. 可探索性　　D. 适时性

7. 在幼儿园的韵律教学活动中,(　　)主要适用于情节性比较强的韵律动作组合的学习或创编活动。

A. 游戏导入　　B. 回忆导入　　C. 观察导入　　D. 故事导入

8. 幼儿教师让家长和幼儿一起收集科学资料,并让幼儿通过交流的方式获取科学知识,积累科学经验,这是(　　)

A. 科学讨论型科学教育活动　　B. 技术操作型科学教育活动

C. 观察认识型科学教育活动　　D. 实验操作型科学教育活动

9. 在幼儿园活动室内向阳的窗台、角落安放一张桌子或设置一个分层木架,将一些适于在室内生长和照料的动植物或收集来的无生物,有秩序地布置在上面。这是幼儿园设置的(　　)

A. 小小图书角　　B. 水池

C. 学习室　　D. 自然角

10. 在欣赏 ABACA 回旋曲结构的乐曲《钟表店》时,为加深幼儿对乐曲中引子、间奏、尾声音乐的理解,教师用小闹钟、布谷鸟钟、复古摇摆钟和星星座钟四幅小图片表示四种不同的钟声,分别对应乐曲中引子、间奏一、间奏二、尾声的音乐,结合小图片让幼儿欣赏,再引导幼儿将小图片填入大图谱中。这种欣赏类型是(　　)

A. 语言参与　　B. 友情参与

C. 视觉参与　　D. 运动参与

11. 幼儿园课程实施的创生取向是把课程实施过程看成是(　　)在具体情境中联合创造、生成新的教育经验的过程。

A. 领导　　B. 专家

C. 师生　　D. 家园

12. 让学前儿童用温度计测量三盆不同温度的热水。这种测量方式是(　　)

A. 观察测量　　B. 非正式量具测量

C. 实验测量　　D. 正式量具测量

13. 儿童开始将头脑中小鸟的表象用图画的方式表现出来,这表明儿童绘画能力发展到(　　)

A. 涂鸦期　　B. 象征期

C. 定型期　　D. 写实期

14. 在分类活动中,强强把饼干、糖果、薯条归一类,把积木、布娃娃、球归一类,强强是按物体的(　　)

A. 名称分类　　B. 用途分类

C. 形状分类　　D. 材料分类

15. 从讲述内容来划分，可以将讲述活动分为叙事性讲述、描述性讲述、说明性讲述和(　　)

A. 看图讲述　　B. 议论性讲述　　C. 实物讲述　　D. 谈论性讲述

16. 幼儿美术创作基本处于涂鸦期，喜欢用笔随意涂画，处于一个从无表现意图的涂鸦向有表现意图绘画转化的过程。符合这一特征的年龄班是(　　)

A. 小班　　B. 中班　　C. 大班　　D. 学前班

17. 幼儿园课程中的“综合教育”，是一种以(　　)组织幼儿园课程内容的方式。

A. 逻辑组织法　　B. 心理顺序法

C. 纵向组织法　　D. 直线组织法

18. 下列不属于语言教育活动设计与实施的原则的一项是(　　)

A. 教育活动中经验连续性的原则　　B. 教育活动中主客体交互作用的原则

C. 活动内容和活动方式相适应的原则　　D. 教师显性指导的原则

19. 喜欢看书，了解看书的基本方法，能初步看懂单幅儿童图画书的主要内容。这是对(　　)幼儿的要求。

A. 小小班　　B. 小班　　C. 中班　　D. 大班

20. 学前儿童随时都在观察，他们每天都在观察成人的言行举止和态度，观察周围环境中的一切，而且这种观察常常是在无意中、在成人未意识到的情况下发生的。这体现学前儿童社会学习的(　　)特点。

A. 随机性和无意性　　B. 长期性和反复性

C. 情感驱动性　　D. 实践性

二、判断题(判断下列各命题的正误，并在题后括号内打“√”或“×”。本大题共10小题，每小题1分，共10分)

1. 幼儿园教师经常在体育活动中通过语言示范帮助幼儿掌握动作要领。(　　)

2. 在早期阅读活动中，儿童要学习的前书写经验包括认识汉字的独特书写风格。(　　)

3. 幼儿健康的标准是生长发育好，机体对内、外环境有一定的适应能力。(　　)

4. 开始用线条和简单的形象组合来表征自己所感知过的事物说明幼儿处于涂鸦期。(　　)

5. 社会领域的教育具有潜移默化的特点，所以教师要经常告诉孩子一些社会规则和品德要求，讲多了，幼儿的社会性品质就得到了发展。(　　)

6. 体育活动能发展幼儿的基本动作，增强对外界环境变化的适应能力和抵抗能力。(　　)

7. 幼儿认识立体图形的顺序是：球体、圆柱体、正方体、长方体。(　　)

8. 初步理解科学现象中比较内在的、隐蔽的因果关系是大班幼儿学习科学的特点。(　　)

9. 正确的站立姿势是身子正，腿不弯，抬头挺胸，两腿站直，两足并行。(　　)

10. 体育游戏与一般游戏一样，是一种具有鲜明娱乐性的活动，但并不属于幼儿园体育活动的基本内容。(　　)

六、活动设计题(本大题共30分)

围绕“安全”的主题,设计一个幼儿园大班的教育活动方案。

教师招聘考试学前教育押题试卷(十四)

(满分100分　时间120分钟)

本套试卷共46小题,包括单项选择题(20小题),判断题(10小题),填空题(10小题)简答题(4小题),案例分析题(1小题),活动设计题(1小题)。

一、单项选择题(在每小题列出的四个备选项中只有一个是符合题目要求的,请将其代码填写在题后的括号内。错选、多选或未选均无分。本大题共20小题,每小题1分,共20分)

1. 幼儿园的早期阅读活动应当(　　)

A. 提供具有表意性质的材料帮助幼儿获得读写能力

B. 有目的、有计划地培养幼儿对书面语言的兴趣和敏感性

C. 创设丰富的阅读环境帮助幼儿识字和书写

D. 有目的、有计划地教幼儿认读一定数量的字

2. 儿童在感受、表现音乐的过程中,最普遍的形式是(　　)

A. 倾听欣赏音乐　　B. 载歌载舞、唱唱跳跳

C. 参与奏乐　　D. 歌唱活动

3. 有一个儿童,他认识了猫,有一次到了动物园以后,凡是看到和猫体型类似的动物他都称之为"猫",由此可见他头脑中的"猫"的概念是(　　)

A. 科学概念　　B. 初级科学概念

C. 科学经验　　D. 想象中的概念

4. 老师对小朋友说:"在草地上走,会把小草踩疼的。"儿童就信以为真,都不去踩小草了。这反映了儿童学科学具有(　　)

A. 好奇的特点　　B. 好探索的特点

C. 自我中心的特点　　D. 好动的特点

5. 以下关于幼儿体能描述正确的是(　　)

A. 幼儿体内能量物质储备少,身体机能较弱,但恢复快

B. 幼儿体内能量物质储备多,身体机能较弱,但恢复快

C. 幼儿体内能量物质储备少,身体机能较弱,恢复慢

D. 幼儿体内能量物质储备少,身体机能较强,恢复快

4. 开展“玩具分享日”“小熊请客”等活动作为社会教育的内容，属于自我意识方面的教育。（ ）

5. 大班幼儿能对10以内的数进行数的组成和分解、能做简单的计算。（ ）

6. 教师通过艺术性语言的描述，引导儿童运用多种感官观察、感知艺术作品和周围环境中事物的造型、结构、色彩、运动模式等审美特征，提高其敏锐的审美感知能力和深刻的审美体验能力的方法是示范法。（ ）

7. 指导儿童欣赏美术作品，主要是帮助儿童分清哪些画是好的，哪些画是不好的。（ ）

8. 4～6岁儿童不但能较敏锐地用动作反映音乐速度和力度的变化，而且还能对音乐的结构做出较细致的反应。（ ）

9. 中班儿童的纸工活动内容主要是以培养兴趣为主，初步学习纸工的简单知识和技能。为小班儿童设计的课题，主要是玩纸、撕纸和粘贴。（ ）

10. 幼儿随着阅读图书的进展，能敏锐地根据故事中所描述的事件的性质、人物的表情及动作估计出情节的发展过程和结局，而且预测的内容和图书内容基本一致，做到前后呼应。这种技能是观察理解的技能。（ ）

三、填空题（在下列每小题的空格中填上正确答案。填错、不填均不得分。本大题共10小题，每题1分，共10分）

1. 一般认为，活动课程起源于19世纪末20世纪初欧美的新教育运动和进步教育运动，其代表人物是________。

2. ________是一种对他人的处境、遭遇在感情上能激起共鸣，能分担他人的苦难忧虑，并发自内心地在行动上给予应有的慰藉、关心和帮助的道德情感。

3. ________原则是指学前儿童社会教育的内容应是浅显的、具体的、启发性的知识，是儿童发展所必须学习的知识。

4. ________是学前儿童生长发育最常用的评价指标，主要有身高、体重、视力、围度等。

5. 子轩在倾听他人谈话时，能充分理解他人的意思，并能初步听出话语中隐藏的意义，如反语、幽默等。表明他在谈话的学习与发展方面已处于________。

6. ________是遵循0至6、7岁儿童身体生长发育的特点和规律，以增强其体质，发展身心素质和初步运动能力，提高他们健康水平为目的所进行的一系列的教育活动。

7. 基本动作是学前儿童体育活动的重要内容之一，包括走、跑、跳、________、攀登和________等。

8. 利用饭前、睡前或活动间隙，采用集体、小组或个别形式进行谈话的体育活动是________。

9. ________是实现幼儿园教育目的的手段，是帮助幼儿获得有益的学习经验，促进其身心全面和谐发展的各种活动的总和。

10. ________是指利用环境条件、生活氛围和教师本身的言行举止，对幼儿进行积极感化、熏陶，潜移默化地影响幼儿社会态度和行为的方法。

四、简答题(本大题共4小题,每小题5分,共20分)

1. 简述3～6岁儿童词汇发展的特点。

2. 简述幼儿园歌唱材料的选择原则。

3. 学前儿童人际交往活动的内容有哪些?

4. 简述在学前美术教育中为儿童选择范例的标准。

C. 艺术对孩子来说没有什么价值

D. 艺术对于学前儿童来说价值在于作画过程,而非完美的作品本身

7. "项目活动"课程来自(　　)

A. 美国　　B. 英国　　C. 意大利　　D. 加拿大

8. 在进行渗透的语言教育内容和活动时,教师需要特别注意(　　)

A. 交流内容向成人社会靠拢

B. 忽视幼儿之间的有效言语互动

C. 中止教师认为幼儿之间的没意义的谈话

D. 在与幼儿交流的过程中,始终将自己看作幼儿中的一员

9. 评价者根据评价目的,预先设计好一定的情境诱发学前儿童表现出社会性行为并进行价值判断的方法是(　　)

A. 情境测验法　　B. 问卷调查法

C. 谈话法　　D. 自然观察法

10. 在儿童的阅读经验中,下列不属于前图书阅读经验的是(　　)

A. 知道文字有具体的意义

B. 图书制作的经验

C. 理解画面和文字与口语有对应关系的经验

D. 翻阅图书的经验

11. 在为儿童提供操作活动时,可以设计不同层次,不同难度的活动。这种做法所体现的教育原则是(　　)

A. 发展儿童思维结构　　B. 让儿童动手操作

C. 联系儿童生活　　D. 重视个别差异

12. "激发学前儿童对周围事物的好奇心,使其乐意感知和摆弄他们能够直接接触到的自然物和人造物"是小班幼儿(　　)方面的科学教育活动目标。

A. 情感　　B. 知识　　C. 方法　　D. 技能

13. 教师如果经常对同一种行为的要求前后差异较大,不仅会让幼儿心态迷惑,而且还让正确或适宜的行为得不到应有的强化,消极行为得不到有效的抑制。这表明对幼儿社会性教育应遵循(　　)

A. 一致性原则　　B. 随机教育原则

C. 行为实践原则　　D. 榜样作用原则

14. 课程内容难度水平处在幼儿的"最近发展区"之内,说明课程内容的选择符合(　　)

A. 目的性原则　　B. 发展适宜性原则

C. 兴趣性原则　　D. 价值性原则

15. (　　)通过收集并分析幼儿的作品,对幼儿的学习与发展做出评定,是一种在幼儿的学习和发展过程中给幼儿提供帮助的方法。

A. 以游戏为基础的评价　　B. 真实性评价

C. 档案袋评价法　　D. 多彩光谱评价

16. 在幼儿园韵律活动中,让儿童在回忆有关具体事物的外部形象或运动状态后,再用自己的动作创造性地进行表现的教学设计方案所运用的导入方式是(　　)

A. 观察导入　　B. 回忆导入

C. 基本动作复习或练习导入　　D. 队形复习或学习导入

17. 将苹果、梨、香蕉、黄瓜、萝卜、桃子等放在一起,让学前儿童进行分类:苹果、梨等都是水果,黄瓜、萝卜等都不是水果。这种分类是(　　)

A. 挑选分类　　B. 感知分类

C. 二元分类　　D. 多元分类

18. (　　)被人们认作“适宜儿童发展的教育实践”的一个例证。

A. 蒙台梭利教育　　B. 皮亚杰理论

C. 海伊斯科普课程　　D. 瑞吉欧教育

19. 在大班活动《认识鸟儿》中,教师制定的目标之一是引导幼儿观察小鸟,认识其外形特征及结构。这一目标属于(　　)

A. 长期目标　　B. 中期目标

C. 短期目标　　D. 活动目标

20. 学习按某一特征的肯定与否定进行分类;学习概括图形的两个特征;能按两个特征对同一类物体进行逐级分类是(　　)幼儿的教育内容。

A. 小小班　　B. 小班　　C. 中班　　D. 大班

21. 小班幼儿走的动作要求是(　　)

A. 上体正直,自然地走　　B. 上体正直,上下肢协调地走

C. 上体正直,有精神地走　　D. 步伐均匀,有精神地走

22. 体操的功用是不同的,“编排的操节动作要全面,以便全面锻炼幼儿的身体。”这是对(　　)的要求。

A. 准备操　　B. 表演操　　C. 早操　　D. 放松操

23. 中班阶段开展意愿画美术活动的侧重点是(　　)

A. 自主选择绘画主题　　B. 有创意地表现主题

C. 自由涂画,宣泄情绪　　D. 自由构思,大胆表现

24. 儿童的前言语阶段,是一个在语言获得过程中(　　)的核心期。

A. 语法　　B. 语义　　C. 语音　　D. 词汇

2. 在某园的一节主题为“跳跃”的体育公开课上,小(2)班的王老师为了把课上好,想了不少办法。整节课从开始到结束始终在紧张、活泼的游戏氛围中进行,既有集体的游戏,如青蛙妈妈(由教师扮演)带领小青蛙(由幼儿扮演)一起练习本领(随着音乐做蛙跳动作);也有分散游戏,如组织幼儿玩民间游戏《隔房子》(在地上划上方格,幼儿在其中蹦跳)等。课后,观摩的老师们发现,绝大多数孩子都满头大汗,许多孩子嘴里直叫:“哎呀,真好玩,可就是累死我了。”

请指出这节公开课的不足之处,并说明理由。

五、活动设计题(本大题共25分)

请根据小班幼儿年龄特点设计一篇以“沙子和泥土”为主题的科学教育活动。要求:写出活动目标、活动准备及活动过程。

教师招聘考试学前教育押题试卷(十六)

(满分100分　时间120分钟)

本套试卷共41小题,包括单项选择题(25小题),判断题(10小题),简答题(4小题),案例分析题(1小题),活动设计题(1小题)。

一、单项选择题(在每小题列出的四个备选项中只有一个是符合题目要求的,请将其代码填写在题后的括号内。错选、多选或未选均无分。本大题共25小题,每小题1分,共25分)

1. 大班的幼儿已具备初步的逻辑推理能力,于是王老师经常在阅读活动前,组织幼儿"猜书名"。猜的方法多种多样,有时让幼儿在"看图推测"后猜,有时则在"教师指读"后猜,以帮助幼儿预测故事情节的发展。王老师的做法主要在于培养幼儿的(　　)

A. 假设技能　　B. 观察技能　　C. 概括技能　　D. 预期技能

2. (　　)是依据一定的哲学或伦理观、意识形态和社会政治需要而引出的对课程进行原则性规范或总括性指导的目标。

A. 普遍性目标　　B. 行为目标

C. 生成性目标　　D. 表现性目标

3. 下列不属于实施儿童健康教育应遵循的原则的是(　　)

A. 客观性原则　　B. 科学性原则

C. 发展性原则　　D. 全方位渗透原则

4. 原地纵跳触物(距指尖20~25厘米);立定跳远大于40厘米的跳跃活动内容一般在(　　)进行。

A. 学前班　　B. 大班　　C. 中班　　D. 小班

5. 能用正确的姿势唱歌,音域在$c^1 \sim a^1$之间,是对(　　)年龄段的要求。

A. 托班　　B. 中班　　C. 小班　　D. 大班

6. 幼儿会用"轻柔、舒缓、柔美、安静"等词语来形容摇篮曲,会用"雄壮、威风、有力"等词语来形容进行曲。这种欣赏类型是(　　)

A. 语言参与　　B. 友情参与　　C. 视觉参与　　D. 运动参与

7. (　　)的教学方法主要是"引导创作法"。

A. 达尔克罗兹音乐教育体系　　B. 奥尔夫音乐教育体系

C. 柯达伊音乐教育体系　　D. 铃木音乐教育体系

二、判断题(判断下列各命题的正误,并在题后括号内打"√"或"×"。本大题共10小题,每小题1分,共10分)

1. 中班幼儿在数学教育中可以初步感知集合的交集、并集关系及包含关系。 ( )

2. 听信号左右分队走,是小班幼儿在体育活动走步方面应达到的目标。 ( )

3. 教师通过与儿童的交谈引起儿童的思考,在相互的交流中不知不觉让儿童进行内省与价值评价的方法是澄清应答法。 ( )

4. 在选择科学教育内容时,需要考虑现代科学技术的成就,这体现的科学教育内容选择的原则是民族性。 ( )

5. 课程内容即学习经验的取向认定儿童是被动的学习者,决定学习的质和量的主要方面是教材而不是儿童。 ( )

6. 按物计数要求幼儿在口头数数的基础上,将数字与客观事物的数量联系起来,建立数与物之间的一对一的联系,做到口手一致地点数。 ( )

7. 能画出直线、曲线、折线,并能表现线条的方向、粗细、疏密是4~5岁儿童的绘画目标。 ( )

8. 早期儿童画的发展,色彩先于形状。幼儿从4岁开始,一般不再使用单色画画,常常自发选用三至五种颜色涂染。 ( )

9. 健康教育的核心是传播卫生知识,因此健康教育与卫生宣传相同。 ( )

10. 儿童绘画发展四个阶段中的第一阶段是写实期。 ( )

三、简答题(本大题共4小题,每小题5分,共20分)

1. 简述实验操作型科学教育活动材料的选择依据。

2. 简述五指活动课程的目标。

3. 简述学前儿童早期阅读活动的终期目标。

4. 简述学前健康教育的意义。

四、案例分析题（本大题共20分）

中(2)班的张老师正在组织幼儿开展美术活动，活动室外突然飘起了雪花。这对于南方的幼儿来讲是非常稀奇的，很多幼儿很少甚至从未见过真实的下雪的情景。因此，不少幼儿开始按捺不住，不时往外张望，甚至有个别幼儿已经离开座位跑到了活动室外。张老师看到这些之后，明确要求幼儿必须先画完画，不能往外看，更不准跑出去。就这样，很多幼儿心不在焉地画完了画。但此时，外面的雪停了。

(1)幼儿园课程实施有哪三种取向？(6分)

(2)案例中，张老师的做法属于哪种课程实施取向？并结合案例说明理由。(14分)

8. 儿童自第一声啼哭到咿咿呀呀,经过了大量的发音练习过程,这个过程经历的前三个阶段依次是( )

A. 音节发声、单音发声和前词语发声 B. 音节发声、前词语发声和单音发声

C. 单音发声、前词语发声和音节发声 D. 单音发声、音节发声和前词语发声

9. 方方看到姐姐,把玩具拿给姐姐说:"姐姐拿,姐姐拿。"方方的句子属于( )

A. 单词句 B. 关联句 C. 复合句 D. 双词句

10. 儿童为在画中强调表现某一意图,不会顾及画中形象的大小、比例、内容等是否合理。这样的画常常会令人感到很夸张。这说明儿童绘画表现的( )特征。

A. 拟人化 B. 透明式 C. 展开式 D. 强调式

11. 以培养幼儿倾听和表达能力为主的语言活动是( )

A. 谈话活动 B. 讲述活动

C. 早期阅读活动 D. 听说游戏

12. 在科学领域的学习活动中,幼儿除了学习科学探究及数学认知等相关内容,还可以获得其他领域的知识经验,如语言领域中的敢于表达表现,社会领域中的交往合作及规则意识等。这符合幼儿园教育活动内容的( )

A. 广泛性和启蒙性 B. 生活性和生成性

C. 综合性和整体性 D. 趣味性和预设性

13. 爸爸对曼曼说:"请你给我取六个苹果。"曼曼从一堆苹果中取出了六个。爸爸又问:"你一共取了多少个苹果出来啊?"曼曼回答:"六个。"请问曼曼处于数概念发展的( )

A. 给物说数的阶段 B. 口头数数的阶段

C. 说出总数的阶段 D. 按数取物的阶段

14. 菲菲在幼儿园绘画中用很长的波浪线画小草,王老师认为她画得不像,教她用三根小短线交叉形成一棵小草,这更像现实生活中的小草。老师的做法( )

A. 教会菲菲正确画小草的方法 B. 尊重菲菲自己的想法

C. 矫正菲菲对小草的错误感知 D. 过于强调画画技能,损害幼儿绘画兴趣

15. 在大班数学活动中,孩子们用简单的符号进行记录统计,教师提问:"你们是怎么记录的? 用这些符号有什么好处?"这属于( )提问策略。

A. 封闭式 B. 发散式 C. 启发式 D. 换位式

16. 除了能学会有节奏地跟着音乐做动作外,还能初步了解并辨别不同风格音乐的基本性质的幼儿,其年龄阶段是( )

A. 2~3岁 B. 3~4岁 C. 4~5岁 D. 5~6岁

17. 在唱歌或做韵律活动时,往往不能和其他人同时开始和结束的是( )

A. 小班儿童 B. 中班儿童 C. 大班儿童 D. 各年龄班儿童

18. 在达尔克罗兹的音乐教育体系中,(　　)由于其独特的独创性和科学性早已被人们公认为是卓有成效的音乐教育手段,并成为相对独立的学习领域。

A. 体态律动　　B. 视听练耳

C. 即兴创作　　D. 音乐律动

19. 阳阳能画圆圆的西瓜和气球,并能沿着边线平滑地剪下来,由此判断该幼儿手部动作发展正处于哪个年龄阶段的水平(　　)

A. 2～3岁　　B. 3～4岁　　C. 4～5岁　　D. 5～6岁

20. “引导幼儿初步感知世界著名的人文景观及优秀艺术精品,萌发对世界文化的兴趣”是(　　)的社会教育目标。

A. 托儿所　　B. 幼儿园小班

C. 幼儿园中班　　D. 幼儿园大班

21. 大班幼儿在“有趣的静电现象”科学活动中,最终获得的探究结果是(　　)

A. 感知摩擦可以生电的现象　　B. 静电现象产生的原因

C. 静电现象的概念　　D. 掌握摩擦生电的技巧

22. 开展幼儿故事讲述活动首先要考虑的是(　　)

A. 内容选择　　B. 方法运用

C. 材料准备　　D. 情境创设

23. 在创编故事时,“能编构完整的故事”适合的年龄班是(　　)

A. 托班　　B. 小班　　C. 中班　　D. 大班

24. 学前儿童健康教育包括学前儿童安全教育、学前儿童身体保护和生活自理能力教育、学前儿童体育教育、学前儿童心理健康教育和(　　)

A. 学前儿童卫生教育　　B. 学前儿童饮食营养教育

C. 学前儿童常规教育　　D. 学前儿童亲社会教育

25. 美术教育与其他艺术形式的教育相比,最本质的区别在于它是一门(　　)

A. 时间艺术　　B. 听觉艺术

C. 视觉艺术　　D. 表演艺术

二、名词解释(本大题共5小题,每小题3分,共15分)

1. 澄清应答法

四、案例分析题(本大题共20分)

白老师组织大班幼儿开展投掷活动,第一阶段,白老师请幼儿用木制的“火箭”投向距离4米左右的“大怪兽”;第二阶段,白老师为幼儿提供了沙包,引导他们投向距离5米左右的“小怪兽”;最后,白老师组织幼儿进行投掷比赛,在幼儿获得成功体验之后,鼓励幼儿自制各种投掷材料,轮流使用左右手进行投掷。

(1)列举案例中教师采用的两种主要教学方法。(6分)

(2)结合案例分析该教师组织幼儿投掷活动的指导策略。(14分)

五、活动设计题(本大题共20分)

中班下学期,陈老师发现,班上仍有一些幼儿会抢别人的玩具,他们的理由是:“我喜欢这玩具,我要玩。”

请设计一个教育活动,解决上述问题,要求写出活动名称、活动目标、活动准备及活动过程。

教师招聘考试学前教育押题试卷(十八)

(满分100分　时间120分钟)

本套试卷共31小题,包括单项选择题(20小题),名词解释(5小题),简答题(4小题),案例分析题(1小题),活动设计题(1小题)。

一、单项选择题(在每小题列出的四个备选项中只有一个是符合题目要求的,请将其代码填写在题后的括号内。错选、多选或未选均无分。本大题共20小题,每小题1分,共20分)

1. 在对儿童美术欣赏的情感态度要求上,适合大班儿童的技能目标是(　　)

A. 集中注意力欣赏

B. 关注具有美感的事物

C. 能感受作品的色调、色彩的变化和相互关系

D. 初步体验美术欣赏活动的快乐

2. 儿童语言的获得不是后天学习的结果,而是生来就具有一个语言学习装置。这种观点的代表人物是(　　)

A. 勒纳伯格　　B. 乔姆斯基

C. 布鲁纳　　D. 皮亚杰

3. 铃木音乐教育体系中有许多独特的教育方法,下列选项中不属于其教学方法的是(　　)

A. 母亲参与　　B. 综合教学

C. 集体教学　　D. 听觉训练

4. 幼儿园科学教育活动设计中,为幼儿选择的科学教育内容必须是客观的、实在的、符合科学发展方向的。这体现的幼儿科学教育活动设计原则是(　　)

A. 趣味性原则　　B. 科学性原则

C. 活动性原则　　D. 发展性原则

5. 学前儿童社会教育目标的结构从纵向来看不包括(　　)

A. 社会教育总目标　　B. 年龄阶段目标

C. 活动目标　　D. 近期目标

6. 下列属于学前儿童心理健康教育内容的是(　　)

A. 体育锻炼　　B. 生活卫生习惯

C. 安全自护　　D. 性教育

3. 心理组织法

4. 全体性原则

5. 信号法

三、简答题（本大题共4小题，每小题5分，共20分）

1. 简述学前科学教育的总目标。

2. 简述早操的内容。

3. 简述运用共情训练法时应注意的问题。

4. 简述图式期儿童绘画表现的常见特征。

四、案例分析题(本大题共20分)

某中班最近的活动主题是“泡泡”。孩子们已经有了很多吹泡泡的经验,而且他们也会用圆形的“吹泡泡器”(实际上就是用铁丝做成的一个环)来帮助自己吹出一个大“泡泡”。这天,老师给儿童提供了几种不同形状的“吹泡泡器”:三角形、方形、半圆形等。她引导儿童讨论:用它们可以吹出什么样的泡泡来呢? 大多数孩子都认为,三角形的“吹泡泡器”能吹出三角形的泡泡,方形的能吹出方形的泡泡……接下来是孩子们的实验,出乎意料的是,实验的结果和他们预先猜想的大不相同:吹出来的泡泡都是圆形!“为什么这些‘吹泡泡器’吹出来的都是圆形的呢?”孩子们提出了这样的问题。老师对他们说:“我本来也是以为会吹出各种形状的泡泡,没有想到却是这样的结果! 我也觉得很奇怪呢!”带着这个奇怪的问题,活动结束了。

你认为这个活动从哪些方面体现了学前儿童科学教育的目标要求? 谈谈你的想法。

7. 关于谈话活动的作用,下列说法不正确的是(　　)

A. 它能够激发幼儿与他人交谈的兴趣　　B. 它帮助幼儿习得谈话的基本规则

C. 它锻炼幼儿的独白语言　　D. 它增强幼儿通过交流获取信息的意识

8. 可以有效发展幼儿节奏感,并提高对音色的辨别能力以及对声音高低、强弱、长短的敏感性的音乐活动是(　　)

A. 唱歌活动　　B. 欣赏活动

C. 韵律活动　　D. 打击乐演奏活动

9. 有一次小东拿了幼儿园的一本绘本回家,妈妈看见后并未批评他,慢慢地,小东经常拿幼儿园的一些物品回家。根据柯尔伯格的道德发展阶段理论,小东道德发展处于(　　)

A. 前习俗水平　　B. 习俗水平　　C. 后习俗水平　　D. 自律道德

10. "幼儿能否克服困难,做事有始有终,有初步的责任感和意志品质"是教师对幼儿(　　)表现的评价要点之一。

A. 社会领域　　B. 健康领域

C. 科学领域　　D. 艺术领域

11. 萱萱在阅读图书时,对画面上和画面间各种角色的表情、动作及角色之间的关系进行观察、分析、判断,从而理清画面与画面、画面与整个故事间的联系,使阅读活动顺利地开展下去。上述案例说明萱萱具备了良好的(　　)

A. 观察理解技能　　B. 概括技能

C. 预期技能　　D. 质疑、假设技能

12. 在学前儿童音乐教育活动过程中,教师常用的自身角色变化的指导方法主要有(　　)

A. 讲解、提问　　B. 示范、演示

C. 参与、退出　　D. 示范、反馈

13. 以下关于幼儿美术活动内容的描述错误的是(　　)

A. 小班幼儿应以实物画为主

B. 大班幼儿应以情节画为主,并增加意愿的成分

C. 大班幼儿要求画出物体的某些细节

D. 小班幼儿要求画出物体的基本部分和主要特征

14. 乐乐在谈话活动中能安静倾听教师或同伴讲话,眼睛注视谈话对象,注意力跟随谈话对象指示的变化而转移,表明他在谈话的学习与发展方面处于(　　)

A. 初始阶段　　B. 稳定阶段

C. 拓展阶段　　D. 萌芽阶段

15. 幼儿认识空间方位的发展顺序是(　　)

A. 上下、前后、左右　　B. 上下、左右、前后

C. 前后、上下、左右　　D. 前后、左右、上下

16. 掌握10以内数的加减运算,不只是理解问题,还有巩固和熟练的问题。教师让幼儿按声响的次数进行计算,第一次敲两下铃,第二次敲一下铃,然后问幼儿“一共敲了几下铃”或“第一次比第二次多敲了几下铃”。这运用的是(　　)

A. 教学游戏法　　B. 书面练习法

C. 感知练习法　　D. 编题练习法

17. 某幼儿园大班的小朋友在语言课上学习了《小兔子拔萝卜》的童话故事。学习结束后,老师让小朋友们到操场上分成两队一起拔河。活动结束后,许多小朋友都感受到《小兔子拔萝卜》故事里“团结就是力量”在现实生活中的运用。该教师的教学安排有利于帮助儿童(　　)

A. 发展和培养创造力　　B. 迁移作品经验

C. 学习文学作品内容　　D. 加强语言表达能力

18. 小班语音教育的重点应该放在(　　)上,要尽量在日常生活和游戏中进行。

A. 词汇积累　　B. 听力和发音练习

C. 语法完善　　D. 词义理解

19. 儿童的发展具有明显的(　　),这决定了学前科学教育的目标必须具有年龄层次性。

A. 整合性　　B. 阶段性

C. 灵活性　　D. 可操作性

20. 下列不属于学前儿童科学教育中常用的评价方式是(　　)

A. 观察法　　B. 问卷法

C. 实验法　　D. 作品分析法

二、判断题(判断下列各命题的正误,并在题后括号内打“√”或“×”。本大题共10小题,每小题1分,共10分)

1. 要求儿童具体描述照片上的人物是什么样的,正在干什么,他们的表情如何,自己看了照片以后的感觉等是说明性讲述。　　(　　)

2. 从音乐活动目的的角度看音乐课、音乐角活动、音乐会或音乐娱乐活动,它们的目的主要是进行系统的音乐学习。　　(　　)

3. 学前科学教育中信息交流的类型,除了运用语言的方式以外,还运用手势、动作、表情及图像记录等非语言方式进行。　　(　　)

4. 接唱是指个人与个人、小组与小组之间以问答的方式各自唱歌曲中的问句和答句。　　(　　)

五、活动设计题(本大题共30分)

请设计中班社会活动《水果店》,要求写明活动目标、活动准备、活动过程。

教师招聘考试学前教育押题试卷(二十)

(满分100分　时间120分钟)

本套试卷共37小题,包括单项选择题(20小题),判断题(10小题),简答题(4小题),论述题(1小题),案例分析题(1小题),活动设计题(1小题)。

一、单项选择题(在每小题列出的四个备选项中只有一个是符合题目要求的,请将其代码填写在题后的括号内。错选、多选或未选均无分。本大题共20小题,每小题1分,共20分)

1. 看完动画片《白雪公主》,老师问3岁的小米:“白雪公主是否知道皇后给她的苹果是有毒的?”小米说:“白雪公主知道。”这反映该年龄段幼儿认识活动具有(　　)的特征。

A. 情绪性　　B. 无意性

C. 自我中心　　D. 行动性

2. 下列不属于学前儿童社会教育的特殊方法的是(　　)

A. 强化评价法　　B. 榜样示范法

C. 角色扮演法　　D. 共情训练法

3. 2~4岁的儿童对手工制作的表现意图(　　)

A. 开始萌芽　　B. 尚未形成

C. 正在发展　　D. 迅速形成

4. 在王老师的辛勤努力下,她所教的4~5岁的幼儿能有意识地听与自己有关的信息,能结合情境感受到不同语气、语调所表达的不同意思,她所实现的目标是(　　)

A. 愿意讲话并能清楚地表达　　B. 认真听并能听懂常用语言

C. 具有文明的语言习惯　　D. 喜欢听故事,看图书

5. 通过模仿现实社会中的某种情境,让幼儿扮演其中相应的社会角色,使幼儿表现出与该角色一致的社会行为是(　　)

A. 强化评价法　　B. 角色扮演法

C. 语言传递法　　D. 讨论法

6. 四岁的小琪认为八个皮球和八只小熊是不一样多的。这反映该年龄段幼儿(　　)

A. 不会计数　　B. 不能对数进行分解

C. 不理解数的包含关系　　D. 没有获得数的守恒

三、简答题(本大题共4小题,每小题5分,共20分)

1. 简述选择美术欣赏作品时应注意的问题。

2. 简述幼儿园课程内容的范围。

3. 简述在象征期,儿童绘画的构思过程不稳定的表现。

4. 简述运用行为练习法时应注意的问题。

四、论述题(本大题共10分)

试述幼儿园阅读活动的指导要点。

五、案例分析题(本大题共10分)

阅读大班语言活动的诗歌《春天》,分析其教学的重难点,并阐述用什么方法来突出重点与突破难点。

附:诗歌

《春天》

春天是一本彩色的书——黄的迎春花,红的桃花,绿的柳叶,白的梨花……

春天是一本会笑的书——小池塘笑了,酒窝圆又大,小朋友笑了,咧开小嘴巴……

春天是一本会唱的书——春雷轰隆隆,春雨滴滴答,燕子唧唧唧,青蛙呱呱呱……

六、活动设计题(本大题共30分)

幼儿在家里与伙伴相处的机会少,经常独自玩耍,分享、合作、关心他人的意识薄弱。但随着幼儿动作、语言、认知能力的增强和社会交往范围的扩大,班上的孩子开始愿意与同伴一起玩,可由于缺少交往经验与能力,在活动中常会出现因不能满足自己的需要与同伴发生争吵的现象。

为了满足幼儿交友的渴望与需求,在幼儿喜欢小动物、愿意模仿小动物、对音乐《找朋友》旋律熟悉的基础上,请设计一个以"朋友"为主题的教育活动。要求写出活动目标、活动准备和活动过程。

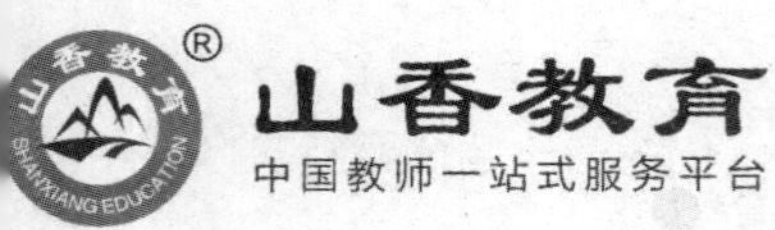

教师招聘考试

历年真题解析及押题试卷

参考答案及解析

学科专业知识 学前教育

山香教师招聘考试命题研究中心 主编

目 录

真题试卷

2021年浙江省临海市教师招聘考试学前教育真题试卷(一)

一、单项选择题

1. A 【解析】本题考查幼儿园课程的基本特点。幼儿园课程的对象是3~6岁的儿童,处于这个年龄阶段的儿童,身体发育迅速,好奇好问,表现出强烈的求知欲望,这些都为他们探索周围奇妙的世界提供了基本的条件。幼儿园教育应该成为睿智的引导者,幼儿园课程也就自然担负起启蒙的任务——开启儿童的智慧与心灵,萌发他们优良的个性品质。所以,题干中适时而教,循序而育体现的是启蒙性的特点。

2. D 【解析】本题考查幼儿园课程的基本特点。儿童身心发展的水平和学习特点决定了幼儿园的课程应该是高度整合的课程。幼儿园课程不应追求将现实生活割裂的或与现实生活不一致的知识系统,而应使多个学科、多个发展领域之间相互联系、相互促进,从而构成一个有机的发展整体,更好地促进儿童的发展。

3. C 【解析】本题考查幼儿园课程的类型。经验课程也叫活动课程,是以儿童的兴趣、需要和能力为出发点,通过儿童自己组织的活动而实施的课程。活动课程打破了学科本身的逻辑,注重儿童的学习过程。

4. B 【解析】本题考查课程评价标准的意义。幼儿园课程评价的诊断作用之一就是检查或鉴定教育目标是否达成,或者判断达到目标的程度。通过评价,可以及时发现现行课程与预定目标之间的差距和问题,对明确努力方向,提高教育效果,改善今后的教育教学有很大意义。

5. C 【解析】本题考查幼儿园课程评价的价值取向。目标取向的课程评价是将评价视为将课程计划与预定的课程目标相对照的过程,课程目标是课程评价的唯一标准。目标取向的评价在本质上是受"科技理性"或"工具理性"支配的,其核心是追求对被评价对象的有效控制和改进。故C项正确。

6. A 【解析】本题考查游戏的含义。张燕在《幼儿园游戏探新》中指出:游戏是儿童为了寻求快乐而自愿参加的一种活动,其实质在于儿童的主体性、自主性能够在活动中实现。

易错警示:考生易混淆游戏与活动的概念。区分二者的关键在于游戏是为了寻求快乐而自愿参加的活动;游戏是幼儿园的基本活动。

7. A 【解析】本题考查感觉机能性游戏的含义。感觉机能性游戏又称为练习性游戏或机械性游戏。它是儿童发展中最早出现的一种游戏形式,其动因来自感觉器官所获得的快感,由简单的重复运动组成。题干中幼儿玩的游戏属于感觉机能性游戏。

8. D 【解析】本题考查幼儿园区域规划的原则。因地制宜原则指的是教师在活动组织安排中能根据场地的实际情况合理安排,且实现资源利用、就地取材。

9. B 【解析】本题考查平行游戏的含义。平行游戏是一种两人以上在同一空间里进行的,以基本相同的玩具玩着大致相同内容的个人独自游戏。所以,磊磊处于平行游戏阶段。

10. D 【解析】本题考查学前儿童健康教育的方法。讲解演示法是指教师边讲解边结合动作演示,或以实物、模型演示,具体而形象地向幼儿传授有关健康的知识和技能,提高幼儿对健康的认识水平。情境表演法是指通过现场或录像向幼儿展示生活情景,让幼儿观察和分析情景中所涉及的健康问题。感知体验法是指让幼儿通过各种感官来认识和判别事物的特性。讨论评议法是指幼儿参与健康教育的过程中,让他们提出问题,发表自己的看法和意见,最后得出结论,形成共识。故答案选D项。

11. C 【解析】本题考查幼儿身心保健教育活动过程的组织。幼儿身心保健教育活动的过程一般由导入(开始)环节、基本环节和结束环节构成。基本环节又可以分为呈现、操作、巩固等几个部分。呈现环节是教学活动的核心部分,是教师展开内容、实施"教一学"的过程。教师通过问题、实物、动作、画面、情境等的呈现,使幼儿从模糊走向清晰,从疑问走向理解。操作环节又称练习环节,是幼儿自主学习、建构知识的重要环节。巩固环节也被称为应用环节,即教师帮助幼儿加深对学习内容的印象,或者使幼儿能迁移、运用所学知识解决问题的环节,可以组织幼儿进行表演、经验迁移、游戏等。故C项正确。

方法技巧:幼儿身心保健教育活动过程的组织是易错点,也是难点。考生需把握呈现、操作、巩固是基本环节的过程。

12. D 【解析】本题考查《3~6岁儿童学习与发展指南》的内容。《3~6岁儿童学习与发展指南》健康领域动作发展中目标3"手的动作灵活协调"中,大班幼儿的学习与发展目标包括:(1)能根据需要画出图形,线条基本平滑;(2)能熟练使用筷子;(3)能沿轮廓线剪出由曲线构成的简单

图形,边线吻合且平滑;(4)能使用简单的劳动工具或用具。D项属于“具有一定的力量和耐力”的目标,故D项错误。

13. C 【解析】本题考查攀登攀爬架时教师应注意的问题。对于初次攀爬攀登架的幼儿,教师应注意在其身后扶住其腰部或臀部。

14. B 【解析】本题考查文学作品表演的含义。文学作品表演一般是在幼儿欣赏理解作品的基础上,引导幼儿通过语言、动作、表情再现作品,帮助幼儿深入地理解与体验作品的一种活动方式。

15. B 【解析】本题考查早期阅读活动的内容。从学前儿童早期阅读活动的目标出发,早期阅读活动的内容包括为儿童提供三个方面的阅读经验,即前图书阅读经验、前识字经验和前书写经验。故B项错误。

16. A 【解析】本题考查听说游戏的主要类型。描述练习的游戏是以训练儿童用比较连贯的语言,具体形象地描述事物,提高口语表达能力为目的的活动。

17. B 【解析】本题考查价值表决法的教育方法。澄清应答法是指教师通过与儿童的交谈引起儿童的思考,在相互的交流中不知不觉地让儿童进行内省、进行价值评价的方法。价值排队法是指让儿童以三四种事物为对象,根据自己认为的重要性为它们排名次,并说明这样排的原因的一种方法。展示自我法是教师或家长给儿童创造条件和提供自由发言的机会,让孩子们把与自己有关的事情讲出来给大伙听。价值表决法是指教师事先拟定一系列儿童关心的问题,让全体儿童一起来表达自己意见的一种方法。价值表决的目的就是通过向儿童提供公开自己价值观的机会,让儿童获得他对自己价值的态度。故B项正确。

18. D 【解析】本题考查人际交往的技巧。情境创设一方面要依据活动目标和幼儿的发展水平,另一方面要使幼儿产生认知冲突,激发其学习、探索的欲望,从而了解什么是合理、得体的行为,什么是不得体、不礼貌的行为。直接呈现是通过展示、示范和直接教导的方式,让幼儿直接了解人际交往技巧,让幼儿感受到这种交往技巧能够给人带来快乐,从而使他们愿意使用交往技巧。间接呈现是指教师通过呈现一些反面事例,让幼儿进行讨论,逐步引出人际交往技巧。故D项正确。

19. C 【解析】本题考查《3~6岁儿童学习与发展指南》的内容。《3~6岁儿童学习与发展指南》社会领域社会适应中目标3“具有初步的归属感”5~6岁幼儿学习与发展目标包括:(1)愿意为集体做事,为集体的成绩感到高兴;(2)能感受到家乡的发展变化并为此感到高兴;(3)知道自己的民族,知道中国是一个多民族的大家庭,各民族之间要互相尊重,团结友爱;(4)知道国家一些重大成就,爱祖国,为自己是中国人感到自豪。故C项正确。

易错警示:《3~6岁儿童学习与发展指南》的内容是常考点,考生要准确识记幼儿各年龄段的发展目标,防止混淆各年龄段的目标。

20. B 【解析】本题考查学前儿童科学教育的目的。学前儿童科学教育是指儿童在教师的指导下,通过自身的活动,对周围的自然界(包括人造自然)进行感知、观察、操作、发现,以及提出问题、寻找答案的探索过程。学前科学教育的实质是对儿童进行科学素质的早期培养。

21. A 【解析】本题考查大班幼儿的数学教育目标。大班幼儿的数学教育目标之一是学习以自身为中心和以客体为中心区分左右。

22. D 【解析】本题考查学前儿童科学教育活动设计的原则。活动性原则是指在设计与组织幼儿科学教育活动时,应该尊重幼儿的主体地位,为他们提供丰富的活动材料,保证充足的活动时间和空间,让他们在丰富的实践活动中进行主动的探索,从而获取科学知识、发展科学能力、培养科学精神。

23. D 【解析】本题考查儿童绘画表现的特征。美梦式的表现:儿童经常会将现实中无法实现的愿望寄托于画中。透明式的表现:将重叠或被挡住的事物也描画出来,也被称为X光式的表现。展开式的表现:儿童不能以透视的观念绘画,绘画仅基于认识与经验,所以,他们的画中经常会把从多个角度观察的结果,组合在一张画中。强调式的表现:儿童为在画中强调表现某一意图,不会顾及画中形象的大小、比例、内容等是否合理。这样的画常常会令人感到很夸张。故D项正确。

24. A 【解析】本题考查奥尔夫音乐教育体系的课程内容。奥尔夫音乐教育体系的课程内容包括嗓音造型、动作造型和声音造型三个方面。其中,嗓音造型是指歌唱活动和节奏朗诵活动;动作造型指律动、舞蹈、戏剧表演、指挥及声势活动。声音造型是指乐器演奏活动(乐器包括奥尔夫乐器及其他乐器)。故A项正确。

25. C 【解析】本题考查达尔克罗兹音乐教育体系理论。体态律动的动作一般分为“原地动作”和“空间动作”两类。原地动作包括拍手、指挥、摇摆、弯曲、说话、歌唱等。空间动作包括走、跑、

爬、蹦、跳、滑等动作。故C项正确。

二、简答题(答案要点)

26. 简述陈鹤琴活教育理论思想中方法论的原则。

方法论是:“做中教,做中学,做中求进步。”陈鹤琴依据儿童心理学和教育学原理,结合其自身的教育经验,总结出17条活教育的教学原则:(1)凡是儿童自己能够做的,应当让他自己做;(2)凡是儿童自己能够想的,应当让他自己想;(3)你要儿童怎样做,就应当教儿童怎样学;(4)鼓励儿童去发现他自己的世界;(5)积极的鼓励胜于消极的制裁;(6)大自然、大社会是我们的活教材;(7)比较教学法;(8)用比赛的方法来增进学习的效率;(9)积极的暗示胜于消极的命令;(10)替代教学法;(11)注意环境,利用环境;(12)分组学习,共同研究;(13)教学游戏化;(14)教学故事化;(15)教师教教师;(16)儿童教儿童;(17)精密观察。

27. 对幼儿园教育目标进行评价时,可以从哪些角度进行评价。

(1)是否前后一致表述目标主语;(2)目标是否明确、具体;(3)是否从认知、情感、技能三方面制定;(4)是否依据本班幼儿的实际制定目标;(5)是否促进全体幼儿的发展;(6)是否符合幼儿的发展需要。

28. 简述教师介入游戏的重要性。

(1)教师介入儿童游戏能提高儿童游戏的安全性。教师是儿童安全游戏的保护者,承担着为儿童安全游戏保驾护航的使命,教师从儿童游戏的内容、场地、材料和儿童的游戏过程几方面进行密切的关注,同时在管理中将定期检查与随时检查相结合,专人检查与教师即时检查相结合,从而可以将活动中不安全的可能性降到最低限。另外,教师在游戏中通过有意识地培养儿童的自我保护意识和运动能力,能提高儿童主动的安全意识和防范能力。

(2)教师介入儿童游戏可以提高儿童游戏的水平,尤其是儿童的角色意识、社会行为规范和积极情感。在教师有目的、有意识的环境创设、材料投放和指导下,能提高儿童游戏的能力。

29. 简述幼儿多元文化教育活动实施途径。

(1)在环境设置中营造多元文化的氛围;(2)在日常生活中渗透多元文化教育;(3)在节日庆祝活动中感受多元文化;(4)在学习和文娱活动中体验多元文化;(5)在社会教育活动中挖掘多元文化资源。

30. 简述幼儿园音乐活动的特点。

(1)形象性和感染性;(2)趣味性和游戏性;(3)技能性和综合性。

31. 简述幼儿良好的社会适应能力主要表现在哪些方面。

《3~6岁儿童学习与发展指南》社会领域中,幼儿良好的社会适应能力主要表现在:(1)喜欢并适应群体生活;(2)遵守基本的行为规范;(3)具有初步的归属感。

三、材料分析题(答案要点)

32. (1)《3~6岁儿童学习与发展指南》语言领域小班幼儿倾听与表达的目标包括:①认真听并能听懂常用语言;②愿意讲话并能清楚地表达;③具有文明的语言习惯。案例中小苏没有做到认真听,不能听懂常用语言,不愿意讲话,不能清楚地表达。

(2)如果我是陈老师,我的教育建议:①多给幼儿提供倾听和交谈的机会;②引导幼儿学会认真倾听;③对幼儿讲话时,注意结合情境使用丰富的语言,以便于幼儿理解;④为幼儿创造说话的机会并体验语言交往的乐趣;⑤引导幼儿清楚地表达。

四、活动设计题(参考答案)

(一)活动名称

可爱的小娃娃(中班艺术活动)

(二)设计意图

日常生活中,幼儿比较喜欢玩橡皮泥,根据幼儿的年龄特点,满足幼儿玩橡皮泥的兴趣,因此设计了此次活动,激发幼儿的创作欲望,满足幼儿个体差异的个性化创作。

(三)活动目标

(1)会用搓圆、压扁、搓条等技能,表现泥娃娃的特征;

(2)尝试为泥娃娃进行不同的装饰;

(3)感受泥工活动的乐趣。

(四)活动重难点

重点:会用搓圆、压扁、搓条等技能,表现泥娃娃的特征。

难点:为泥娃娃进行不同的装饰。

(五)活动准备

橡皮泥、小胡萝卜块、豆子等可装饰材料、PPT课件。

(六)活动过程

1. 开始部分

幼儿欣赏泥娃娃的画面,听《泥娃娃》儿歌,感受歌曲带来的气氛和快乐,引入活动。

2. 基本部分

(1)出示教师制作的泥娃娃,引发幼儿兴趣。

(2)学做泥娃娃。

①请幼儿观察泥娃娃的基本形状及组成部分,思考泥娃娃的鼻子、嘴巴等用何种形状、材料制作,

教师总结制作方法。

②装饰材料的使用介绍，观看泥娃娃图片，想一想可以为泥娃娃做哪些装饰(帽子、围巾、手套……)以及泥娃娃的动作可以有哪些(做游戏、滑雪、扫雪……)

③请幼儿仔细欣赏装饰效果及材料，思考自己想要制作的装饰品。

(3)幼儿操作，教师巡回指导。

鼓励幼儿大胆创作，指导幼儿将泥娃娃的身体和头搓圆。

3. 结束部分

展览作品，幼儿互相欣赏，教师总结点评。

(七)延伸部分

请幼儿在休息时，与好朋友互相介绍自己的泥娃娃。

2021年福建省教师招聘考试幼儿教育真题试卷(二)

一、单项选择题

1. D 【解析】本题考查《关于学前教育深化改革规范发展的若干意见》的内容。《关于学前教育深化改革规范发展的若干意见》指出，各地要把发展普惠性学前教育作为重点任务，结合本地实际，着力构建以普惠性资源为主体的办园体系，坚决扭转高收费民办园占比偏高的局面。大力发展公办园，充分发挥公办园保基本、兜底线、引领方向、平抑收费的主渠道作用。

2. C 【解析】本题考查《关于学前教育深化改革规范发展的若干意见》的内容。《关于学前教育深化改革规范发展的若干意见》指出，认真落实国务院领导、省市统筹、以县为主的学前教育管理体制。

3. D 【解析】本题考查中共福建省委 福建省人民政府印发《关于全面深化新时代教师队伍建设改革的实施意见》的内容。中共福建省委 福建省人民政府印发《关于全面深化新时代教师队伍建设改革的实施意见》指出，健全师德建设长效机制，完善师德规范，加强对教师思想政治素质、师德师风等监察监督，强化师德考评，体现奖优罚劣，把师德建设作为学校工作考核和办学质量评估的重要指标，把师德师风作为教师评价的第一标准，作为教师资格定期注册、业绩考核、职称评审、岗位聘用、评优奖励的首要内容，实行“一票否决”。

4. A 【解析】本题考查中共福建省委 福建省人民政府印发《关于全面深化新时代教师队伍建设改革的实施意见》的内容。中共福建省委 福建省人民政府印发《关于全面深化新时代教师队伍建设改革的实施意见》指出，完善教师收入分配激励机制，有效体现教师工作量和工作绩效，绩效工资分配向班主任、名优教师和从事特殊教育等特殊岗位教师倾斜，并可根据实际与教龄挂钩，鼓励教师长期从教。

5. C 【解析】本题考查中共福建省委 福建省人民政府印发《关于全面深化新时代教师队伍建设改革的实施意见》的内容。中共福建省委 福建省人民政府印发《关于全面深化新时代教师队伍建设改革的实施意见》指出，加快建设现代学校制度，体现以人为本，突出教师主体地位，落实教师知情权、参与权、表达权、监督权。建立健全教职工代表大会制度，保障教师参与学校决策的民主权利。

6. D 【解析】本题考查《3～6岁儿童学习与发展指南》的内容。《3～6岁儿童学习与发展指南》科学领域数学认知目标1“初步感知生活中数学的有用和有趣”指出，5～6岁的幼儿能发现事物简单的排列规律，并尝试创造新的排列规律。能发现生活中许多问题都可以用数学的方法来解决，体验解决问题的乐趣。

7. B 【解析】本题考查《3～6岁儿童学习与发展指南》的内容。《3～6岁儿童学习与发展指南》语言领域阅读与书写准备中，A项属于目标1“喜欢听故事，看图书”的内容。C项、D项属于目标3“具有书面表达的愿望和初步技能”的内容。B项属于目标2“具有初步的阅读理解能力”的内容。故B项正确。

8. A 【解析】本题考查《幼儿园教师专业标准(试行)》的内容。《幼儿园教师专业标准(试行)》中反思与发展的内容包括：(1)主动收集分析相关信息，不断进行反思，改进保教工作；(2)针对保教工作中的现实需要与问题，进行探索和研究；(3)制定专业发展规划，不断提高自身专业素质。题干中李老师关于绘本阅读的有效指导的教育行动研究，体现了教师专业能力中的反思与发展。

9. D 【解析】本题考查对应比较的含义。对应比较是指将两个(组)物体一一对应地排列并加以比较。题干中幼儿比较一组幼儿和他们面前摆放的一排椅子数量是否一致，应用的数学技能是对应比较。

10. C 【解析】本题考查《3～6岁儿童学习与发展指南》的内容。《3～6岁儿童学习与发展指南》科学领域科学探究目标3是“在探究中认识周围事物和现象”。A项和D项属于此目标中3～4岁

幼儿的发展内容。B项属于此目标中4~5岁幼儿的发展内容。C项属于此目标中5~6岁幼儿的发展内容,故C项正确。

11. A 【解析】本题考查幼儿登革热的预防措施。预防登革热的有效措施是防止蚊虫叮咬。传播登革热的主要病媒是伊蚊,应防止蚊虫叮咬,避免在人群聚集的地方活动。在暴露的皮肤处应喷洒驱虫剂。

12. D 【解析】本题考查幼儿骨骼的特点。幼儿的关节窝较浅,关节附近的韧带较松,肌肉纤维比较细长,所以关节的伸展性及活动范围比成人大,尤其是肩关节、脊柱和髋关节的灵活性与柔韧性显著地超过成人。故D项正确。

13. B 【解析】本题考查《中国学龄前儿童膳食指南(2016)》的内容。《中国学龄前儿童膳食指南(2016)》指出,儿童新陈代谢旺盛,活动量大,水分需要量相对较多,每天总水量为1300~1600mL,除奶类和其他食物中摄入的水外,建议学龄前儿童每天饮水600~800mL,以白开水为主,少量多次饮用。

14. A 【解析】本题考查诺如病毒性胃肠炎的传播途径。诺如病毒性胃肠炎是由诺如病毒感染所引起的急性传染病,是最常见的急性非细菌性感染性胃肠炎。粪—口传播为诺如病毒性胃肠炎的主要传播方式,气溶胶传播和接触传播为诺如病毒性胃肠炎的辅助传播方式。

15. D 【解析】本题考查气管异物的处理方法。海姆里克腹部冲击法也称为海氏手技,是美国医生海姆里克先生发明的为气道阻塞(食物嵌顿或窒息)的人员进行现场急救的有效方法。操作方法为:急救者环抱患者,突然向其上腹部施压,迫使其上腹部下陷,造成膈肌突然上升,这样就会使患者的胸腔压力骤然增加,由于胸腔是密闭的,只有气管一个开口,故胸腔(气管和肺)内的气体就会在压力的作用下自然地涌向气管,每次冲击将产生450~500毫升的气体,从而就有可能将异物排出,恢复气道的通畅。

16. A 【解析】本题考查退缩行为。退缩行为是指孩子表现胆小、害怕、孤独、退缩,而无精神异常的一种行为障碍。大多数儿童在陌生环境中,可表现出短暂的退缩,随着时间的推移,能够较快适应新的环境。而有退缩行为的儿童,适应新的环境较困难。所以退缩行为属于社会交往问题。

17. B 【解析】本题考查空气浴的开始时间。空气浴锻炼最好从夏季开始,使机体逐步适应冷空气,气温慢慢降至15℃左右为空气浴的最低温度。

18. C 【解析】本题考查各年龄班幼儿体操的特点。小班幼儿以模仿操为主,每套操4~6节,每节四四拍或二八拍,节奏较慢,活动量较小;学习一两套徒手操过渡。

19. D 【解析】本题考查幼儿舞蹈的表现形式。邀请舞是集体舞的一种变形,是幼儿比较喜欢的一种舞蹈形式。通常有一部分幼儿作为邀请者,与被邀请者跳完一遍以后,可以互换角色再继续跳舞,如《猜拳游戏舞》。

20. A 【解析】本题考查美术教育活动的组织。题干中老师引导幼儿观察金鱼的外形特征和游动时的姿态,是让幼儿感受、欣赏自然和社会生活中美的事物,获得内在体验,吸收和拓展相关经验,积累素材的过程。在这一环节中,老师要重点指导幼儿仔细观察,使他们对即将表现出来的事物有更深的体会和更多的经验。

21. B 【解析】本题考查幼儿美术活动中常用的教学方法。在运用观察、示范、演示、游戏练习等方法的过程中,必然伴随着教师的语言指导,使幼儿从认识事物的形象开始,通过语言的概括、分析、讲解,掌握事物的基本特征,如用形象比喻的方法形容孔雀开屏像一把打开的扇子,大肥猪像大冬瓜;再如画兔子,就以有关小兔子的儿歌、谜语、故事等启发幼儿思维,引起幼儿积极地表现。因此,题干的描述运用的是语言指导法中形象比喻的教学方法。

22. C 【解析】本题考查画面形象排列方式的发展变化。在幼儿绘画构图的发展中,初始阶段的构图是零乱式。所有的孩子都由此开始。在这一时期,幼儿对形象不做空间安排,画面没有上下之分,更无前后之别,原来生活中有一定方向秩序的东西,在这些画中看起来都是横七竖八,失去了原有的秩序。

23. B 【解析】本题考查幼儿手工制作的发展阶段。根据对儿童手工制作活动的研究,我们把儿童手工制作的发展分为以下几个阶段:玩耍阶段(2~4岁),在这一阶段初期,孩子的行为并没有明确的目的或意识,只是纯粹的玩耍而已。直觉表现阶段(4~5岁),这一阶段,幼儿的表现欲非常强,喜欢使用剪刀等工具来创作。他们已有一定的创作意图,能利用黏土的可塑性去做各种尝试;能用纸张折出简单的造型,也能够用剪刀等工具撕、剪出简单的图形,进而全神贯注地实现自己的设想。灵活表现阶段(5~7岁),这一阶段,幼儿随着手腕动作和手的协调能力的不断发展,已不能满足于仅用一两种技能制作简单的物体形象,希望能够用各种工具和材料制作出他们喜欢的、较复杂的物体形象,并将

这些物体形象组合成具有一定情节的场面。故B项正确。

24. A 【解析】本题考查幼儿园美术欣赏活动的组织形式。幼儿园美术欣赏活动的组织形式多种多样，大致可以分为专题性欣赏、随机性欣赏和渗透性欣赏三种形式。其中，专题性欣赏是一种比较正式的美术欣赏形式，是在教师直接指导和参与下，针对某个主题进行比较系统的美术欣赏活动，以获得美术欣赏的基本知识、能力和审美态度。专题性欣赏一般是通过专门的欣赏活动来实现的，如组织幼儿欣赏中外艺术大师的美术作品、民间艺术、建筑艺术等。故A项正确。

25. B 【解析】本题考查幼儿音乐旋律知觉与歌唱的发展。在音高辨别方面（旋律知觉能力），3～4岁能辨别八度及八度以上距离的音有明显的“空间”差异；4～5岁能辨别五度及五度以上的音有明显的“空间”差异，并能从前奏中辨别熟悉的歌曲；5～6岁能辨别三度距离的音有明显的“空间”差异，另外能够从前奏、间奏中轻松地辨别熟悉的歌曲；7～8岁儿童在实验情境下已经能够辨别全音、半音、四分之一音的音高差别，辨音功能在这一时期已经成熟。

26. A 【解析】本题考查实验操作型科学探究活动的设计。自由——引导式探究活动把幼儿的探究过程分为三个阶段：“随意”阶段（表现为无目的地摆弄物体）、“探究”阶段（表现为尝试性摆弄物体）和“领悟”阶段（表现为验证性地摆弄物体）。即教师先提供材料引起幼儿探究的兴趣，再让幼儿先自由探究，然后组织幼儿进行交流，讨论自己在探究过程中获得的经验或发现的问题，最后引导幼儿进行有目的、有计划的探究活动。

27. B 【解析】本题考查幼儿园科学教育的内容。幼儿周围的物质世界即大自然，包括：有生命物质（动物、植物、微生物）；无生命物质（岩石、沙、土、水等）；宇宙和星球（日、月、星辰等）。

28. B 【解析】本题考查听说游戏的类型。词汇练习的游戏是以丰富儿童词汇和正确运用词汇为目的的活动。题干中教师用笑话、谜语的方式开展语言游戏属于词汇练习的游戏。

29. A 【解析】本题考查看图讲述的含义。在讲述活动中使用图片来帮助幼儿讲述，是人们所熟知的看图讲述。在这类活动中教师所提供的图片，可以是印刷出版的图片，可以是教师自己绘制的图片，可以是半成品的边讲边绘画的图画，可以由幼儿画图后讲述，也可以是用教师提供的人手一套的图来自由讲述。故答案选A项。

30. B 【解析】本题考查幼儿园社会教育的方法。榜样示范法是指在幼儿园社会教育中，教师用他人的好思想、好行动和英雄事迹去影响和教育儿童，形成良好社会品质的方法。因为儿童的模仿性很强，具体、生动、直观的典型易于感染儿童，激发他们向榜样学习的热情，对于如何做也有了示范。题干中幼儿园园长的教育方式是榜样示范法。

31. C 【解析】本题考查幼儿园社会教育的原则。一致性原则主要包括：(1)教师自身态度的一致性；(2)幼儿园园内教师间的一致性；(3)家园一致性。题干的表述表明要求教师要保持教育一致性的原则。

32. A 【解析】本题考查认识几何图形特征活动的设计与指导。幼儿认识图形的教学，首先要让幼儿感知图形特征，在充分感知而获得有关图形的感性经验的基础上，再配合说出词，达到正确命名图形的要求。因此，教师应引导幼儿用观察、触摸的方法感知图形。开始时，教师应尽量选用生活中接近平面图形的物体，让幼儿从实物出发感知图形，然后再用标准的图形。如，小班幼儿认识圆形，教师可以先让幼儿观察圆形的物体，如圆盘子、圆镜子，提出“镜子是什么形状的”这样的问题，并让幼儿用手指沿着镜子的边缘和镜面触摸，让幼儿感知到镜子的面是平的，边缘是光滑的，没有棱角的，它是圆形的。这一过程重在发展幼儿的图形知觉，重在让幼儿在头脑中建立各种图形的直观形象，使之成为正确认识图形的感性基础，也为他日发展空间想象力做好准备。故A项正确。

33. D 【解析】本题考查幼儿学习加减运算的特点。幼儿学习加减运算的特点包括：(1)学习加法比减法容易；(2)理解和掌握应用题比算式容易。故A项、C项正确。B项幼儿学习实物加减比算式加减容易，因为幼儿初期是根据实物进行加减运算的。故B项正确。D项幼儿学习加小数、减小数比学习加大数、减大数容易，故D项错误。

34. B 【解析】本题考查幼儿计数能力的发展。按物点数，即把数词与可数的物体联系起来。学习按物点数，重要的是能够运用一一对应的技巧。题干中幼儿用的数数方法是按物点数。

35. D 【解析】本题考查幼儿园数学教育的原则。数学教育联系儿童的生活，具体地应表现在：教育内容应和儿童的生活相联系，要从儿童的生活中选择教育内容，还要引导儿童用数学，让儿童感受到数学作为一种工具在实际生活中的应用和作用。题干中教师运用了密切联系儿童生

活的原则对幼儿进行数学教育。

二、判断题

36. × 【解析】本题考查《幼儿园教师专业标准(试行)》的基本理念。《幼儿园教师专业标准(试行)》的基本理念是师德为先、幼儿为本、能力为重和终身学习。

37. √ 【解析】本题考查中共福建省委 福建省人民政府印发《关于全面深化新时代教师队伍建设改革的实施意见》的内容。中共福建省委 福建省人民政府印发《关于全面深化新时代教师队伍建设改革的实施意见》指出,明确教师的特别重要地位。突显教师职业的公共属性,强化教师承担的国家使命和公共教育服务的职责。确立公办中小学教师作为国家公职人员的特殊法律地位,明确权利和义务,强化保障和管理。

38. × 【解析】本题考查《幼儿园教育指导纲要(试行)》的内容。《幼儿园教育指导纲要(试行)》指出,幼儿园教育工作评价实行以教师自评为主,园长以及有关管理人员、其他教师和家长等参与评价的制度。

39. √ 【解析】本题考查《关于开展幼儿园"小学化"专项治理工作的通知》的内容。《关于开展幼儿园"小学化"专项治理工作的通知》指出,对于小学起始年级未按国家课标规定实施零起点教学、压缩课时、超前超标教学,以及在招生入学中面向幼儿组织小学内容的知识能力测试,或以幼儿参加有关竞赛成绩及证书作为招生依据的,要坚决纠正,并视具体情节追究校长和有关教师的责任,纳入规范办学诚信记录。

40. √ 【解析】本题考查基数的概念。自然数用来表示集合中元素的个数(多少)时,叫作基数。

41. √ 【解析】本题考查学前儿童早期阅读活动的概念。学前儿童早期阅读活动是有计划、有目的地培养儿童学习书面语言的活动。

42. × 【解析】本题考查奥尔夫打击乐器的概念和分类。奥尔夫乐器由打击乐器与音条乐器两大类构成。其中,打击乐器是指无固定音高的一类乐器,可分为四类:金属类、皮革类、木质类、散响类。

43. √ 【解析】本题考查幼儿体育教学活动的指导要点。幼儿体育教学活动的活动量应由小到大,再逐渐减小,要合理安排运动负荷和强度,避免幼儿出现疲劳。

44. √ 【解析】本题考查制定幼儿园生活制度的依据。制定幼儿园生活制度的依据包括:(1)幼儿的年龄特点;(2)幼儿生理活动的特点;(3)地区特点以及季节变化;(4)家长的需要。

45. × 【解析】本题考查食物中毒的潜伏期。食物中毒一般潜伏期短、发病急,应立即采取措施。

三、简答题(答案要点)

46. 简述幼儿园音乐教育活动的基本类型。

(1)歌唱教育活动;(2)韵律教育活动;(3)打击乐教育活动;(4)音乐欣赏教育活动。

47. 简述幼儿园班级应对新冠肺炎的常态化预防措施。

(1)提前到岗,按照要求做好消毒工作。(2)采用手持式测温枪,定时测温。若发现幼儿有可疑症状,首先,要做好个人防护,及时将幼儿送至临时隔离场所,并通知家长带幼儿就诊。其次,上报园部及疾控中心。最后,做好该班幼儿与其他班级幼儿的隔离。(3)日常要做好幼儿因病缺勤的管理和登记工作。(4)节假日返园要严格落实疫情不进校园制度。对有疫情高风险地区或病例报告社区旅居史的幼儿,严格落实隔离14天要求,观察期满之后方可入园,入园时要严格进行健康检测。(5)开展与疫情主题相关的活动。教育幼儿做好日常个人防控,引导幼儿认识疫情,感恩防疫英雄,学会爱护自己和身边的人。

48. 简述幼儿谈话活动的基本特点。

(1)谈话活动应拥有一个具体的、幼儿感兴趣的中心话题;(2)拥有较丰富的谈话素材;(3)注重谈话的多方交流;(4)谈话活动应拥有宽松自由的交流语境与交流气氛;(5)谈话活动中教师起间接引导的作用。

五、材料分析题(答案要点)

49. (1)小萌在社会适应方面的表现如下:①愿意并主动参加群体活动。材料中小萌喜欢阅读,积极参加区域活动。②不能遵守基本的规则。材料中小萌在阅读区已经满了的情况下,仍要挤进去;一下把两三本新书抱在身上,不愿意分享。

(2)教师的指导策略:结合社会生活实际,帮助幼儿了解基本行为规则或其他游戏规则,体会规则的重要性,学习自觉遵守规则。如:①经常和幼儿玩带有规则的游戏,遵守共同约定的游戏规则。②利用实际生活情境和图书故事,向幼儿介绍一些必要的社会行为规则,以及为什么要遵守这些规则。材料中,教师可生成一节以遵守规则为主题的社会教育活动,引导幼儿体验遵守规则的重要性。③在幼儿园的区域活动中,创设情境,让幼儿体会没有规则的不方便,鼓励他们讨论制定规则并自觉遵守。④对幼儿表现出的遵守规则的行为要及时肯定,对违规行为给予纠正。如材料中,当小萌出现遵

守规则行为时,可采用正强化法及时肯定。当小萌出现违规行为时,可采用负强化法暂停幼儿游戏。⑤结合具体情境,引导幼儿换位思考,学习理解别人。如材料中,当小萌出现不愿意分享的行为时,可以引导她想想:假如你是别的小朋友,你有什么感受。

50. (1)原因:①细菌、糖类食物和机体的抗龋能力的联合作用是最主要的致病因素。材料中,在口腔细菌的侵蚀作用下会导致悦悦龋齿。②食物残渣是产生龋齿的物质基础,食物中含有大量的糖分,这些物质既供给细菌生活和活动的能量,又通过细菌代谢作用使糖发酵产生有机酸,致龋的糖类很多,最主要的是蔗糖。材料中悦悦在每次进餐后,没有及时漱口刷牙,导致食物残渣塞进龋齿。③机体的抗龋力降低是龋齿发生的重要条件,如果食物中含有的无机盐、维生素和微量元素(如钙、磷、维生素D、氟等)不足,牙齿的抗龋力就低。材料中悦悦小朋友可能是机体的抗龋力降低造成龋齿的发生。

(2)预防:①教育儿童从小注意口腔卫生,养成早晚刷牙、吃东西后漱口、睡前不吃零食的习惯;②合理营养,增强机体的抗龋能力;③定期进行口腔检查,发现龋齿,及时治疗。

51. (1)①利用自然和实际生活机会,引导幼儿通过观察、比较、操作、实验等方法,学习发现问题、分析问题和解决问题,帮助幼儿不断积累经验,并运用于新的学习活动,形成受益终身的学习态度和能力。材料中,林老师借助自然界中的蚯蚓,引导幼儿通过做计划、观察、搜索资料等方式帮助幼儿自己建构经验,并将不断积累的经验运用到新的交流讨论活动中。②支持和鼓励幼儿在探究过程中积极动手动脑探究问题答案,为自己的想法搜集证据。材料中,林老师利用家园合作,动员家长和孩子一起上网搜集蚯蚓各方面的资料,引导幼儿自己发现问题、寻找答案。③鼓励引导幼儿学习做简单的计划和记录,并与他人交流。材料中,林老师采用间接引导的方式,引导幼儿设计记录表,并进行长期系统的观察,在观察中不断认识蚯蚓。④为幼儿提供宽松的心理氛围,教师在探究活动中以间接指导为主,重在激发幼儿的探索欲望。材料中,针对幼儿的偶发性观察,教师接纳幼儿各种奇思妙想,并采用一系列的支持措施,引导幼儿多方式进行探索,激发幼儿自主科学学习。

(2)①蚯蚓喜欢什么样的生活环境?②蚯蚓喜欢吃什么?③蚯蚓的本领有哪些?④蚯蚓的运动方式是什么?

六、活动设计题(参考答案)

52.(一)活动名称

中班健康活动:真高兴

(二)活动目标

(1)懂得微笑能带来快乐,学会用微笑为他人带来快乐。

(2)逐渐养成积极乐观的生活态度。

(3)学会保持愉快的心情,培养幼儿热爱生活的情感。

(三)活动准备

创设花丛、树木、池塘、小房子等情境,小鸟、青蛙、蝴蝶、小猫、蚂蚁等手偶。

(四)活动过程

1. 导入活动

引导幼儿结合生活经验,玩游戏"谁笑得最甜"。

师:小朋友们,还记得你们最开心的时候是什么样子的吗?我们一起来看看谁笑得最甜。

2. 讲述故事,引导幼儿理解微笑能带来快乐

(1)结合教具,讲述《真高兴》故事。

师:小猫今天有点不高兴,我们一起来看看发生了什么吧。

(2)以提问、讨论等形式,引导幼儿理解微笑能带来快乐。

师:故事中哪些小动物是好朋友?它们在讨论什么事情呢?小猫为什么不高兴呢?小猫想出什么方法让大家高兴地笑了?

(3)讨论自己和朋友高兴的事情,引导幼儿体验他人的情绪。

师:你们什么时候最高兴呢?你的朋友什么时候最高兴呢?当你的朋友不高兴的时候,你会做些什么呢?当你的朋友看到你的微笑时,他会不会也很高兴呢?

3. 组织幼儿表演故事

引导幼儿扮演故事中的各种角色,表现小动物们的对话、动作、表情,以及使用不同的方法为朋友们带来快乐。

(五)活动延伸

将创设的情境移入表演区,并投放不同的小动物,引导幼儿在表演区创编《真高兴》的故事。

2021年浙江省绍兴市教师招聘考试学前教育真题试卷(三)

一、单项选择题

1. B 【解析】本题考查儿童守恒的发展。儿童掌握各种守恒有一定的顺序:最先掌握的是数量守恒(6~7岁),接着依次是长度守恒(7~8岁),面积和重量守恒(10岁),体积的守恒一般要到12岁才会形成。

2. B 【解析】本题考查《中国学龄前儿童膳食指南(2016)》的内容。《中国学龄前儿童膳食指南(2016)》指出,儿童新陈代谢旺盛,活动量大,水分需要量相对较多,每天总水量为1300~1600mL,除奶类和其他食物中摄入的水外,建议学龄前儿童每天饮水600~800mL,以白开水为主,少量多次饮用。

3. C 【解析】本题考查学前儿童绘画能力的发展阶段。学前儿童绘画能力的发展阶段从前到后依次为涂鸦期(1.5~3岁)、象征期(3~5岁)、图式期(5~8岁)、写实期(8岁以后)。

4. A 【解析】本题考查最近发展区理论的提出者。最近发展区是维果斯基对儿童心理学的一个突出贡献。最近发展区是指一种儿童无法依靠自己来完成,但可以在成人和更有技能的儿童帮助下来完成的任务范围,也就是儿童能够独立表现出来的心理发展水平,和儿童在成人指导下能够表现出来的心理发展水平之间的差距。

5. A 【解析】本题考查行为目标的构成要素。行为目标是一种用可观察到的或可测量的儿童行为来表述的课程目标。它具体、明确,具有客观性和可操作性的特点。行为目标一般包括三个构成要素:(1)核心行为:是期待孩子能够做到的某种行为,往往要用一个操作性动词表示。如“说出”“比较”“指认”“区分”等。(2)行为产生的条件:是核心行为发生的条件或背景。(3)行为标准:是符合行为要求的行为标准。

6. D 【解析】本题考查马斯洛的需要层次理论。马斯洛根据需要出现的先后及强弱顺序,把需要分为了生理需要、安全需要、归属与爱的需要(社交需要)、尊重需要、求知需要(认知与理解的需要)、审美需要、自我实现的需要。

7. C 【解析】本题考查幼儿观察力的发展。幼儿观察的目的性随年龄的增长有所增强。小班幼儿还不善于有目的、有计划地观察,特别是在不相干因素的影响下,会离开成人提出的目的;中大班幼儿能按成人提出的目的和任务进行观察。一般,幼儿的活动任务越具体,观察的目的越明确,其观察效果越好。故开始能按成人的要求进行观察的孩子处于中班阶段。

8. C 【解析】本题考查《3~6岁儿童学习与发展指南》的内容。《3~6岁儿童学习与发展指南》健康领域动作发展中目标1“具有一定的平衡能力,动作协调、灵敏”指出,4~5岁幼儿能在较窄的低矮物体上平稳地走一段距离。故答案选C项。

9. B 【解析】本题考查影响人身心发展的因素。“染于苍则苍、染于黄则黄”这句话的意思是白布在青染料里染一染就变成了青色,在黄染料里染一染就变成了黄色,形容环境对个体发展起决定性作用。

10. D 【解析】本题考查学前儿童美术欣赏活动的特点。审美理解主要有直觉性、情感性、外显性和弥漫性的特点。(1)儿童的审美理解具有直觉性。审美直觉是指直接从审美对象的形式中猛然地把握了它的理性意蕴。(2)儿童的审美理解具有情感性。一是指儿童在进行审美欣赏时的那种全身心沉浸在审美对象中的倾向,他们那全神贯注的神态让大多数成人自愧不如。二是指儿童常常以自己的情感爱好为标准来进行审美判断。(3)儿童的审美情感具有外显性。我们经常可以看到,儿童手舞足蹈、呜哇有声地借助动作、语言、表情等来表达自己对审美对象的感受。(4)儿童的审美情感具有弥漫性。他们常常将审美过程中的那种情感带入其他活动中,俨然自己就是这个形象本身,沉浸在角色之中。

易错警示:学前儿童美术欣赏活动的特点是难点,考生要准确掌握美术欣赏活动的特点,注意区分弥漫性和外显性的特点。

二、判断题

1. × 【解析】本题考查陈鹤琴的贡献。陈鹤琴,浙江上虞人,是我国著名的幼儿教育家,中国现代幼儿教育的奠基人,他于1923年创办了我国最早的幼儿教育实验基地——南京鼓楼幼稚园。

2. √ 【解析】本题考查学前数学教育的年龄阶段目标。在学前数学教育的各年龄段目标中,大班(5~6岁)幼儿的数学目标之一是学习按物体两个以上特征或特性进行分类,并学习按标记进行逐级分类。

3. √ 【解析】本题考查影响学前儿童心理发展的因素。遗传因素和生理成熟是影响儿童心理发展的生物因素,其中,对心理发展具有最重要意义的是神经系统的结构和机能的特征,这些遗传的生物特征也叫遗传素质。

4. × 【解析】本题考查幼儿园小学化现象的含义。幼儿园小学化现象是通过一些“小学化”的表现来定义,简单说包括幼儿园的教学内容、教学形式、教室布置、评价方式和生活方式等方面。

5. × 【解析】本题考查《3~6岁儿童学习与发展指南》的颁布时间。为深入贯彻《国家中长期教育改革和发展规划纲要(2010~2020年)》和《国务院关于当前发展学前教育的若干意见》(国发〔2010〕41号),指导幼儿园和家庭实施科学的保育和教育,促进幼儿身心全面和谐发展,于2012年10月由教育部正式颁布《3~6岁儿童学习与发展指南》,对防止和克服学前教育“小学化”现

象提供了具体方法和建议。

6. √ 【解析】本题考查《幼儿园教师专业标准(试行)》的基本理念。《幼儿园教师专业标准(试行)》中的基本理念为师德为先、幼儿为本、能力为重、终身学习。

7. × 【解析】本题考查幼儿词汇量的发展。儿童的词汇量随着年龄的增长不断增加。3~4岁幼儿的词汇量为1730个,4~5岁为2853个,5~6岁为3562个。由此结果可看出,4~5岁是幼儿词汇量增长的活跃期。

8. × 【解析】本题考查幼儿园游戏的分类。根据学前教育机构游戏的特点,可以将游戏分为创造性游戏和有规则游戏。创造性游戏强调儿童的主动性和创造性,大都由儿童自由地玩。包括角色游戏、结构游戏和表演游戏。有规则游戏是成人在儿童自发游戏的基础上,为一定的教育目的而编制的,大都由教师组织幼儿进行,有时候也可以由幼儿组织进行。包括体育游戏、智力游戏、音乐游戏等。

9. × 【解析】本题考查幼儿亲社会行为的发展阶段。研究表明,2岁左右,儿童的亲社会行为已经萌芽。

10. √ 【解析】本题考查《幼儿园工作规程》的内容。《幼儿园工作规程》第二十五条规定,幼儿园教育应当贯彻的原则和要求之一是以游戏为基本活动,寓教育于各项活动之中。

三、简答题(答案要点)

1. 简述幼儿午睡起床后保育员工作的重点。

(1)同教师一起组织幼儿起床、入厕、喝水;(2)消毒桌面,准备温开水,备好午点;(3)开窗通风,整理床铺,打扫卫生;(4)帮助女孩梳头。

2. 简述幼儿前识字经验包括的内容。

(1)知道文字有具体的意义;(2)理解文字的功能;(3)粗晓文字的来源;(4)知道文字是一种符号,它与其他符号系统可以转换;(5)了解文字的构成规律等。

3. 简述饲养蚕宝宝活动中幼儿用到的4种主要科学方法。

(1)观察法;(2)饲养法;(3)测量法;(4)信息交流法。

4. 简述幼儿园课程体系构成的五个要素。

(1)教育理念;(2)课程目标;(3)课程内容;(4)课程实施;(5)课程评价。

四、案例分析题(答案要点)

假如我是这个班级的老师,我会做出以下处理:(1)首先理解个别幼儿当场跑出去看菊花的行为,不当场制止或者批评。因为幼儿是发展中的主体,其身心发展尚不成熟,所以犯错误是难免的。以这种理解、宽容的心态对待幼儿的错误,教师能更好地分析幼儿犯错的原因,幼儿也会心悦诚服地接受教师的批评。(2)安排别的老师帮忙在班里维持幼儿的正常活动,自己跟随几个跑出去的幼儿一起去看菊花,并向幼儿解释菊花变成这样的原因,并教他们如何避免这样的事再发生。在幼儿充分了解情况后也会更乐意跟老师回教室。(3)跟幼儿一起回教室后,对幼儿关爱菊花的行为进行肯定和赞赏,这样做能使幼儿感受到教师的态度和价值取向,强化了师幼关系,方便以后对幼儿进行教育。(4)在以后的教育活动中,逐步培养幼儿在班级里遵守规则的意识,同时根据幼儿的态度和行为变化,不断地调整自己的教学,以维持良好的师幼关系。因为幼儿不良行为的出现是各方面因素造成的,短期内很难改变,所以对待幼儿出现的不良行为,教师要有耐心,有恒心。良好的师幼关系,能使幼儿在心理上消除对教师的隔阂,更容易接受老师的教导。

五、活动设计题(参考答案)

1.

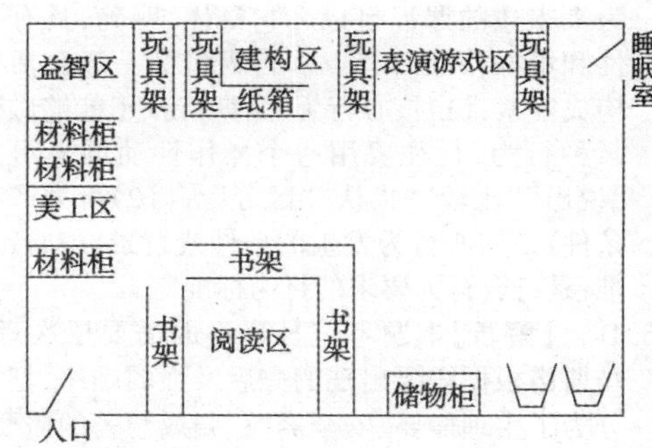

2. (1)

(2)(一)**活动名称**

秋天的颜色(大班语言活动)

(二)设计意图

秋天是一个五彩缤纷,果实丰收的季节。孩子们在秋天是快乐的,他们有数不清的发现。设计这节课能丰富幼儿的生活经验,激发幼儿积极探索、热爱大自然的情感。

(三)活动目标

(1)理解诗歌的内容,知道秋天是美丽多彩的,学习词语"黄色的""红色的""白色的""绿色的";

(2)尝试运用已有经验替换诗歌中的事物,进行诗歌仿编活动;

(3)感受诗歌的乐趣。

(四)活动重难点

重点:了解秋天的特征,掌握一些形容秋天颜色的词。

难点:诗歌的仿编。

(五)活动准备

小草、枫叶、菊花、松树的图片,诗歌磁带。

(六)活动过程

1. 开始部分

今天,老师把丰富多彩的秋天请到我们教室来了,大家想不想看呀?(出示背景图)红红的枫叶、黄黄的小草、绿油油的松树,原来秋天里有这么多美丽的颜色。有一个小诗人也去寻找了秋天,还编了一首好听的诗歌,名字叫作"秋天的颜色",大家想不想听?嗯,让我们竖起小耳朵,听听诗歌里面都有谁。

2. 基本部分

(1)第一遍欣赏,感受秋天的五颜六色。

提问:谁来说说你听到诗歌里都有谁呀?

(2)欣赏第二遍,学习词语:黄色的、红色的、白色的、绿色的。

提问:听听诗歌里面都有谁,他们说了什么话?等会儿用诗歌里面的话来告诉大家,小草是怎么说的?枫叶是怎么说的?菊花是怎么说的?松树又是怎么说的?大地为什么说秋天是绚丽多彩的?

(3)小朋友说得真好,秋天的颜色可真美呀,我们一起用好听的声音来朗诵小诗人写的这首诗歌。(分组,分角色朗读)

(4)运用已有经验替换诗歌中的事物,进行诗歌仿编活动。

①刚才诗歌里的小朋友说秋天是绚丽多彩的,那除了诗歌里说的"黄色的""红色的""白色的""绿色的",你看到的秋天还有些什么颜色?根据幼儿的讲述在纸上用彩色的油画棒或水彩笔记录。

②刚才小朋友说的话,老师把它编成了一首诗歌,我们一起来听听:

苹果说:"秋天是红色的。"

小白菜说:"秋天是绿色的。"

香蕉说:"秋天是黄色的。"

棉花说:"秋天是白色的。"

③带领幼儿有感情地朗诵仿编诗歌。

3. 结束部分

原来我们看到的很多东西都可以用好听的词语、好听的句子编成好听的诗歌,小朋友真是太棒了。小朋友回家以后也可以让自己的爸爸妈妈带你们去感受秋天,看看秋天里还有哪些景物,然后小朋友可以用自己喜欢的词语把秋天记下来与大家一起分享,看谁写得最好。

(七)延伸部分

老师准备四个小篮子。它们的颜色分别是红色、黄色、白色、绿色,一组的小朋友是枫叶队,二组的小朋友是香蕉队,三组的小朋友是棉花队,四组的小朋友是松树队,老师说开始后,各队就把自己的物品运到相应颜色的篮子里面。看哪队最先运完,老师有奖励哦,好了,我们一起去做游戏吧。

2020年河南省平顶山市叶县幼儿园教师招聘考试真题试卷(四)

一、单项选择题

1. C 【解析】本题考查杜威的教育思想。杜威说过,"生活就是发展,而不断发展,不断生长,就是生活。"但是没有教育就不能生活,所以,教育即生活。

2. B 【解析】本题考查清末政府正式开始建立近代学制的举措。进入20世纪,清政府被动开始系统的教育改革,其重要内容是建立学制,以在全国范围内开设新式学堂。1902年正式颁布的《钦定学堂章程》是中国近代第一个学制法案,又称"壬寅学制",但未能实施。1904年颁布的《奏定学堂章程》又称"癸卯学制",是第一个正式实施的学制。另两个学制是民国时期颁布的。故本题正确答案为B项。

3. B 【解析】本题考查儿童观的价值取向。所谓社会本位的儿童观,指的是仅以社会(或者国家、群体)的利益为标准看待儿童的地位和价值的观点:把儿童看作是国和家的财富,家族延续和继承的工具,未来的劳动者和兵源。

4. D 【解析】本题考查学前儿童科学教育的评价。根据教育评价的不同功能,以及它们的运行时间,可将学前儿童科学教育的评价分为三种类型,即诊断性评价、形成性评价和终结性评价。形成性评价一般都是非正式的评价,它是在教育过程中持续进行的评价,其目的在于及时了解教育活动的反馈和成效,以便及时调整教育策略,优化教育过程。

5. B 【解析】本题考查布鲁纳的学习理论。处于符号表征层次的儿童,不必通过具体操作,也不必通过观看图片,当对他提出问题时,儿童就能在心中思考或运算,并能以口头语言或文字符号表达他的理解。

6. A 【解析】本题考查幼儿园教育活动设计。幼儿园教育活动设计的综合课程取向是主题教育活动。

7. A 【解析】本题考查道德教育的认知模式。认知

模式围绕道德两难问题的小组讨论可分为起始阶段和深入阶段，与之相适应，教师的提问也可以分为“引入性提问”和“深入性提问”。

8. B 【解析】本题考查福禄贝尔的学前教育思想。福禄贝尔是第一个阐明游戏教育价值的人。他认为，游戏是儿童内部存在的自我活动的表现，是一种本能性的活动，是儿童内心世界的反映。

9. A 【解析】本题考查《幼儿园工作规程》。《幼儿园工作规程》指出，幼儿园的任务之一是“贯彻国家的教育方针，按照保育与教育相结合的原则，遵循幼儿身心发展特点和规律，实施德、智、体、美等方面全面发展的教育，促进幼儿身心和谐发展”。

10. B 【解析】本题考查德育的原则。正面教育原则就是要求教师就事论事地引导儿童知道什么是对的，什么是错的，直接告诉他应该掌握的社会行为规范，慎用批评、惩罚等消极手段，以免给幼儿的心理发展造成不良影响。由于幼儿正处于个性，尤其是自我意识形成的最初时期，他们的知识经验少，辨别是非能力差，他们常常通过观察来学习，他们的社会性发展是在熏染和生成中完成的，对各种影响容易接受或模仿，他们更多依赖外部评价来评价自我，因此更需要教师从正面加以引导。

11. C 【解析】本题考查选择幼儿园课程内容时应遵循的原则。发展适宜性原则按维果斯基的理论来说，即是要找准每个孩子的“最近发展区”，使每个孩子通过教学活动都能在原有的基础上有所提高，即“跳一跳，摘个桃”。

12. B 【解析】本题考查幼儿园教育活动的类型。以保育和教育相结合的原则为依据，根据幼儿一日生活各环节中的教育侧重点，把教育活动划分为生活教育活动、游戏活动和教学活动三类。

13. D 【解析】本题考查儿童绘画的真谛。从教育角度讲，儿童绘画的真谛是创造性的自我表现。

14. A 【解析】本题考查儿童身心发展规律。儿童身心发展大致是按由大到小、由简到繁、由具体到抽象这样一个顺序来发展的。“超前教育”违背了儿童身心发展的顺序性规律。

15. D 【解析】本题考查幼儿教师劳动的特点。幼儿教师的劳动手段，带有很大的主体性，儿童的学习很大一部分是通过直接模仿和感染而展开的。幼儿教师和儿童朝夕相处，和儿童一同活动、游戏，教师的一言一行、一举一动都是儿童的榜样，有力地熏陶、影响着儿童。

16. B 【解析】本题考查角色游戏的作用。主动协调处理玩伴关系是幼儿同伴交往的体现，同伴交往属于社会性交往的一种。

17. C 【解析】本题考查建立和谐师幼关系的措施。幼儿教师和幼儿建立良好关系的策略：(1)树立正确的角色意识，营造轻松的互动氛围。(2)关爱、尊重每一位幼儿。(3)从细节着眼，从小处着手。在与幼儿的互动过程中，幼儿教师能以正面的、鼓励性的语言组织集体教学，以诚恳的微笑以及适当的肢体语言给幼儿提供宽松、民主的心理环境，且能积极应答和适当处理每位幼儿的询问、请求等，与幼儿平等对话，做幼儿学习活动的支持者、合作者和引导者。

18. A 【解析】本题考查幼儿园班级管理方法。规则引导法是对班级幼儿最直接和最常用的管理方法。

19. 缺

20. C 【解析】本题考查幼儿教师专业化发展的特点。主体意识的增强是幼儿教师专业发展的关键，幼儿教师自身对职业的认识感受，能激发其从业的内在驱动力，在工作实践中不断反思，努力追求专业发展。

21. C 【解析】本题考查幼儿园的一日生活活动的组织原则。保教结合原则是指在幼儿一日生活中，教育者要将保育与教育结合。在幼儿生活中包含着许多有用的知识和促进幼儿智力发展的机会，而这往往会被教师所忽视。教师应充分把握生活活动中的教育机会，寓教育于日常生活活动中。题干的描述体现了保教结合原则。

22. C 【解析】本题考查幼儿简单句的发展。幼儿使用的主要是简单句。发展的趋势是，简单句所占比例逐渐减少，复合句逐渐增加，但总的来说，幼儿简单句的比例较大。简单句类型从简单到复杂，依次为：(1)主谓结构句。由行动主体和行动动作两个部分组成的句子，如“积木掉了”“宝宝睡觉”。(2)谓宾结构句。由动作和行动对象组成的句子，如“坐车车”“找妈妈”。2～3岁儿童主要使用上述两种句型。(3)由行动主体、动作和动作对象组成的句子。如“宝宝坐车”“姐姐喝水”。(4)有两种宾语的句子。如“阿姨给宁宁糖”“大妈给我枣”。

23. D 【解析】本题考查方位知觉。幼儿方位知觉发展早于方位词的掌握。当幼儿还不能很好地掌握左右方位的相对性和方位词的时候，幼儿园教师往往把左右方位词与实物结合起来。题干描述的现象就是教师将左右方位词与实物结合起来。

24. D 【解析】本题考查性别化行为的发展。幼儿的性别偏爱最早表现在对玩具的选择上。14～22个月的男孩偏爱小汽车之类的玩具，而女孩

喜欢玩娃娃和毛绒玩具。进入幼儿园后,幼儿一般都喜欢从事与性别相符合的活动或中性活动,他们经常分为男、女不同的游戏小组。

25. B 【解析】本题考查强化原理。负强化是通过消除或终止厌恶、不愉快的刺激来增强反应概率。题干描述的是负强化。

26. C 【解析】本题考查社会学习理论。模仿理论也称社会学习理论。因模仿程度的不同,该理论分为机械模仿理论和选择性模仿理论。机械模仿理论最早由奥尔波特提出,他认为儿童学习语言只是对成人语言的简单复制,儿童在这一过程中完全是机械的被动接受者。之后选择性模仿理论对传统的机械模仿理论加以改造:儿童不是在隔离的环境中学习语言的,而是在和成人的语言交往实践即社会语言范式中观察模仿而来的,社会模仿范式是儿童获得语言的决定性因素。

27. B 【解析】本题考查注意的分散。注意的分散是与注意的稳定相反的一种状态,是指幼儿的注意离开了当前应该指向的对象,而被一些与活动无关的刺激物所吸引的现象,俗语叫作分心。

28. D 【解析】本题考查附属内驱力。一般讲幼儿年龄越小,附属内驱力最为突出,特别是在儿童时期,他们学习得到好成绩主要是为了得到父母、教师的肯定和赞扬,而随着年龄的增大,附属内驱力在强度上逐渐减弱,开始转向认知内驱力和自我提高的内驱力,而且附属内驱力也不再来自父母、教师的赞扬,来自同伴的赞许才是一个强有力的动机因素。

29. C 【解析】本题考查直接动机。幼儿初期,儿童行为主要由对活动本身的直接兴趣、需要所引起,被动地受外来刺激的影响。对事物和活动本身所产生的直接兴趣是幼儿活动的主要动机。幼儿的游戏和大部分学习活动都由直接动机引起,活动本身就给幼儿带来欢乐和满足。

30. C 【解析】本题考查学前儿童学习科学的一般特点。学前儿童学科学具有自我中心的特点,在情感方面,儿童容易移情,也容易受感染。他们经常以自己的情感代替别人的情感,甚至以自己的情感理解动植物的情感。例如,老师说,小朋友在草地上把小草踩疼了,儿童就信以为真,都不去踩小草了。

31. 缺

32. 缺

33. C 【解析】本题考查移情训练技术的主要作用及心理效果分析。情感换位是通过提供一系列由近及远的社会情境(家庭—父母—老人—邻居,幼儿园—同伴—老师等),让儿童进行分析讨论和角色扮演,从而使孩子转换到他人的位置去体验情境中不同的情绪、情感状态,并促进其角色进入能力的发展。

34. D 【解析】本题考查加涅关于学习的划分。态度指影响个人对人、事、物采取行动的内部状态。

35. C 【解析】本题考查无意想象的特点。幼儿的想象往往不追求达到一定目的,只满足于想象进行的过程。

36. C 【解析】本题考查学前儿童动作发展的规律。动作可以分为粗大动作和精细动作。儿童动作的发展,先从粗大动作开始,而后才学会比较精细的动作。粗大的动作是指活动幅度较大的动作,也是大肌肉群的动作,包括抬头、翻身、坐、爬、走、跑、跳、踢、走平衡等。大肌肉动作常常伴随强有力的大肌肉的伸缩和全身运动神经的活动,以及肌肉活动的能量消耗。精细动作是指小肌肉动作,如吃、穿、画画、剪纸、玩积木、翻书、穿珠子等。

37. D 【解析】本题考查注意的品质。在同一时间内,把注意分配到两种或几种不同的对象与活动上,这就是注意的分配。幼儿注意的稳定性受外界因素的影响较大,其注意的分配能力比较差。

38. D 【解析】本题考查埃里克森的人格发展阶段理论。自我同一性对角色混乱(12~18岁)阶段的发展任务是培养自我同一性。自我同一性是指个体组织自己的动机、能力、信仰及活动经验而形成的有关自我的一致性形象。

39. C 【解析】本题考查发泄法。为儿童创设一定的环境,让儿童在其中自我疏导其身心的某些不平衡性,是发泄法。

40. A 【解析】本题考查自我意识的萌芽。自我意识的真正出现是和儿童言语的发展相联系的。

41. A 【解析】本题考查亲社会行为的培养。父母如果做出了亲社会行为的榜样,同时又为儿童提供了表现这些亲社会行为的机会,则更有利于激发幼儿的亲社会行为。

42. B 【解析】本题考查创造想象的概念。创造想象是指根据一定的目的和任务,不依赖现存的描述而独立创造出新形象的过程。幼儿期是创造想象开始发生的时期。随着幼儿知识经验的丰富和抽象概括能力的提高,幼儿创造想象的水平逐渐提高。他们常常提出一些不平常的问题,有时会自己编新的故事,创造性的绘画,游戏内容也日益丰富,游戏想象的空间距离日益扩大。

43. C 【解析】本题考查学前儿童动作发展的阶段。基础动作阶段。2～7岁，这阶段儿童能够控制自己的肌肉系统，保持稳定性，能够自由运动，比如学会走、跑、跳等等，通过运动，幼儿探索和体会自己身体的运动能力，控制和操纵周围环境中的物体。这阶段是儿童获得大量运动经验的时期。

44. A 【解析】本题考查幼儿记忆的发展。有意记忆逐渐发展是幼儿记忆发展中最重要的质的飞跃。

45. C 【解析】本题考查学习策略的种类。复述策略是指在工作记忆中为了保持信息而对信息进行反复重复的过程，它是短时记忆的信息进入长时记忆的关键。画线和圈点批注是常用的复述策略。

46. D 【解析】本题考查最近发展区的含义。最近发展区是指一种儿童无法依靠自己来完成，但可在成人和更有技能的儿童帮助下来完成的任务范围，也就是儿童能够独立表现出来的心理发展水平，和儿童在成人指导下能够表现出来的心理发展水平之间的差距。

47. D 【解析】本题考查情绪控制的策略。情绪控制的四种策略：(1)自主调节。这种策略把情绪看作一种自主的体验过程，当事人没有必要去刻意扮演，以自动模式来完成情感表达即可。在感觉到某种情绪时就自然流露，产生相应的情绪反应，这种情绪劳动不需要有意识的努力。如幼儿园老师看到小朋友哭泣，就会很自然地进行安慰。当医生看到被病痛折磨的病人，他可能本能地想用自己的医术去帮助他。这种行为被认为是自发的情感行为，是情绪劳动者在外界相关因素刺激下的一种本能的反应。(2)表面扮演。表面扮演，就是尽量调控表情行为以表现组织所要求的情绪，而内心的感受并不发生改变。(3)深层扮演。深层扮演策略就是按照组织要求进入角色，尽量去体验必然产生的情绪，采取各种方式影响自己内心的感受，在这种情况下，表情行为是发自内心的。(4)主动的深度表演。深度表演是指人对情绪工作的目标有高度的认同，因而将特定规则内化为自己的成就目标，进而能够在工作中自发地、真诚地表现出组织期望的情绪。幼儿园老师看到小朋友哭泣，就会自然地安慰，这种行为几乎成了下意识的表现，这属于自主调节。

48. B 【解析】本题考查幼小衔接工作的策略。幼儿园应当注意培养幼儿的规则和任务意识，特别在大班阶段。教师可以通过开展规则游戏或其他活动，让幼儿逐步懂得生活、学习、游戏等都是有规则的，并让他们有机会体验到如果不遵守规则会造成怎样的后果，有意识地发展他们的自我控制能力。同时，幼儿园可在生活制度、作业课纪律等方面有所改变，让幼儿逐步养成遵守规则的习惯，以有利于缩短入学后适应小学规则的时间。

49. C 【解析】本题考查幼儿德育的目标。根据《幼儿园工作规程》第五条规定，萌发幼儿爱祖国、爱家乡、爱集体、爱劳动、爱科学的情感，培养诚实、自信、友爱、勇敢、勤学、好问、爱护公物、克服困难、讲礼貌、守纪律等良好的品德行为和习惯，以及活泼开朗的性格。这属于幼儿德育的目标。

50. D 【解析】本题考查《幼儿园教师专业标准(试行)》。《幼儿园教师专业标准(试行)》提出，专业理念与师德包括：职业理解与认识、对幼儿的态度与行为、幼儿保育和教育的态度与行为和个人修养与行为。其中，幼儿保育和教育的态度与行为的基本要求包括：(1)注重保教结合，培育幼儿良好的意志品质，帮助幼儿养成良好的行为习惯；(2)注重保护幼儿的好奇心，培养幼儿的想象力，发掘幼儿的兴趣爱好；(3)重视环境和游戏对幼儿发展的独特作用，创设富有教育意义的环境氛围，将游戏作为幼儿的主要活动；(4)重视丰富幼儿多方面的直接经验，将探索、交往等实践活动作为幼儿最重要的学习方式；(5)重视自身日常态度言行对幼儿发展的重要影响与作用；(6)重视幼儿园、家庭和社区的合作，综合利用各种资源。所以，D项符合题意。A、B、C项属于对幼儿的态度与行为的基本要求。

二、多项选择题

51. BCD 【解析】本题考查幼儿园社会教育。学前社会教育是指以儿童的社会生活事务及其相关的人文社会知识为基本内容，以社会及人类文明的积极价值为引导，在尊重儿童生活，遵循儿童社会性发展的规律与特点的基础上，由教育者通过多种途径，创设有教育意义的环境和活动，陶冶儿童性灵，培育有良好社会理解力、社会情感、品德与行动能力的完整和健康的儿童。因此，幼儿园社会教育不仅仅是品德教育在幼儿园中的体现。

52. ABCD 【解析】本题考查《幼儿园工作规程》《幼儿园教育指导纲要(试行)》。《幼儿园工作规程》第十八条指出，幼儿园应当制定合理的幼儿一日生活作息制度。正餐间隔时间为3.5～4小时。在正常情况下，幼儿户外活动时间(包括户外体育活动时间)每天不得少于2小时，寄宿制

幼儿园不得少于3小时;高寒、高温地区可酌情增减。第十九条指出,幼儿园应当建立幼儿健康检查制度和幼儿健康卡或档案。每年体检一次,每半年测身高、视力一次,每季度量体重一次;注意幼儿口腔卫生,保护幼儿视力。《幼儿园教育指导纲要(试行)》教育评价部分指出,管理人员、教师、幼儿及其家长均是幼儿园教育评价工作的参与者。评价过程是各方共同参与、相互支持与合作的过程。评价主体即评价者。特别需要指出的是,教师和幼儿既是课程评价的"对象",又是评价的"主体"。

53. ABD 【解析】本题考查语言领域教学活动环境创设。语言领域教学活动环境创设的整体要求:(1)创设使幼儿"敢说"的环境气氛;(2)提供使幼儿"想说、爱说"的活动材料;(3)提供促使幼儿"会说"的示范;(4)利用语言区角环境,使教学活动同步拥有丰富的语言环境。

54. ABD 【解析】本题考查《幼儿园工作规程》。学前儿童智育的目标:发展幼儿智力,培养正确运用感官和运用语言交往的基本能力,增进对环境的认识,培养有益的兴趣和求知欲望,培养初步的动手探究能力。

55. ABCD 【解析】本题考查游戏准备的内容。游戏准备包括游戏时间、游戏场地、游戏材料与经验准备四个主要方面。

56. ABCD 【解析】对幼儿攻击性行为的纠正策略有:(1)减少环境中易产生攻击性行为的刺激;(2)培养幼儿丰富的情感;(3)给予榜样示范;(4)对幼儿的攻击性行为进行"冷处理";(5)教给幼儿解决问题的方法。

57. ABCD 【解析】本题考查幼儿教师的权利。根据我国《教师法》规定,我国幼儿教师的权利主要有:(1)进行保育教育活动,开展保育教育改革和实验的权利;(2)从事科学研究、学术交流,参加专业的学术团体,在学术活动中充分发表意见的权利;(3)指导幼儿的学习和发展,评定幼儿成长发展的权利;(4)按时获取工资报酬,享受国家规定的福利待遇以及寒暑假带薪休假的权利;(5)参与幼儿园民主管理的权利;(6)参加进修或者其他方式的培训的权利。

58. ABCD 【解析】本题考查培养幼儿自我意识的措施。培养幼儿的自我意识应从以下几方面入手:(1)对幼儿进行正确恰当的评价。(2)明确行为要求。(3)增加交往机会。(4)在专项活动中进行教育。

59. AB 【解析】本题考查记忆策略的运用。2岁以后儿童能够开始形成记忆策略。在适宜的条件下,记忆策略出现得早些。一般说来,4~5岁儿童的记忆过程比较被动,没有策略、计划和方法;5~7岁是一个转变期,7~8岁以后的儿童运用记忆策略的能力比较稳定。因此A项说法错误。小班幼儿的想象基本上没有什么创造性,表现在游戏中基本上还是模仿成人的活动。中班幼儿的想象开始有了一些创造性,例如,在复述故事中,他们常常会根据自己的意愿和想象添枝加叶。因此B项说法错误。

60. ABC 【解析】本题考查学前儿童思维发展的特点。学前儿童的思维以具体形象性为主,抽象逻辑思维开始萌芽。在幼儿期的每一个年龄段,其思维特点是不同的。在儿童最初的思维中,语言只是行动的总结,往往在行动之后,儿童根据感知和联想,说出行动的结果。以后,语言仍然离不开直观形象,直观和行动在思维中还有相当大的比重,但是,语言对思维的调节作用越来越大,而直观和行动变为引起注意、补充和加强语言,并作为语言的支柱。

61. BCD 【解析】本题考查前运算阶段(2~7周岁)儿童的表现。前运算阶段的特点是儿童的思维已表现出了符号性的特点,他们能够通过表象和言语等符号形式来表征内心世界和外部世界。因此,儿童会进行象征游戏、喜欢画画和语言发展迅速。但此时儿童思维具有绝对性、不可逆性、自我中心性和刻板性,因此不能解决守恒的问题。

62. BCD 【解析】本题考查新课程理念下,课程与教学评价的关注点。课程与教学评价的关注点转向学生在课堂上的行为表现、情绪体验、过程参与、知识获得以及交流合作等诸多方面,而不仅仅是教师在课程与教学活动过程中的表现,使"教师的教"真正服务于"学生的学"。

63. BCD 【解析】本题考查导致幼儿错误概念的原因。导致幼儿错误概念的原因主要有:接受错误信息、迷信、经验局限、缺乏识辨能力、错误推理、想象活跃和语言理解错误。

64. ACD 【解析】本题考查《幼儿园教育指导纲要(试行)》。《幼儿园教育指导纲要(试行)》指出,教师应成为幼儿学习活动的支持者、合作者、引导者。

65. ABCD 【解析】本题考查《幼儿园教师专业标准(试行)》。《幼儿园教师专业标准(试行)》专业能力要求教师具有的能力包括:环境的创设与利用、一日生活的组织与保育、游戏活动的支持与引导、教育活动的计划与实施、激励与评价、沟通与合作、反思与发展。

三、案例分析题(答案要点)

66. 如果我是该老师,我的做法如下:教师有针对性

的指导将缩短教师与家长的距离，使家长在活动中获得正确的育儿观念和育儿方法，并将观念和方法融入与孩子相处的每一刻，从而最终实现孩子健康和谐的发展。指导方式有如下几种：

(1)直接指导。开展亲子活动时，教师介绍一些教育观念及方法，或者直接告诉家长该怎样协助孩子完成游戏。开展亲子活动时，我会告诉家长怎样参与亲子活动，而不仅仅是拍照片。

(2)个别指导。在父母指导孩子游戏的过程中，教师采用个别指导方法协助父母怎样做。对于“有些家长则陪在幼儿旁边，看到幼儿操作有困难，要么直接上阵，亲自解决。”这种情况要告诉家长要放手让孩子亲自操作，亲自体验。

(3)评价性指导。在每次活动的结束部分，教师可以将活动观察到的父母指导孩子的一些好的例子介绍给大家然后分析其中一些科学的观念及想法，以此带给大家一些启发。鼓励做得好的家长，对于不妥的行为指出来，与家长一起解决。

(4)点拨式指导。在父母指导孩子活动有一点小困难时，教师应帮助父母提供解决问题的方法，并告诉他为什么要这样做，使家长在以后碰到此类问题时有可借鉴的经验。

(5)归结性指导。在活动结束时，教师要将本次活动的目的和家长应如何指导孩子的方法加以小结并加以归纳，帮助家长巩固练习。亲子教育是在一种真实情景下的示范式的参与指导，是实践活动与指导活动的融合。

67. (1)刘老师的教学行为是不合理的。首先，刘老师提的问题不具有创造性、启发性；其次，刘老师带小朋友反复朗诵比较枯燥，学前儿童的思维是具体形象的，刘老师的做法会使幼儿感到无趣；最后，刘老师要求幼儿背诵诗歌比赛也是不合理的，幼儿教育评价应是过程性评价，而不是比赛形式的终结性评价。

(2)①处理好智力与知识技能之间的关系。知识与智力有着密切的关系。知识、技能是智力发展的基础，智力发展又是获得知识与技能必备的条件。在智育过程中，教师必须认清知识和智力的关系，应将知识的获得与智力的发展高度统一起来。②重视幼儿非智力因素的培养。非智力因素是指不直接参与认识过程的心理因素，它包括情感、意志、性格、兴趣等方面，智力因素与非智力因素是智力活动的两个方面。它们虽有相对的独立性，但两者是相互联系、相互影响、相互制约的。非智力因素对智力的发展起着促进和保证作用。只有二者都处在最佳状态，幼儿的智力活动才能取得成功。③注意幼儿知识的结构化。幼儿智力发展的重大进展不是取决于个别知识和技能的掌握，而是看这些个别知识能否结合成一个反映事物或现象之间的规律或联系的“结构”。幼儿的知识结构是建立在幼儿感性经验基础上的。因此，它与中小学那种以科学概念为中心的学科知识体系有本质的不同。重视幼儿知识的结构化，能扩大幼儿的知识容量，能促进幼儿巩固已有的知识，并将获得的新知识迅速归入自己已有的结构中，使新旧知识结合成更大更好的知识结构，大大提高认识能力，举一反三，触类旁通。

四、论述题(答案要点)

68. (1)把幼儿园一日活动列入教育计划，保证幼儿身心得到全面的、充分的、主动的发展。对幼儿的一周活动要有通盘计划，克服片面性和盲目性。活动内容要丰富多彩，能吸引儿童，富有儿童特点，并能使儿童全面地、生动活泼健康地成长。

(2)要制定一日生活常规。常规的制订是贯彻《幼儿园教育指导纲要(试行)》的保证，常规是儿童社会化的一个方面。幼儿在一日生活中，只有按制定的常规努力养成各种良好的生活习惯、行为习惯，才能很好地在集体的共同生活中协调一致。教师介绍规则应在必要的时候进行，如休息前，第一次玩积木前等，并应注意把这些规则和幼儿的生活经验联系起来。

(3)要把组织的集体教育活动和分散的个体活动结合起来。在幼儿园中，集体的教育活动和分散的个体活动起着不同的作用，应当结合运用，交替进行，互相配合。

(4)处理好自由与纪律的关系。纪律是集体生活所必需的，但纪律必须服从于教育目的，它不应该是束缚儿童生动活泼发展的桎梏，而应当是儿童积极主动地成长的保证。要废除妨碍儿童健康成长的规定。在一日生活的组织中，教师应该管得合理，要放手让儿童通过自身的活动，克服困难，获得经验。应该管而不死，活而有序。

(5)要面向全体幼儿。教师应关心每个幼儿，不能偏爱，必须随时了解每个孩子在什么地方，在干什么，不应该有被遗忘的儿童。教师应给每个儿童留下幼儿园是温暖、快乐的场所这样一个美好印象。

(6)保教结合、教养并重。组织幼儿的一日生活，包括吃、喝、睡、学习等，真是事无巨细，既平凡又琐碎，然而就在这平凡、琐碎之事中，包含着大量的教育工作，真是育中有教，教中有育，这既是启蒙阶段教育工作的原则，也是幼儿教

育工作的特点。领导好幼儿的一日活动,全园工作人员必须团结一致,对幼儿全面负责,既要明确分工,又要密切配合。要丰富幼儿的活动内容,也要组织好各个活动之间的过渡环节,保教人员要密切配合,使过渡环节组织得井然有序,更好地保证各项活动的顺利进行。

69. 幼儿园教学活动虽然在幼儿园一日活动中所占时间比例很小,但是,一些影响幼儿现实生活的至关重要的经验,以及一些保证终身可持续发展所需要的素质,如强烈的学习兴趣、良好的学习习惯、有效地与环境互动的能力、逻辑思维能力、责任感等,是不能仅靠游戏活动或生活活动来获得,还需要从教学活动中获得,而且幼儿园教学活动还为幼儿系统地提供新的学习经验,帮助幼儿把学习所得经验系统化,引导其心理水平向高一层次提升的重要手段。所以,这种由教师组织和有步骤地引导幼儿学习的教学活动是游戏所不能取代,也是幼儿园必不可少的活动。因而,为了充分发挥教学活动的教育作用就要求教师要依据一定的教育目标、遵循一定的教育原则、结合本班幼儿的实际需要、选择相应的内容、精心设计教学过程并组织实施,从而有效地促进幼儿在原有基础上向前发展。

2019年浙江省教师招聘考试学前教育真题试卷(五)

一、单项选择题

1. D 【解析】本题考查以皮亚杰认知发展理论为基础的课程方案。美国海伊斯科普课程(高宽课程)是一个以皮亚杰的认知发展理论为基础的课程方案。

2. D 【解析】本题考查斯坦豪斯的过程模式。二十世纪五六十年代后,英国课程理论家斯坦豪斯立足教育的内在价值及实践,在对目标模式进行详尽而透彻的分析与批判的基础上,建构起过程模式的理论框架,第一次明确提出并系统确立了过程模式。

3. D 【解析】本题考查决定幼儿园课程实施质量的关键。园长课程领导力是幼儿园课程改革和实践的关键因素,影响着幼儿园课程的顺利实施。教师作为课程实施的主体,在幼儿园课程的落实中发挥着决定性的作用。

4. B 【解析】本题考查幼儿园课程设计取向。学习者中心取向主要包括经验中心设计、人本主义设计、开放教室设计、浪漫(激进)设计等。

5. C 【解析】本题考查幼儿园课程评价的类型。从评价的功能和进行的时间上划分,可以将课程评价分为形成性评价和终结性评价。

6. D 【解析】本题考查幼儿游戏的特点——轻松和紧张的统一。游戏确实可以使人放松,但这种放松恰恰是通过“紧张”获得的。如在“丢手绢”游戏中,游戏者往往是很“紧张”的,他们非常注意丢手绢者的一举一动,做好了当手绢丢在自己的身后能够立即站起来跑的准备。

7. A 【解析】本题考查幼儿游戏的价值。游戏中成人及游戏同伴的参与会对儿童提出更多的挑战,也使儿童在语言建构中收益更多。各种语言游戏对儿童语言技巧的提升起到极大的促进作用,如针对语音能力和技巧的绕口令,针对词汇掌握的词语接龙,而角色游戏和戏剧表演游戏对儿童语言艺术技能的提高也会起到一定的促进作用。

8. B 【解析】本题考查“好的”教学游戏的特征。根据对幼儿园教学活动的现场观察研究并参照其他有关的研究,“好的”教学游戏应当具有如下特征:(1)选用的游戏因素符合幼儿的年龄特点;(2)选用的游戏因素与教学内容相匹配;(3)任务的难度与幼儿已有的经验相匹配;(4)考虑每个幼儿实际参与和心理参与的可能性;(5)幼儿自己能够判断活动的结果。

9. C 【解析】本题考查幼儿园游戏活动评价的要求。幼儿园游戏活动评价的要求主要包括:(1)幼儿是评价的主体,教师是评价的支架;(2)每次评价有重点,避免面面俱到;(3)承认和关注幼儿的个体差异。

10. B 【解析】详见《幼儿园教育指导纲要(试行)》第二部分健康领域的内容与要求。

11. C 【解析】本题考查学前儿童身体机能适应过程的阶段。机体适应活动产生的体内一系列变化的过程,是由工作阶段进入相对恢复阶段和超量恢复阶段,最后到复原阶段。这就是人体机能适应性规律。

12. B 【解析】本题考查幼儿园早操活动组织策略。A项,早操活动的时间,寄宿制托幼单位一般在起床后,洗漱前进行为好,全日制单位一般在早饭前或上课前进行。数九隆冬,北方天气严寒,可以改在课间进行。B项正确,各个班级所用的具体时间不做统一要求。C项,早操时间一般是10~30分钟不等。D项,早操活动的内容应丰富多样,富有变化。

13. D 【解析】本题考查幼儿园运动会指导工作的注意事项。运动会的要求是:在开学初就布置好,准备时间可以长一些;一般不要占用其他活动的时间;不搞突袭,要保持正常的生

活规律。

14. A 【解析】本题考查从幼儿表现的症状以判断运动量是否合适。在体育活动中,幼儿已经非常疲劳的表现是面色十分红或苍白,大量出汗,呼吸急促、表浅、节奏紊乱,动作失调、步态不稳、用力颤抖,注意力分散,反应迟钝,精神疲乏。

15. A 【解析】本题考查幼儿社会教育的原则。对幼儿提出合理要求,希望他做什么、怎样做,教师要从正面直接向幼儿说明,避免用命令式、禁止类、否定的言语和神情阻止幼儿的不良行为,这种方式就是符合正面教育原则的积极的方式。所谓积极的方式,即我们在希望学前儿童做一件事情而不是做另一件事情,按照这样的方式去做而不是按照那样的方式去做的时候,我们直接告诉学前儿童具体如何去做和做什么,而不是告诉他不要去做什么。

16. D 【解析】《3~6岁儿童学习与发展指南》语言领域中"阅读与书写准备"的目标3指出,5~6岁幼儿愿意用图画和符号表现事物或故事;会正确书写自己的名字;写画时姿势正确。

17. B 【解析】本题考查学前儿童语言教育的理论取向。全语言教育,也称之为整体语言教育、完整语言教育,是近年来语言教育当中较重要的一种理论思潮。美国全语言教育思想的研究者Genesee强调语言教学应从整体着手,听、说、读、写应同时教。故题干的表述体现了全语言教育取向。

18. D 【解析】本题考查社会交往说的代表人物。社会交往说是布鲁纳、贝茨等学者的理论观点。布鲁纳等人指出,和成人交往是儿童获得语言的关键因素。

19. A 【解析】本题考查对教学内容的分析与评价。学科教学知识是教师应具备的使教学有效的知识,它包括教学内容的知识、教学对象的知识、教学策略的知识。其中,教学内容即为幼儿学习的核心经验。故"语言材料能够为学前儿童提供的学习与发展核心经验是什么"属于对教学内容的分析与评价。

20. D 【解析】本题考查优秀幼儿故事的语言特征。幼儿故事追求趣味性,是由阅读对象的审美情趣所决定的。因为儿童阅读或聆听故事,并非为接受教育,而是为了从中寻求愉悦,即符合幼儿倾听的习惯。幼儿故事有引人入胜的情节,有重复多变、多样统一、均衡圆满的整体结构,可以满足幼儿多方面的精神需求。幼儿故事常常在语言上最突出的特点就是口语化,要求故事的语言必须和儿童所具备的听学语言的能力相适应,在词汇、句法、节奏等方面要合乎儿童的言语表达习惯。

21. C 【解析】《3~6岁儿童学习与发展指南》中科学领域"科学探究"的目标1指出,3~4岁幼儿喜欢接触大自然,对周围的很多事物和现象感兴趣;经常问各种问题,或好奇地摆弄物品。

22. B 【解析】本题考查学前儿童科学教育中生命教育的内容。幼儿园生命教育的内容包括:(1)认识生命。通过各种生动、有趣的活动让学前儿童了解动、植物及人类生命的来源,认识生命体的基本特征,知道并懂得生命成长的历程,认识到生命的可贵。(2)关爱生命。关爱是生命教育的情感基石,关爱生命即在了解生命、尊重生命的基础上关心生命的发展,给生命赋予有责任的情感关注和行为帮助。关爱生命不仅仅是对自己生命的关爱,还包括对他人、对整个人类、对整个自然生命的关爱。在幼儿园开展"关爱环境,珍爱生命"的主题教育活动,对学前儿童进行自然环境与人类生命之间关系的教育,让学前儿童形成保护自然的意识。(3)保护生命。

23. D 【解析】本题考查皮亚杰的知识分类理论。1970年,皮亚杰根据知识的最终来源和获取方式不同,将知识划分为三种类型:社会(或习俗)知识、物理知识和逻辑—数理知识。在皮亚杰看来,这三类知识中,逻辑—数理知识最为重要,因为它是物理知识和社会知识建构与发展的基础,也是智力发展的关键。

24. A 【解析】《3~6岁儿童学习与发展指南》科学领域指出,幼儿科学学习的核心是激发探究兴趣,体验探究过程,发展初步的探究能力。

25. D 【解析】本题考查档案袋评价的类型。按照档案袋的作用可将档案袋划分为:(1)陈列性档案,用以展示幼儿的最佳作品。(2)文件性档案,用以保存幼儿的作品和进步的证据,放入这类档案中的作品要有幼儿看得懂的描述。(3)历程性档案,用以保存幼儿在某项大型工作中持续产出的作品,通常由幼儿记录和判断。(4)评鉴性档案,指的是在一段时间里持续而又系统地收集到的能代表幼儿成长、进步和成就的作品,让幼儿和教师依据教师的期望与幼儿的发展,共同评鉴幼儿的学习和进步。

26. C 【解析】本题考查图式期幼儿绘画表现特点。图式期儿童绘画表现的常见特征有:(1)拟人化表现;(2)透明式的表现;(3)展开式的表现;

(4)强调式的表现;(5)装饰性的表现;(6)美梦式的表现。

27. D 【解析】详见《3~6岁儿童学习与发展指南》艺术领域"感受与欣赏"目标2的教育建议。

28. B 【解析】本题考查音乐活动有效示范的特征。音乐活动有效示范具有以下特征:(1)时效性;(2)目的性;(3)准确性。

29. C 【解析】《3~6岁儿童学习与发展指南》艺术领域"表现与创造"的目标2指出,5~6岁的幼儿能用基本准确的节奏和音调唱歌。能用律动或简单的舞蹈动作表现自己的情绪或自然界的情景。能自编自演故事,并为表演选择和搭配简单的服饰、道具或布景。能用自己制作的美术作品布置环境、美化生活。

30. A 【解析】本题考查儿童绘画能力发展的阶段。儿童绘画能力概括性地分为涂鸦期、象征期、概念画期、写实期。

二、简答题(答案要点)

1. 简述教学活动游戏化的特征。

(1)教学情境生活化;

(2)教学内容综合化;

(3)教学过程活动化;

(4)教学形式多样化;

(5)教学评价个性化。

2. 简述玩具利用的策略。

(1)充分研究玩具和幼儿;

(2)给予幼儿充分的时间和机会进行自主选择和探索;

(3)通过多种方式引导、促进幼儿反思;

(4)根据幼儿的需要及课程的需要调整玩具;

(5)抓住收放玩具的契机,引导幼儿学习。

3. 简述体育活动实施与指导原则。

(1)经常化原则;

(2)适量的运动负荷原则;

(3)多样化原则;

(4)全面发展的原则。

4. 简述幼儿园图画书阅读活动的组织策略。

(1)儿童自己阅读;

(2)教师与儿童一起阅读;

(3)围绕阅读重点开展活动;

(4)归纳阅读内容;

(5)阅读活动的延伸。

5. 简述感知理解数、量、数量关系的教育建议。

(1)引导幼儿感知和理解事物"量"的特征;

(2)结合日常生活,指导幼儿学习通过对应或数数的方式比较物体的多少;

(3)利用生活和游戏中的实际情境,引导幼儿理解数概念;

(4)通过实物操作引导幼儿理解数与数之间的关系,并用"加"或"减"的办法来解决问题。

6. 简述学前儿童音乐教育活动的内容。

(1)歌唱活动;

(2)韵律活动;

(3)打击乐演奏活动;

(4)音乐欣赏活动。

三、案例分析题(答案要点)

(1)教师的做法不合适。因为教师的做法扼杀了幼儿的好奇心和探究兴趣。好奇心是儿童学科学的内在动机和原动力。儿童学科学,离不开他们的好奇心。儿童生活中所发生的科学探索行为,大多出于儿童对这个事物的好奇。教师要引导儿童学科学,如果不能有效地激发儿童探索对象的好奇心,也很难达到效果。

(2)如果是我,我会和小朋友一起讨论他们的发现,抓住这次教育机会,让幼儿认识蚯蚓的外部特征、生活习性等。我会正确对待儿童的好奇心,满足他们的好奇心,使他们的好奇心在成长过程中得以保持、并且不断地发展。

四、教育活动设计题(参考答案)

(1)①主题活动名称:蚂蚁搬虫虫。

②主题活动的对象:小班幼儿。

③活动目标:第一,观察了解蚂蚁的外型特征。第二,学会与他人合作完成简单的任务。第三,通过对蚂蚁外型特征及搬虫虫的过程描绘,激发对蚂蚁的喜爱和探究兴趣。

(2)小班蚂蚁搬虫虫的主题活动一览表

活动序号	活动名称	主要活动领域
1	团结就是力量	社会
2	小蚂蚁,爬爬爬	音乐
3	蚂蚁的秘密	科学
4	蚂蚁搬虫虫	语言
5	小蚂蚁运动会	健康

(3)　　蚂蚁搬虫虫(小班)

(一)活动目标

(1)理解儿歌内容、学习有节奏的朗诵。

(2)能根据儿歌内容运用动作、表情、语言进行表演。

(3)懂得人多力量大的道理。

(二)活动重难点

活动重点:理解儿歌内容、学习有节奏的朗诵。

活动难点:能根据儿歌内容运用动作、表情、语言进行表演。

(三)活动准备

蚂蚁搬虫虫的图片、PPT课件《蚂蚁搬虫虫》,动画视频《蚂蚁搬虫虫》。

表演道具:小蚂蚁头饰、虫虫道具,洞。

(四)活动过程

1. 图片导入。

(1)出示蚂蚁搬虫虫的图片,激发幼儿兴趣。

(2)提问:小朋友们看看图片上都有谁啊?它们在干什么?老师这里有一首关于小蚂蚁的儿歌,我们一起来听听吧。

2. 播放PPT,第一次示范朗诵。

(1)老师有表情、节奏地朗诵一遍儿歌。

(2)提问:儿歌的名字叫什么呀?它们在干什么?

3. 老师教幼儿朗诵。

4. 师幼一起朗诵。让幼儿懂得团结就是力量的道理,学会朗读诗歌。

5. 根据道具,让幼儿表演《蚂蚁搬虫虫》儿歌。

2019年河北省邢台市桥西区教师招聘考试幼儿园教育理论基础真题试卷(六)

第一部分 教育专业能力测验

一、单项选择题

1. C 【解析】《国务院关于当前发展学前教育的若干意见》指出,大力发展公办幼儿园,提供"广覆盖、保基本"的学前教育公共服务。加大政府投入,新建、改建、扩建一批安全、适用的幼儿园。

2. D 【解析】《国家中长期教育改革和发展规划纲要(2010—2020年)》要求学前教育发展的任务主要有基本普及学前教育,明确政府职责和重点发展农村学前教育。

3. B 【解析】《幼儿园教育指导纲要(试行)》一方面是在《幼儿园工作规程》精神的指导下制定的,另一方面也反映了21世纪世界幼儿教育的新理念,即终身教育的理念、以人为本的幼儿教育、面向世界的科学幼儿教育。

4. B 【解析】《幼儿园工作规程》第二十五条指出,幼儿园教育应以游戏为基本活动,寓教育于各项活动之中。

5. C 【解析】各领域提炼出的关键能力主要有:健康——自我保护能力;语言——表达能力;社会——人际交往能力;科学——思维能力;艺术——创造能力。

6. B 【解析】师表美主要包括:(1)"表美";(2)"道美";(3)风格美。其中,"道美"指师表美的精神内涵或内在方面。

7. C 【解析】爱岗敬业是调整教师与职业之间相互关系的道德规范。爱岗敬业是任何职业最基本的道德要求,是否热爱岗位,决定着一个人在职业活动中的积极性、表现和成效。

8. B 【解析】对于我国大部分的幼儿园来说,课程的整合首先应该关注的是领域内的整合。

9. A 【解析】儿童的发展是通过对物体的操作和与人的交往而发展的。

10. A 【解析】在教育基本要素都具备的情况下,教育者的主导性要素起着决定性的作用。

11. A 【解析】良好的工作伙伴与师生关系是实现保教合一的前提。

12. C 【解析】儿童心理发展的关键期现象主要表现在语言发展和感知方面。

13. C 【解析】活动是幼儿学习和发展的源泉与基础。幼儿在与周围环境相互作用的过程中主动建构着自己的学习与发展,这种相互作用就是活动。幼儿作为活动的主体,积极主动地与周围环境中的人和物互动,感知周围事物,形成对人与物的基本认识与态度。

14. B 【解析】陈鹤琴认为,"整个教学法,就是把儿童所应该学习的东西整个地、有系统地去教儿童学"。

15. D 【解析】幼儿园常用的教学方法有活动法、直观法、口授法。活动法包括实验法、游戏法、操作练习法。直观法包括观察法、参观法、演示和示范法。口授法包括谈话与讨论、讲解与讲述等。

16. B 【解析】幼儿晚期(5~6岁)的心理特点包括:(1)好学、好问;(2)抽象概括能力开始发展;(3)个性初具雏形;(4)开始掌握认知方法。A项和D项属于幼儿初期(3~4岁)的心理特点,C项属于幼儿中期(4~5岁)的心理特点。

17. C 【解析】思维是对事物概括的反映。思维不像感知觉那样只反映事物的个别属性或个别具体的事物,而是反映一类事物共同的本质属性,或事物之间的规律性联系。题干的描述反映了思维的概括性。

18. B 【解析】在良好的教育环境下,3岁幼儿能够集中注意3~5分钟,4岁幼儿注意可持续10分钟左右,5~6岁幼儿的注意能保持20分钟左右。幼儿的注意稳定性比较差,与幼儿的自制能力差有密切关系。

19. C 【解析】略。

20. C 【解析】影响学前儿童攻击性行为的因素主要有父母的惩罚、大众传播媒介(榜样)、强化、挫折。

21. A 【解析】4~5岁幼儿的无意想象中出现了有意成分,但仍以无意想象为主。具体来说有以下特点:(1)想象仍以无意性为主;(2)想象出现了有意成分;(3)想象的目的计划非常简单;(4)想象内容较以前丰富,但仍然零碎。

22. A 【解析】具体形象思维阶段的学前儿童在开

展游戏活动、扮演各种角色、遵守规则等活动时，主要是依靠在他们头脑中的有关角色、规则和行为方式的表象。选项中，在游戏活动中遵守交通规则过马路即是儿童形象思维的表现。

23. C 【解析】幼儿初期，儿童常常是根据事物的表面联系和外部特点来进行判断、推理的，因而时常出现判断和推理错误。例如，把画有牛、人、船、猪的4张图片分别呈现给3~13岁的儿童，要求他们从其中取出一张与其他三张不属于同一类的图，并要求幼儿解释挑取的原因。研究结果表明，较小幼儿解释取出“船”的原因时，其判断推理的依据是人、马、虎的外表特性，例如说都有头、身子、脚等。这种判断随年龄的增长而降低。在幼儿晚期，儿童开始能按事物内在的本质联系作出判断、推理。如6~7岁的儿童就能根据人、马、虎都是活的、有生命的、能生长的等属性来进行判断和推理。故答案选C项。

24. B 【解析】随着幼儿生理上的成熟和言语知觉的发展，幼儿的发音能力也迅速发展，特别是3~4岁期间发展尤为迅速，是幼儿最容易学习语言发音的年龄阶段。

25. B 【解析】儿童最初掌握的是陈述句。在整个学前期，简单的陈述句仍然是基本的句型。幼儿使用句型除陈述句外，还有疑问句、祈使句、感叹句等。

26. C 【解析】知觉是人脑对直接作用于感受器的客观事物的整体反映。“这有个苹果”直接体现了幼儿的知觉活动。

27. C 【解析】2岁左右，个性逐步萌芽。3~6岁幼儿的个性开始形成。

28. B 【解析】2~3岁的幼儿知道自己的性别，并初步掌握性别角色知识。

29. C 【解析】游戏有助于幼儿掌握各种社会准则。幼儿在游戏中要遵守各种游戏规则，如在“红绿灯”游戏中幼儿要遵守交通规则，下棋要遵守下棋的规则。幼儿还逐渐学会如何制定规则，甚至他们会根据他们的理解修改规则，这使得幼儿对规则有了初步的了解和认识，有利于幼儿理解、适应各种社会生活。

30. C 【解析】幼儿的形象记忆是依靠表象进行的，其中起主要作用的是视觉表象。

31. B 【解析】幼儿想象夸张性的表现：(1)夸大事物某个部分或某种特征；(2)混淆假想与现实。题干的描述说明幼儿把渴望得到的东西说成已经得到。

32. B 【解析】在语词的概括阶段，儿童开始能够按照物体的某些比较稳定的主要特征进行概括，舍弃那些可变的次要特征。

33. B 【解析】小班幼儿由于认知水平有限，对语言的理解能力也弱，还不能理解否定句、反问句等复杂语法结构的句子，因此教师在与幼儿交谈或者讲课中应避免使用这些语句。

34. D 【解析】略。

35. C 【解析】孤独症的社会交往障碍主要表现为孤独、退缩，对亲人没有依恋之情，不能领会表情的含义，也不会表示自己的要求和情感。

36. B 【解析】《幼儿园工作规程》第十一条规定，幼儿园规模应当有利于幼儿身心健康，便于管理，一般不超过360人。幼儿园每班幼儿人数一般为：小班(3周岁至4周岁)25人，中班(4周岁至5周岁)30人，大班(5周岁至6周岁)35人，混合班30人。寄宿制幼儿园每班幼儿人数酌减。幼儿园可以按年龄分别编班，也可以混合编班。

37. C 【解析】《幼儿园教育指导纲要(试行)》语言领域的指导要点指出，语言能力是在运用的过程中发展起来的，发展幼儿语言的关键是创设一个能使他们想说、敢说、喜欢说、有机会说并能得到积极应答的环境。

38. B 【解析】1996年颁布的《幼儿园工作规程》第四章第二十三条指出：幼儿园日常生活组织，应当从实际出发，建立必要的、合理的常规，坚持一贯性、一致性和灵活性的原则，培养幼儿的良好习惯和初步的生活自理能力。

39. B 【解析】《幼儿园教育指导纲要(试行)》科学领域的内容与要求指出，在幼儿生活经验的基础上，帮助幼儿了解自然、环境与人类生活的关系。从身边的小事入手，培养初步的环保意识和行为。

40. C 【解析】前语言发音是指婴儿正式说话前的各种语音发声，类似于说话之前的语音操练。这个过程大致分为四个阶段：(1)单音发声阶段(0~4个月)；(2)音节发声阶段(4~10个月)；(3)前词语发声阶段(10~18个月)；(4)特殊的“小儿语”发音阶段(1~1.5岁)。

41. B 【解析】语言形式是指儿童语言中的约定俗成的符号系统和系列规则。儿童语言形式的发展主要包括语音和语法的发展。

42. C 【解析】确定语言教育活动的目标，是语言教育活动设计中最重要的一环。它的恰当与否，将对整个活动设计产生决定性影响，包括影响活动设计的方向、范围和程度。

43. C 【解析】概括起来，我们要求幼儿学习的谈话规则主要包括：一是用适合角色的语言进行谈话。二是用轮流的方式交谈。三是用修补的方法延续谈话。

44. B 【解析】在学前儿童语言教育中树立完整语

言教育观念，就是强调学前儿童语言教育目标应当是完整的，学前儿童语言教育的内容应当是全面的、完整的，学前儿童语言教育活动应当是真实的、形式多样的交流情境。

45. A 【解析】苏日比研究学前儿童萌发的图书阅读行为，发现2~8岁儿童的口语阅读图书的行为，可以分为以下五个阶段：(1)注意图画，但未形成故事；(2)注意图画并形成口语故事；(3)注意图画、阅读和讲故事；(4)注意图画，但开始形成书面的故事内容；(5)注意文字。

46. A 【解析】社会文化不仅与幼儿园课程编制中涉及的“教什么”和“如何教”等问题有关联，而且在很大的程度上影响着甚至决定着幼儿园课程编制中的“为什么教”的问题。

47. A 【解析】随着年龄的增长，儿童逐渐产生了社会交往的需要，从两个月起，便开始出现对人脸的积极情绪反应，这体现了儿童情绪的社会化。

48. C 【解析】共情与亲社会行为和攻击性行为有着密切的联系。研究者一致认为共情是维系积极的社会关系的重要社会动机因素，它作为帮助、抚慰、合作与分享等行为的动机基础，能激发、促进亲社会行为的发展，而且对攻击性行为的产生有一定的抑制作用。内疚感的产生主要是因为个体行为达不到自己内心的理想要求，而羞愧感更多是因为达不到外部要求。婴幼儿时期的共情并不是很普遍，但儿童的共情能力也不是随着年龄的增长而自然发展的，需要教育者采用具有针对性的方式进行引导。学前儿童道德感的发展并不是某个方面的线性发展，是在多种维度之间交织发展的。它与道德认知、道德行为相互影响、协同发展。

49. C 【解析】科学是人们对客观世界的认识，是反映客观事实和规律的知识体系。科学不仅是知识体系与获取知识的过程和方法，而且也是一种价值或态度，包括提出问题、相信世界可被认知、实事求是、创新性、合作等。由此可见，科学没有最终的结论，更没有永远正确的结论。即使是科学知识本身，也是一个不断发展的过程。因此，科学是科学探索与成果的统一。

50. B 【解析】科学精神的核心是“求真”，即实事求是和追求真理。

51. B 【解析】《幼儿园教育指导纲要（试行）》科学领域的目标包括：(1)对周围的事物、现象感兴趣，有好奇心和求知欲；(2)能运用各种感官，动手动脑，探究问题；(3)能用适当的方式表达、交流探索的过程和结果；(4)能从生活和游戏中感受事物的数量关系并体验到数学的重要和有趣；(5)爱护动植物，关心周围环境，亲近大自然，珍惜自然资源，有初步的环保意识。B项属于社会领域的目标。

52. D 【解析】各年龄班进行比较性观察时要求有所不同：中班可以仅比较物体明显的不同点；大班不仅比较物体的不同点和相同点，并可以在此基础上进行分类。

53. D 【解析】集体科学教育活动可分为以下几个类型：观察认识活动、实验探究活动、科技制作活动、讨论交流活动。A项、B项、C项属于观察认识活动，D项属于实验活动，对于幼儿来说比较困难。

54. B 【解析】对于小班儿童来说，可设计一些让他们用一种或两种基本技能来塑造简单物体形象的课题，如“苹果”“汤圆”“面条”“饼干”等。

55. C 【解析】中班（4~5岁）儿童绘画目标中，教师应引导儿童学习用各种线条表现感受过的物体的基本结构和主要特征。

56. C 【解析】详见《幼儿园工作规程》第五条规定——幼儿园保育和教育的主要目标。

57. B 【解析】幼儿美术教育的目的是培养幼儿感受美、表现美的情趣和能力，并不是让幼儿掌握绘画的技能。教师画一幅范画的做法限制了幼儿的创造力，是不可取的。

58. C 【解析】形式分析是指分析视觉对象之间的关系，也就是分析作品所表现的美的形式，如造型、色彩、构图等形式语言和对称、均衡、节奏、韵律、变化、统一等构成原理的应用。

59. D 【解析】系列歌唱教学方案设计的主要目的是让儿童在学会歌曲的过程中获得全面发展。

60. C 【解析】幼儿园的韵律活动是幼儿运用身体来进行的一种游戏活动，幼儿从活动中直接获得快乐是这种活动的第一目标。

61. A 【解析】音乐作为一种独立的艺术，具有以下特征：(1)音乐是声音的艺术；(2)音乐是听觉的艺术；(3)音乐是时间的艺术；(4)音乐是情感的艺术。

62. B 【解析】在为3~4岁儿童选择的配器方案中，一般宜在乐段之间变化音色；在为4~5岁儿童选择的配器方案中，一般可在乐句之间变化音色；在为5~6岁儿童选择的配器方案中，不仅可以考虑在乐段之间、乐句之间甚至乐句之中变化音色，还可以考虑在乐段之间、乐句之间甚至乐句之中变化节奏。

63. D 【解析】一个持续了3年的研究结果表明：在学前阶段，儿童最容易掌握的是歌词，节奏次之，速度第三，呼吸第四，最难掌握的是音准。

64. B 【解析】3~4岁儿童最感兴趣的是模仿动作。因为他们所关心的不是动作的本身，而是

该动作所表现的熟悉事物。所以,在为4岁以前儿童选择韵律动作时,应以模仿为主。

65. A 【解析】由于幼儿大脑皮质的神经细胞很脆弱——易疲劳,加之易兴奋,抑制过程发育不完善,所以注意力很难持久,需要较长的睡眠时间进行休整。2岁的儿童每天需要睡眠13~14小时。

66. C 【解析】在改进教学方法及合理组织教学内容的条件下,一节课的时间可以比主动注意时间长一些,实验证明幼儿园大班每节课最长以35分钟为宜。

67. B 【解析】中期目标,即幼儿园小、中、大等各年龄班的教育目标。也就是说,在幼儿园教育总目标的指导下,对不同年龄班的幼儿提出不同的要求。题干的描述属于幼儿园教育的中期目标。

68. B 【解析】脂类的生理功能包括:(1)人体组织的重要组成成分;(2)供给机体能量;(3)保护机体组织、器官,维持体温恒定;(4)提供脂溶性维生素,并促进脂溶性维生素的吸收;(5)提供必需脂肪酸。

69. B 【解析】钙是构成人体骨骼和牙齿的重要成分,并在维持神经和肌肉的兴奋性、血液凝固、心动节律方面发挥重要作用。铁是人体内含量最高的微量元素,是合成血红蛋白的原料,参与维持正常造血功能和体内氧的运送。碘是合成甲状腺素的原料。

70. D 【解析】维生素D可从食物中摄取,也可由皮肤合成。人体皮肤中的7-脱氢胆固醇通过紫外线照射后,可转变为维生素D,晒太阳是人体获得充足有效维生素D的最好来源。

二、多项选择题

71. ABCDE 【解析】培养幼儿对小学生活的适应性主要包括:(1)培养幼儿的主动性;(2)培养幼儿的独立性;(3)发展人际交往能力;(4)培养幼儿的规则意识和任务意识;(5)发展动作,增强体质。

72. ABDE 【解析】幼儿观察的发展特点主要表现在:(1)目的性增强;(2)持续性延长;(3)细致性增加;(4)概括性提高;(5)观察方法的形成。

73. ACDE 【解析】幼儿德育的要素主要有道德认识、道德情感、道德意志、道德行为。

74. ABE 【解析】幼儿记忆发展的特点包括:(1)无意记忆占优势,有意记忆逐渐发展;(2)记忆的理解和组织程度逐渐提高;(3)形象记忆占优势,语词记忆逐渐发展;(4)幼儿记忆的意识性和记忆方法逐渐发展。

75. ABCDE 【解析】防止幼儿注意分散的方法有:(1)防止无关刺激的干扰;(2)制定合理的作息制度;(3)培养幼儿良好的注意习惯;(4)灵活地交互运用无意注意和有意注意;(5)提高教学质量。

三、判断题

76. × 【解析】如果教师能按照幼儿的身心特点来讲课,让幼儿发挥主体性,学有兴趣,把教师传授的东西积极地消化、吸收,转化为自己的东西,而不是死记硬背,幼儿这样的学习是主动的、有意义的学习。把"教师讲、幼儿听"笼统地斥为机械灌输的说法是不对的。

77. × 【解析】游戏过程中并不是教师指导的频率越高,幼儿的游戏热情就越高,更不是教师参与幼儿游戏越积极,幼儿游戏发展得就越快。教师要把握关键的瞬间介入游戏,在幼儿需要帮助时做出正确的判断,满足幼儿的发展需要。

78. × 【解析】游戏是学前教育的基本活动。游戏最符合儿童身心发展的特点,是儿童最愿意从事的活动,最能满足儿童的需要,有效地促进儿童发展,具有其他活动所不能替代的教育价值。

79. √ 【解析】科学的适合于幼儿的体育活动是增强幼儿体质最积极、最有效的因素之一。幼儿园体育应以增强幼儿体质为核心。

80. × 【解析】教师要将儿童作为具有独立人格的人来对待,尊重他的思想感情、兴趣、爱好、要求和愿望等。儿童是不同于成人的正在发展中的社会成员,他们享有不同于成人的许多特殊的权利,如生存权、受教育权、受抚养权、发展权等,这反映了人类对儿童在社会中的地位和权利的认可与尊重。因此,不能说尊重幼儿的人格尊严和合法权益就意味着教师要以幼儿的意愿来安排教育活动。

81. × 【解析】保教合一的原则,也称保教结合或保教并重,指对幼儿保育和教育要给予同等的重视,并使两者相互配合。

82. × 【解析】幼小衔接工作的重点应当放在培养幼儿的入学适应性上。教师要针对过渡期幼儿的特点及实际情况,着重培养幼儿适应新环境的各种素质,帮助幼儿顺利完成幼小过渡,而不是把小学的一套简单地下放到幼儿园。

83. × 【解析】幼儿的学习是否有意义,关键是教师能否激发幼儿的主动性,而不在于教给幼儿采用哪种学习方式。

84. × 【解析】尊重幼儿游戏的自主性包括:(1)尊重幼儿游戏的意愿和兴趣;(2)尊重幼儿游戏的氛围和游戏中的想象、探索、表现、创造。

85. × 【解析】多元智能理论所主张的教育评价,旨在通过多种渠道、多种方式对儿童进行评价,

使每个儿童都能通过适合其智能特点和学习方式的途径展现自己的知识和能力，并使他们的优势智能充分展示出来，进而促进儿童的全面发展。

86. √ 【解析】先天与后天相互作用论，其代表性观点是皮亚杰的认知相互作用论，他认为认知结构是语言发展的基础，语言结构随着认知结构的发展而发展，个体的认知结构既不是环境强加的，也不是人脑先天具有的，而是来源于主体和客体之间的相互作用。

87. √ 【解析】后天环境决定论，强调环境和学习对语言获得的决定性影响，这一理论是在美国心理学家华生的行为主义心理学的基础上提出的。

88. × 【解析】《3～6岁儿童学习与发展指南》社会领域社会适应中目标2“遵守基本的行为规范”指出，5～6岁幼儿做了错事敢于承认，不说谎。

89. √ 【解析】感知运动阶段（0～2周岁）是智力的萌芽期，是以后发展的基础。儿童通过不断地和外界交往，动作慢慢地协调起来，并逐渐知道自己的动作及其对外物所引起的效果之间的关系，开始有意识地做某活动。

90. √ 【解析】学前儿童获得词义的过程比获得语音、语法的过程缓慢，严格地说，词义的发展贯穿人的一生。

91. √ 【解析】游戏是学前儿童最喜爱的活动方式，它是学前儿童对成人社会生活的想象和模仿，满足了他们渴望参加成人社会生活的愿望。从某种程度上说，游戏本身就是社会性活动，是学前儿童参与社会生活的独特方式。

92. × 【解析】托幼机构的美术教育活动在内容上包括三个既相对独立又相互联系的领域，即绘画、手工和欣赏。因此，各领域的年龄阶段目标包括绘画教育目标、手工教育目标和欣赏教育目标三个方面。

93. √ 【解析】线条是小班和中班儿童画中最基本的成分，直线和横线是他们普遍运用的，用它画出人、树木、房屋等各种物体。

94. √ 【解析】倾听是儿童感知和理解语言的行为表现。就儿童的语言学习和发展而言，倾听是不可缺少的一种行为能力，良好的倾听行为习惯的养成也是从学前期开始的。

95. × 【解析】学前儿童语言发展水平的评价目标中是否包含了认知、情感、能力等三个方面的内容。

96. × 【解析】在同一年龄阶段的学前儿童中，由于先天气质类型，后天养育环境差异，艺术偏好和才能也呈现出显著的差异。

97. × 【解析】从音乐实践类型的角度可分为：歌唱活动、韵律活动、打击乐器演奏活动、音乐欣赏活动。前三类属于音乐表现活动，第四类属于音乐体验活动。

98. √ 【解析】为学龄前儿童选择的韵律活动音乐结构一般应该是：节奏鲜明；乐句、乐段清晰、单纯、工整；速度适宜。为学龄前儿童选择的韵律活动音乐形象一般应该是：优美动听；性质鲜明；风格多样。

99. × 【解析】为学龄前儿童选择的动作难度：一般情况下，年龄较小的儿童比较适宜先从单纯的、不移动的、上肢的、大肌肉的、分解的、独立平行的动作开始入手。

100. √ 【解析】为4～6岁的幼儿选择歌曲时，除了一般仍然以2拍子和4拍子的歌曲为主以外，可以开始较多地选择3拍子甚至6拍子的歌曲。

101. × 【解析】对唱是指个人与个人、小组与小组之间以问答的方式各自唱歌曲中的问句和答句。轮唱是指两个声部按一定间隔先后开始唱同一首歌曲。

102. × 【解析】在歌词的表现方面，虽然3岁左右儿童的语言发展有了很大的进步，已经能够完整地掌握比较简短的句子或较长歌曲中的相对完整的片段，但是由于这一阶段儿童认知发展方面的局限，他们对歌词含义的理解还存在一定的困难，加之听辨和发音能力还比较弱，所以他们碰到不理解的字词，往往吐字不清。

103. √ 【解析】由于幼儿的年龄特点所限，他们还不能用文字表现和记录他们的探究和发现，绘画和以绘画为主的简单图表是他们表现和记录的主要方式。

104. × 【解析】解决问题应该是数学课程的中心。密切数学与现实世界的联系，使儿童从生活经验和客观事实出发，在研究现实问题的实践活动中学习数学、理解数学、发展数学。

105. × 【解析】湿疹是婴幼儿常见的过敏性皮肤炎症，病因较为复杂，可由小儿的遗传过敏体质引发；也可由致敏食物引起，如鱼、虾、牛羊肉，鸡蛋、牛奶；还可由接触丝织品、人造纤维、外用药物等引起。

第二部分 公共基础理论知识

四、单项选择题

106. D 【解析】习近平总书记在十九大提出：“中国特色社会主义进入了新时代。这个新时代，是承前启后、继往开来、在新的历史条件下继续夺取中国特色社会主义伟大胜利的时代；是

决胜全面建成小康社会、进而全面建设社会主义现代化强国的时代;是全国各族人民团结奋斗、不断创造美好生活、逐步实现全体人民共同富裕的时代;是全体中华儿女勠力同心、奋力实现中华民族伟大复兴中国梦的时代。”D选项中“同步富裕”说法错误,故本题选D项。

107. C 【解析】习近平总书记在2019年春季学期中央党校中青年干部培训班开班式上指出:“新中国成立70周年,是进行‘不忘初心,牢记使命’教育的最好时间节点。”

108. D 【解析】党的十八届三中全会对改革开放成功实践进行了科学总结,大会提出:“坚持改革正确方向,最核心的是在改革中坚持和完善党的领导,坚持和完善中国特色社会主义制度。”故本题选D项。

109. B 【解析】《中共中央关于制定国民经济和社会发展第十三个五年规划的建议》强调,我国仍处于并将长期处于社会主义初级阶段,基本国情和社会主要矛盾没有变,这是谋划发展的基本依据。

110. D 【解析】十九大报告指出:“综合分析国际国内形势和我国发展条件,从二〇二〇年到本世纪中叶可以分两个阶段来安排。第一个阶段,从二〇二〇年到二〇三五年,基本实现社会主义现代化。到那时,我国经济实力、科技实力将大幅跃升,跻身创新型国家前列;人民平等参与、平等发展权利得到充分保障,法治国家、法治政府、法治社会基本建成,各方面制度更加完善,国家治理体系和治理能力现代化基本实现;社会文明程度达到新的高度,国家文化软实力显著增强,中华文化影响更加广泛深入;人民生活更为宽裕,中等收入群体比例明显提高,城乡区域发展差距和居民生活水平差距显著缩小,基本公共服务均等化基本实现,全体人民共同富裕迈出坚实步伐;现代社会治理格局基本形成,社会充满活力又和谐有序;生态环境根本好转,美丽中国目标基本实现。”故本题选D项。A、B、C三项均是第二阶段的任务。D项为第一阶段的任务。

111. B 【解析】中共十六届六中全会通过的《中共中央关于构建社会主义和谐社会若干重大问题的决定》中提出了“社会和谐是中国特色社会主义的本质属性,是国家富强、民族振兴、人民幸福的重要保证”。

112. D 【解析】邓小平在文章《一靠理想二靠纪律才能团结起来》指出:“一个公有制占主体,一个共同富裕,这是我们所必须坚持的社会主义的根本原则。”故本题选D项。

113. B 【解析】2018年8月,习近平总书记在全国宣传思想工作会议上强调,做好新形势下宣传思想工作,必须自觉承担起举旗帜、聚民心、育新人、兴文化、展形象的使命任务。

114. A 【解析】党的十九大报告指出:“建设教育强国是中华民族伟大复兴的基础工程,必须把教育事业放在优先位置,加快教育现代化,办好人民满意的教育。”

115. B 【解析】2016年教育部印发《推进共建“一带一路”教育行动》,并强调“一带一路”教育合作原则为:育人为本,人文先行;政府引导,民间主体;共商共建,开放合作;和谐包容,互利共赢。故B选项说法错误。

116. C 【解析】十九大报告指出,全面依法治国是中国特色社会主义的本质要求和重要保障。

117. A 【解析】《中共中央关于制定国民经济和社会发展第十三个五年规划的建议》强调,法治政府是全面建成小康社会的保障和重要内容。

118. D 【解析】《中华人民共和国宪法》作为我国的根本大法,与普通法律相比,二者规定的内容不同,宪法规定国家生活中最根本、最重要的问题;二者的法律效力不同,宪法具有最高的法律效力;二者制定与修改的程序不同。故ABC三项说法均正确,本题选D项。

119. B 【解析】犯罪预备是为犯罪准备工具、制造条件的行为。成立条件包括:行为人主观上具有犯罪的故意,行为人已经为实施犯罪进行了准备活动。A项中甲自动放弃犯罪,属于犯罪中止;B项中乙尾随并有抢劫的意愿,只不过没有机会付诸行动,符合犯罪预备的条件;C项中丙购买婴儿,已经具备拐卖儿童罪的要素,属于犯罪既遂;D项中丁已经实行犯罪,只不过是犯罪未遂。综上,本题选择B项。

120. B 【解析】《民法总则》第一百二十九条规定,“因紧急避险造成损害的,由引起险情发生的人承担民事责任。如果危险是由自然原因引起的,紧急避险人不承担民事责任或者承担适当的民事责任。因紧急避险采取措施不当或者超过必要的限度,造成不应有的损害的,紧急避险人应当承担适当的民事责任”。故本题选B项。

121. B 【解析】根据《继承法》第十条、第十一条规定,遗产继承第一顺序为配偶、子女、父母,第二顺序为兄弟姐妹、祖父母、外祖父母。继承开始后,由第一顺序继承人继承,第二顺序继承人不继承。被继承人的子女先于被继承人死亡的,由被继承人的子女的晚辈直系血亲代位继承。代位继承人一般只能继承他的父亲

或者母亲有权继承的遗产份额。根据题干，甲父的遗产由甲和弟弟丁继承，因为甲先于父亲去世，所以他的份额由儿子丙继承，即遗产由丙和丁继承，因此答案选B项。

122. B 【解析】根据我国《合同法》相关规定，合同具有相对性，即签订了合同的双方只能够互相向对方主张权利。也就是说，消费者王某只能够向该电商平台主张权利。该电商平台虽然按时发货了，但却未能够履行将货物送到消费者张某手中的义务，属于违约。因此，需要赔偿消费者的损失。A选项符合法律规定。详见《中华人民共和国消费者权益保护法》第三章第二十五条规定。B项中王某购买的桌子为定制商品，符合第二十五条的规定，故不符合七天无理由退货的规定。《中华人民共和国电子商务法》第四章第六十一条规定：消费者在电子商务平台购买商品或者接受服务，与平台内经营者发生争议时，电子商务平台经营者应当积极协助消费者维护合法权益。C项中王某购买的电视机为冒牌货，有权要求平台提供卖方的信息。C选项符合法律规定。《中华人民共和国消费者权益保护法》第六章第四十四条规定：消费者通过网络交易平台购买商品或者接受服务，其合法权益受到损害的，可以向销售者或者服务者要求赔偿。王某因抽油烟机自身缺陷受伤，有权向商品的生产者或销售者请求赔偿。D选项符合法律规定。故答案选B项。

123. C 【解析】《中华人民共和国行政处罚法》第三十三条规定："违法事实确凿并有法定依据，对公民处以五十元以下、对法人或者其他组织处以一千元以下罚款或者警告的行政处罚的，可以当场做出行政处罚决定。"交警孔某对王某处以50元的罚款，该行政处罚决定是可以一人当场做出的，故A选项表述错误。第四十二条第一款规定："行政机关做出责令停产停业、吊销许可证或者执照、较大数额罚款等行政处罚决定之前，应当告知当事人有要求举行听证的权利。"并不是所有的行政处罚种类都可以要求听证，且50元的行政处罚决定数额较小，王某是不能要求听证的。故选项B表述错误。第三十四条第三款规定："执法人员当场做出的行政处罚决定，必须报所属行政机关备案。"故孔某需要将其做出的行政处罚决定报其所属的交警大队备案，选项C表述正确。第三十五条规定："当事人对当场做出的行政处罚决定不服的，可以依法申请行政复议或者提起行政诉讼。"故王某若不服行政处罚，可以申请行政诉讼或者行政复议，没有必须在起诉前提请复议的规定，故选项D表述错误。

124. B 【解析】十九大报告指出，建设现代化经济体系，必须把发展经济的着力点放在实体经济上，把提高供给体系质量作为主攻方向，显著增强我国经济质量优势。

125. D 【解析】2018年，习近平总书记在山东视察时强调指出，扎实推动高质量发展，关键是要按照新发展理念的要求，以供给侧结构性改革为主线，推动经济发展质量变革、效率变革、动力变革。

126. D 【解析】绿色GDP在本世纪初引入我国并被引进科学发展观，所以它最大的目标是实现经济、社会、环境的可持续发展。

127. D 【解析】钉钉子不是一锤就能钉好的，而是要一锤一锤接着敲，直到把钉子钉实钉牢，钉牢一颗再钉下一颗，不断钉下去，必然大有成效。习近平总书记所强调的"发扬钉钉子精神"就是要求领导干部在工作中不折腾、不反复，保持工作的稳定性和连续性，稳扎稳打向前走。即要求领导干部充分发挥主观能动性，逐步推进社会的发展。故本题中D选项最为合适。

128. A 【解析】脱贫的手段各异说明事物的联系具有多样性，"四个一批"措施表明针对不同的贫困状况要分别处理，一切以时间、地点和条件为转移，即说明了事物的联系具有多样性和条件性，A项正确；致贫的原因多样说明不同事物的矛盾不同，B项错误；人民群众是社会历史的主体，打赢脱贫攻坚战离不开人民群众的主体作用，但并非个人主体地位，C项错误；实践具有社会历史性，但实践过程中要遵循客观规律，不能超越历史条件，D项错误。故正确答案为A项。

129. C 【解析】A项说法正确，但题干并未涉及真理以及它与实践的关系；实践决定认识，认识工具是认识的具体化，所以应该是认识工具依赖于人们的实践能力的发展，B项错误；C项正确，实践的发展为人们提供日益完备的认识工具，这些工具延伸了人类的认识器官，反过来促进人类认识的发展，所以人类认识世界的能力随着工具的发展而发展；D项不合题意，题干并未涉及真理问题。故正确答案为C。

130. A 【解析】党的十九大报告宣布我国开启全面建设社会主义现代化国家新征程，即中国特色社会主义进入新时代，A项正确；我国正处在全面建成小康社会的决胜期，并没有完成，B项错误；C项基本实现现代化是2035年目标；D项

成为社会主义现代化强国是第二个一百年目标。故本题选A项。

131. C 【解析】朱自清在见过荷塘之后才写出文章,这表明意识是物质的反映,C选项正确;A项说法正确但与题意无关;B项和D项说法错误。

132. D 【解析】集体主义是主张个人从属于社会,个人利益应当服从集团、民族和国家利益的一种思想理论,是一种精神,最高标准是一切言论和行动符合人民群众的集体利益。集体主义作为一种道德原则,集体的利益与个人利益发生矛盾时,个人利益应服从社会、集体的利益。故AB项表述正确;坚持集体主义原则,与承认正当的个人利益是一致的,集体主义首先要求人们要为社会集体利益的发展作出自己的贡献,集体主义原则尊重劳动者正当的个人利益,尊重劳动者个人才能的充分发挥。故C项表述正确;集体的利益与个人利益发生矛盾时,个人利益应服从社会、集体的利益,D表述过于绝对,故本题答案为D项。

133. A 【解析】略。

134. A 【解析】职业道德的基本规范包括爱岗敬业、诚实守信、办事公道、服务群众、奉献社会五个方面。其中,爱岗敬业是对各行各业工作人员最普遍、最基本的要求,是做好本职工作的重要前提和可靠保障。

135. C 【解析】履行公共管理职能的组织是以政府为核心的公共部门,自十八大以来,政府部门致力于"放管服"改革,即简政放权、放管结合、优化服务。归根结底是要提高政府效能和管理水平。

136. B 【解析】A项错误,政治职能是指政府为维护国家统治阶级的利益,对外保护国家安全,对内维持社会秩序的职能。B项社会公共服务职能是指除政治、经济、文化职能以外政府必须承担的其他职能,这类事务一般具有社会公共性,无法完全由市场解决,应当由政府从全社会的角度加以引导、调节和管理,题干中强调教育的公益性和教育公平,属于社会服务职能,说法正确。C项错误,经济职能是指政府为促进国家经济的发展,对社会经济生活进行管理的职能。其主要有宏观调控的职能、提供公共产品和服务的职能、市场监管的职能。D项金融职能是错误的。

137. A 【解析】公文语言要求准确、简明、朴实、庄重。其中,准确是公文语言基本特点和第一要求。

138. B 【解析】公文有如下特点:第一,公文的制作者是依法成立的组织;第二,公文具有特定效力,用于处理公务,公文具有行政机关赋予的特定的效能和影响力;第三,公文具有规范的结构和格式,各种类型的公文都有明确规定的格式。

139. C 【解析】略。

140. B 【解析】珠穆朗玛峰是喜马拉雅山脉的主峰,同时是世界海拔最高的山峰,位于中国与尼泊尔边境线上。

141. D 【解析】定滑轮的实质是等臂杠杆,使用它不能省力,A选项说法不正确;一般情况下使用动滑轮能省一半的力,但是如果动滑轮的重力大于物体的重力,则使用它反而费力,B选项说法不正确;使用滑轮组可以省力,但不能省距离,所以C项错误D项正确。

142. B 【解析】雷达生命探测仪是一种综合了微功率超宽带雷达技术与生物医学工程技术研制而成的高科技救生设备。它的工作原理是基于人体运动在雷达回波上产生的时域多普勒效应来进行分析判断废墟内有无生命体存在以及生命体的具体位置信息。仅仅对运动的肢体、心肺等活动目标进行检测显示,从而实现救援的目的。故本题答案为B项。

143. C 【解析】颗粒物对人体的危害表现包括:(1)颗粒物对呼吸系统的影响:对呼吸道的刺激和腐蚀作用,呼吸道防御功能受到损害,发生支气管炎、肺气肿和支气管哮喘等呼吸道疾病;(2)颗粒物对心血管系统的影响:心律不齐,诱发血栓;(3)颗粒物的致癌作用:致突变性;(4)颗粒物对人群死亡率的影响:人群死亡率升高。颗粒物不会导致体内蛋白质和酶代谢发生紊乱,C项错误。

144. C 【解析】"茕茕孑立,形影相吊"意为孤身一人,只有和自己的身影相互慰问。形容无依无靠,非常孤单。出自晋李密《陈情表》:"外无期功强近之亲,内无应门五尺之僮,茕茕孑立,形影相吊。"

145. D 【解析】略。

2019年广东省广州市越秀区教师招聘考试学前教育真题试卷(七)

一、单项选择题

1. B 【解析】学前教育的要素主要包括学前儿童、教师、教育内容及教育环境。

2. C 【解析】家庭是儿童成长最自然的生态环境,家庭是人的第一所学校,家长是学前儿童第一任教师,家长更是重要的教育力量。

3. D 【解析】在教育活动的组织与实施中，通过情境创设导入（环境创设导入）到活动主题之中的方法和策略在幼儿园经常可见。通过情境导入的方式可以较快、较顺利地将儿童引入到主题之中，避免了儿童因为对活动形式的厌倦而导致对活动内容和探索问题的厌倦。

4. B 【解析】归类记忆法即把许多同类的事物归为一类，将记忆材料整理成有适当次序的材料系统。在教学中教师应经常启发和引导幼儿对材料进行归类记忆进而使幼儿逐步掌握这种策略。形词结合法指幼儿在记忆语词材料时应紧密结合词所代表的形象，在记忆形象时应用语词帮助理解的记忆策略。实验表明，要求幼儿在识记图片时，叫出图片中物体的名称，记忆效果比不叫出名称时有所提高。线索记忆法是指幼儿在记材料时，教幼儿快速找出材料的内在线索来帮助识记和回忆的策略。协同记忆法即记忆时让多种感觉器官参与活动，在大脑皮层上建立多方面的暂时神经联系。题干中李老师运用了形词结合法来培养幼儿的识记能力。

5. B 【解析】本题考查幼儿教师劳动的特点。幼儿教师劳动的复杂性主要体现两个方面：其一，幼儿教育任务的全面性。幼儿教师不仅要照顾好幼儿的日常生活；还要对幼儿进行教育工作，教给幼儿初步的知识和技能，发展他们的智力，同时培养他们良好的道德行为和习惯，贯彻保教结合的原则，促进幼儿在体、智、德、美诸方面全面和谐的发展。其二，劳动对象的差异性。幼儿是来自不同的家庭，具有不同特点的活生生的儿童。他们有着不同的兴趣、爱好，不同的能力和性格，不同的行为和习惯。幼儿教师既要在同一时空条件下面向全体幼儿实施统一的保育教育活动，又要根据每个幼儿的实际情况因材施教。题干的描述主要体现了幼儿教育任务的全面性。

6. C 【解析】3岁以前是幼儿学习口头语言的重要阶段，乳牙的正常萌出、不过早缺失，有助于正常发音和幼儿口齿伶俐。营养和阳光、适宜的刺激、避免外伤、漱口和刷牙有利于乳牙的健康。

7. B 【解析】本题考查营养和饮食卫生教育。进餐行为要求之一为要培养幼儿各种有利于消化吸收的进食行为。例如：餐前餐后不做剧烈运动，吃饭定时定量；每一口饭菜适量便于咀嚼，细嚼慢咽；不吃汤泡饭，不边吃边玩或说笑哭泣；少吃零食，饭前和临睡前不吃零食，冷饮凉食适量。

8. C 【解析】《幼儿园工作规程》第十八条规定，幼儿园应当制定合理的幼儿一日生活作息制度。正餐间隔时间为3.5～4小时。

9. C 【解析】本题考查幼儿安全教育的内容。防火的知识包括：(1)要教育幼儿不玩火，不靠近火源，着火了赶快告诉成人。(2)有简单的防火知识，知道火警电话是119。(3)知道水、土、沙子都能灭火。(4)见到点着的烟头和小火苗时要踩灭它。

10. B 【解析】题干违背了幼儿社会性教育的一致性原则。一致性原则主要包括：(1)教师自身态度的一致性；(2)幼儿园园内教师间的一致性；(3)家园一致性。

11. D 【解析】个别对待原则是指根据幼儿体质能力、健康状况及对刺激的反应要区别对待。题干描述的是个别对待原则。

12. B 【解析】场独立型的孩子对客观事物的判断常以自己的内部线索（经验、价值观）为依据，不易受到周围环境因素的影响和干扰，倾向于对事物的独立判断；行为常是非社会定向的，社会敏感性差，不善于社交，关心抽象的概念和理论，喜欢独处。

13. B 【解析】斯金纳的行为主义最主要的特征是操作性条件作用理论。

14. C 【解析】榜样示范法是指在学前社会教育中，教师用他人的好思想、好行动和英雄事迹去影响和教育儿童，形成良好社会品质的方法。

15. B 【解析】有意说谎是一种出于故意，给别人或自己造成伤害的不真实的话。学前儿童家长的说谎行为，常是造成学前儿童说谎的直接原因。教师对幼儿说的话不兑现，也往往被儿童视为“骗人”。针对有意说谎的对策：(1)教育儿童，诚实是一种美德；(2)营造一种宽容的气氛；(3)成人言传身教。大人不弄虚作假，坦诚，为儿童树立榜样。

16. A 【解析】精细动作是指小肌肉动作，如吃、穿、画画、剪纸、玩积木、翻书、穿珠子等。用手指拾起豆子属于小肌肉动作。粗大的动作是指活动幅度较大的动作，也是大肌肉群的动作，包括抬头、翻身、坐、爬、走、跑、跳、踢、走平衡木等。

17. A 【解析】编排成套的学前儿童体操的程序是：上肢或四肢伸展的动作→扩胸、转体的动作→腹背的动作→下肢及全身的动作→放松、整理的动作。其动作的速度应该由慢到快，再由快到慢。整套动作的活动量也应由小到大，再由大到小。

18. C 【解析】感知练习法是指通过视觉——看一看、算一算，通过听觉——听一听、算一算，通过触摸觉——摸一摸、算一算。题干中教师让幼儿看图片进行计算是感知练习法。

19. C 【解析】题干的表述体现了儿童还不能从事物的具体特征中摆脱出来，从而抽象出数量特

征，这种由事物的具体特征而带来的干扰，将随着他们对数学知识的抽象性质的理解而逐渐减少。

20. D 【解析】提问的评价功能：对提问的评价功能，教师们从认识和使用上还是比较充分的。(1)了解学生学习成就，分析其弱点。(2)搜集评价材料，检查教学目标达成的程度。题干中教师的提问了解了学生的学习成就，了解了晨晨不知道小鸡的嘴巴长成什么样子的弱点。

21. B 【解析】渗透性原则是指在教育活动设计中将各种不同领域的内容、各种不同的学习形式与方法加以有机地融合，将其作为一个互相联系而不可分割的完整体系来对待。

22. C 【解析】适合幼儿欣赏的绘画作品，特别是大师的经典作品，是学前儿童美术欣赏教育活动可以选择的主要内容。这一方面是因为，绘画是美术门类中最主要的一种形式，其应用最为广泛，因此选择的可能性和实现性也最大。另一方面是因为，绘画是学前儿童最为熟悉的一种美术样式，也是他们最为喜爱的一种美术活动形式。

23. A 【解析】题干描述的孩子在艺术创造中不但运用了他的全部心理能力，而且他连续地从一个心理过程过渡到另一个心理过程，期间，这种能力相互衔接、支持。每种能力都因与其相连的其他能力的运用而得到加强，形成一个能动的心理结构和积极的行为方式。

24. C 【解析】投射法是一种间接地探察儿童心理的方法，主要用于测量儿童社会交往状况和性别意识的发展。学前儿童社会性观察最常见的投射法是画人测验，画人测验可用于测量儿童社会性发展水平。

25. B 【解析】教给幼儿早期阅读的方法和技能主要包括：(1)观察理解的技能。(2)概括的技能。概括技能是幼儿在阅读完一本书后，能讲出图书的主要意思。幼儿在阅读时，需要对照前后画面的变化，寻找出二者的共同点、不同点和衔接点，并在理解的基础上对图书的主要内容形成一个总的、概括性的印象，以口头表达的形式表现出来。(3)预期的技能。成为流畅阅读者的策略预备能力主要包括反思、预期、质疑、假设。题干的表述说明小明具备了良好的概括技能。

26. B 【解析】教师应从以下几个方面科学、合理地安排语言教育教学内容：(1)按照幼儿的年龄特征循序渐进；(2)体现幼儿原有生活经验的内在联系；(3)根据语言教育目标有序地安排教学内容；(4)遵循幼儿本身的发展和语言能力的发展规律。题干的描述表明宋老师在安排语言教育教学内容时考虑了幼儿的年龄特征。

27. A 【解析】组织进行情境讲述活动的准备：(1)选择内容，组织排练；(2)准备道具，布置场景；(3)设计活动计划及提问。选择内容也即确定主题。

28. B 【解析】整体教唱法教唱新歌，可以保全整首歌曲的意义、情绪、形象的完整性，在学唱的过程中较容易引起幼儿相应的情感体验。又因为是整首歌曲的跟唱，幼儿必须自己动脑筋去记忆、去想，这一句唱完了，下一句是什么？这样就使幼儿的记忆、思维、想象等心理活动始终处于积极的状态，从而使幼儿能够以主动的态度去学唱歌。但由于是整首歌曲的跟唱，而不像分句教唱法那样一句一句地学唱，歌曲旋律、节奏上的一些难点就有可能得不到解决，幼儿对于歌曲细节的把握也可能较为粗糙。B项属于分句教唱法的优点。

29. D 【解析】音乐审美能力包括幼儿对音乐美的感受、表达和创造这三个方面的内容。

30. B 【解析】为歌曲增编新的歌词可以在歌词的替换中帮助幼儿更好地熟悉旋律、掌握音准。

二、多项选择题

31. ABC 【解析】照顾好幼儿的睡眠需要做到：(1)睡眠的环境应保持安静和空气清新、温度适宜；(2)提醒幼儿睡前如厕，教会幼儿自己穿脱衣服；(3)教育幼儿不要蒙头睡；(4)睡眠的姿势也应注意；(5)幼儿在睡眠过程中，工作人员要经常巡视。对于入睡困难的幼儿，可以让他将家里陪睡的小被子或毛绒玩具等带来陪着自己入睡，但是不能在床上玩耍。床铺不应有杂物，特别是一些有可能伤害幼儿的物品，如别针、发夹等。

32. BCD 【解析】家园合作的个别方式包括家庭访问、个别谈话、家园联系册或联系卡、书信、电话、网络等、接送孩子时的随机交流。

33. ABCD 【解析】幼儿学习迁移的促进主要包括：(1)关注情感因素对幼儿学习迁移的影响；(2)幼儿学习迁移离不开具体事物的支持；(3)丰富幼儿的日常生活，使其在学习中发生迁移；(4)提高幼儿的分析与概括能力。

34. BC 【解析】针对分离焦虑，父母可以采取的有效措施包括：(1)事先为分离做好准备，事先告诉孩子你将离开他的时间，不要突然或偷偷离开。(2)告诉孩子你回来后会和他做些什么，这可以使幼儿产生美好的期待，可以减轻分离焦虑。(3)每次离家和回家要有一定的程序。(4)平时练习一些减少焦虑的活动。(5)增加孩子对老

师的信任。

35. ABCD 【解析】《幼儿园教师专业标准(试行)》指出,幼儿教师要拥有良好的个人修养与行为,具体包括:(1)富有爱心、责任心、耐心和细心;(2)乐观向上、热情开朗,有亲和力;(3)善于自我调节情绪,保持平和心态;(4)勤于学习,不断进取;(5)衣着整洁得体,语言规范健康,举止文明礼貌。

36. ABC 【解析】能引起幼儿学习数学兴趣的主要因素有以下几点:(1)适合幼儿知识和积极思维智能水平的学习内容;(2)能引起幼儿积极思维的活动形式和教学方法;(3)多种多样的直观教具和新颖的教学形式;(4)良好、平等、和谐的师生关系和教师对幼儿的合理期望。

37. ABD 【解析】自然角是一种重要而特殊的幼儿学科学的场所。它具有以下特点:(1)自然角能为幼儿园增添自然美;(2)自然角能使幼儿萌发探索的欲望;(3)自然角能增强幼儿对周围事物的责任感;(4)让幼儿做自然角的日常管理的主人。鼓励他们把自己家里的好东西带到幼儿园的自然角,让他们轮流照料和看管自然角的物品,这样不仅可以培养幼儿的良好习惯,还能加深幼儿对自然角的兴趣和责任感。

38. ABC 【解析】造型对于美术创作是必不可少的,是创作的基础。造型能力也是实现创作的关键能力。教师可在学前儿童的创作过程中对他们进行如下指导:(1)引导学前儿童观察、理解物体的形体结构;(2)引导幼儿再现;(3)通过系列活动掌握物体的造型。

39. ACD 【解析】为了更好地培养幼儿的语言运用能力,教师可以做的有:(1)创设宽松的支持性语言环境,教师要理解、关心、尊重、接纳每一位幼儿表达的愿望和诉求。(2)面向全体幼儿,注意个体差异。(3)各领域要积极配合,共同提高幼儿的语言运用能力。

40. ABD 【解析】儿童游戏具有假想成分,是在假想的情景中反映社会生活,是虚构和现实统一的活动(虚构性和社会性)。题干中的儿童用橡皮当作药物、玩开轮船的游戏、用方形小木块搭建高楼大厦都体现了儿童在游戏中想象与现实相结合。

三、判断题

41. √ 【解析】幼儿园课程以幼儿的直接经验为基础,让幼儿以获得直接经验为主。这是因为,幼儿主要是通过感官来认识环境中的事物,即用眼睛看到物体的外形,耳朵听到声音,舌头尝到味道,鼻子嗅到气味,皮肤感到温度和质地等。因此,幼儿只有通过感官确切地接触到事物,并操作它们,才会比较容易地真正达到理解。

42. × 【解析】班级生活常规是幼儿教师和保育员所要掌握的,是幼儿所要达成的学习目标。为了使幼儿能够形成良好的生活习惯,有必要使幼儿在自然状态下遵守一日生活规范,但这些行为规范不能强制执行,而应该通过诱导使幼儿在自然状态下自觉地遵守,从而形成良好的生活习惯。

43. √ 【解析】教师在组织活动中要做到教态自然、姿势优雅、有亲和力,尽量采用适宜的身体语言动作,如微笑、点头、注视、肯定性手势等表示对婴幼儿的关心、接纳、爱抚、鼓励,使每一个婴幼儿在愉悦的环境中受到尊重与鼓励。

44. √ 【解析】所有的竞争行为都可能导致攻击,因为在竞争的情境中,不能满足其期望目标的幼儿会受到暂时的挫折,这种挫折会导致攻击。成人和教育者要对幼儿进行及时的疏导与指点。

45. √ 【解析】《幼儿园管理条例》第二十八条规定,违反本条例,具有下列情形之一的单位或者个人,由教育行政部门对直接责任人员给予警告、罚款的行政处罚,或者由教育行政部门建议有关部门对责任人员给予行政处分:(一)体罚或变相体罚幼儿的;(二)使用有毒、有害物质制作教具、玩具的;(三)克扣、挪用幼儿园经费的;(四)侵占、破坏幼儿园园舍、设备的;(五)干扰幼儿园正常工作秩序的;(六)在幼儿园周围设置有危险、有污染或者影响幼儿园采光的建设和设施的。前款所列情形,情节严重,构成犯罪的,由司法机关依法追究刑事责任。

46. × 【解析】游戏活动和教学活动的不可替代性,正是它们能相互补充、相得益彰的前提。在幼儿园教育活动设计和编制中,实现游戏活动和教学活动的结合,不论是设计的教育活动,还是创设的游戏/教学环境,都能够反映教师为幼儿学习而设计的计划,同时,也能反映幼儿的需要和兴趣。因此,需要将游戏和教学进行最优化的结合,使幼儿园课程变得更为完善,从而从根本上改变"放羊式"的或者"灌输式"的教育。

47. × 【解析】小班绘画的基本要求是培养学前儿童认识和逐步学会使用绘画的工具和材料(如彩色铅笔、蜡笔、油画棒等),培养他们正确的绘画姿势,比如手眼保持一定的距离,握笔自然。

48. × 【解析】幼儿园有计划、有组织地开展早期阅读,可以帮助幼儿学习获得前识字经验,提高幼儿对文字的敏感性。值得特别注意的是,我

们反对在幼儿园里专门集中地、大量地、快速地让幼儿识字。在各年龄班早期阅读活动中，前识字的活动提供有关文字信息，但是绝不应当要求幼儿机械记忆和认读那些文字，尤其给幼儿规定一定的识字量。

49. × 【解析】培养幼儿歌唱活动中的节奏感时，身体动作的参与是帮助幼儿感知、表现节奏的最直接手段。

50. × 【解析】艾里康宁认为，角色游戏是学前儿童的典型游戏，研究儿童的游戏应当以角色游戏为主要对象。

四、论述题（答案要点）

51. 试述教师与幼儿交往应遵循的原则。

(1)教师与幼儿是相互信赖、相互尊重、平等的关系。教师把幼儿当成平等的独立的个体，热爱并尊重每一个幼儿，可以在日常生活中使用一些教育艺术，例如，用微笑、爱抚和拥他入怀来表示赞许和喜爱。

(2)教师要最大限度地理解、宽容、善待幼儿。教师的每一个微笑，每一个眼神，每一个表情都会影响到幼儿。作为一名幼儿教师需要做到的是了解每一个孩子，并对孩子给予不同程度的理解、宽容。

(3)教师面对幼儿要坦白诚实。教师不是完人，即便是面对幼小的孩子，也难免有过错。我们会用“诚实的列宁”这个故事教育幼儿，那如果自己说错了什么，做错了什么呢？很简单，坦白地告诉幼儿，并真诚地向幼儿道歉。幼儿能体会到：其实向别人坦白自己的错误是一种能使心情放松的事。

(4)教师对幼儿应一视同仁，因人施教。教师首先要接纳每一个孩子，喜爱他们、关心他们，并能针对幼儿的差异，施加有益的、有差别的影响。因人施教还表现在尊重幼儿发展的个体差异。既要准确把握幼儿发展的阶段性特征，又要充分尊重幼儿发展的连续性进程上的个别差异，支持和引导每个幼儿从原有水平向更高水平发展。

(5)教师应做到以身作则，为人师表。作为幼儿教师必须在情感、态度、能力、知识、技能等方面成为幼儿的表率。只有这样，才能发挥幼儿教师本身的教育价值，直接影响幼儿的发展，从而形成健康向上的师幼关系。

五、案例分析题（答案要点）

52. (1)3～6、7岁儿童的思维，以具体形象思维为主，所谓具体形象思维是指儿童依靠事物在头脑中的具体形象进行的思维，即依靠具体事物的表象以及对具体形象的联想而进行的思维。思维的具体形象性是在直观行动性的基础上形成和发展起来的。具体形象思维是学前儿童思维的典型方式。案例中翟女士的女儿五岁半，还处于具体形象思维阶段，给孩子报奥数班的行为违背了幼儿的思维发展特点。

(2)6、7岁以后，儿童的思维开始进入逻辑思维阶段。抽象逻辑思维反映事物的本质特征，是指运用概念、根据事物的逻辑关系来进行的思维。它是靠语言进行的思维，是人类所特有的思维。幼儿阶段只有抽象逻辑思维的萌芽。案例中“贾女士说，跟女儿同班的一个孩子对三位数加减法已经很熟练了，而自己的女儿两位数加减法还比较困难”，6、7岁以后儿童才开始进入逻辑思维阶段，让儿童过早的学习二位数和三位数的加减法，不利于幼儿的思维发展。

六、活动设计题（参考答案）

53. **认识国歌、国旗和国徽（中班·社会）**

（一）活动目标

(1)认识国旗，知道升国旗、奏国歌时，应肃立、行注目礼；

(2)培养幼儿对祖国的情感。

（二）活动准备

(1)中国国旗一面、其他国家的国旗若干。

(2)国歌磁带、录音机。

(3)欣赏歌曲“国旗，国旗，多美丽”。

(4)故事《岳母刺字》以及图片一张。

（三）活动过程

1. 导入活动

出示各国国旗，让幼儿找出中国的国旗，引出活动主题。

2. 关键步骤

(1)认识五星红旗。

提问：五星红旗的旗面是什么颜色的？（红色）旗面上有什么图案？（有五角星）五角星是什么颜色？有几颗大五角星？几颗小五角星？

讨论：为什么要有国旗？国旗代表什么？知道五星红旗是我们国家的国旗，它代表中华人民共和国。

提问：你有没有看到过升旗仪式？（看到过，奥运会上运动员得奖牌时就有升旗的；还有小学的哥哥姐姐们早上在学校也有升国旗仪式）你在什么地方见过国旗？（在电视上面，在小学里面……）说一说国旗是怎样升起的？（由护旗队护旗，由升旗手升旗，其他人行注目礼）

(2)参加园内升旗活动，知道升国旗时要立正、严肃，并要向国旗行注目礼。

(3)参加完升旗仪式后提问。

在升旗时，大家是怎样行礼的？站立端正、不

讲话、行注目礼。

你们知道少先队员、军人是怎样行礼的吗?(行少先队礼和行军礼)

(4)学习歌曲《国旗,国旗,多美丽》。

3.故事欣赏

教师讲述历史典故《岳母刺字》。通过故事的讲述,使幼儿知道岳母和岳飞"精忠报国"的感人故事,从而激发幼儿的爱国热情。

(四)活动延伸

(1)认识国徽的活动。

(2)观看影片片段,欣赏国歌。

(3)游戏:国旗连连看。

(4)制作国旗:用皱纹纸折成花朵,在幼儿园举行的升旗活动中,将自己亲自制作的礼物献给幼儿园。

2019年福建省教师招聘考试幼儿教育真题试卷(八)

一、单项选择题

1. A 【解析】幼儿园的教育内容是全面的、启蒙性的。依据幼儿的理解和接受能力选择内容,体现了教育内容的启蒙性。

2. B 【解析】引导幼儿一起探究是老师最佳的做法,有利于促进幼儿的探索活动。

3. D 【解析】《幼儿园教育指导纲要(试行)》社会领域的目标是:(1)能主动地参与各项活动,有自信心;(2)乐意与人交往,学习互助、合作和分享,有同情心;(3)理解并遵守日常生活中基本的社会行为规则;(4)能努力做好力所能及的事,不怕困难,有初步的责任感;(5)爱父母长辈、老师和同伴,爱集体、爱家乡、爱祖国。

4. A 【解析】《幼儿园教育指导纲要(试行)》第三部分第八条指出,环境是重要的教育资源,应通过环境的创设和利用,有效地促进幼儿的发展。(一)幼儿园的空间、设施、活动材料和常规要求等应有利于引发、支持幼儿的游戏和各种探索活动,有利于引发、支持幼儿与周围环境之间积极的相互作用;(二)幼儿同伴群体及幼儿园教师集体是宝贵的教育资源,应充分发挥这一资源的作用;(三)教师的态度和管理方式应有助于形成安全、温馨的心理环境,言行举止应成为幼儿学习的良好榜样;(四)家庭是幼儿园重要的合作伙伴,应本着尊重、平等、合作的原则,争取家长的理解、支持和主动参与,并积极支持、帮助家长提高教育能力;(五)充分利用自然环境和社区的教育资源,扩展幼儿生活和学习的空间,幼儿园同时应为社区的早期教育提供服务。

5. D 【解析】《3~6岁儿童学习与发展指南》语言领域阅读与书写准备中目标2指出,5~6岁幼儿能说出所阅读的幼儿文学作品的主要内容。

6. C 【解析】《3~6岁儿童学习与发展指南》科学领域科学探究中目标2指出,4~5岁幼儿能对事物或现象进行观察比较,发现其相同与不同。

7. B 【解析】《3~6岁儿童学习与发展指南》科学领域科学探究中目标2——具有初步的探究能力指出,4~5岁幼儿能通过简单的调查收集信息。

8. C 【解析】《幼儿园教师专业标准(试行)》指出,教师应有效运用观察、谈话、家园联系、作品分析等多种方法,客观地、全面地了解和评价幼儿。

9. D 【解析】《中共福建省委福建省人民政府关于全面深化新时代教师队伍建设改革的实施意见》第十九条提出,分区域逐步将幼儿园教师学历提升至专科以上层次,做到专科与本科并重;小学教师学历提升至师范专业专科和非师范专业本科;初中教师学历提升至本科;普通高中教师学历提升至研究生。

10. B 【解析】《中共中央国务院关于全面深化新时代教师队伍建设改革的意见》第十一条提出,创新幼儿园教师培训模式,依托高等学校和优质幼儿园,重点采取集中培训与跟岗实践相结合的方式培训幼儿园教师。

11. B 【解析】由于神经系统功能发育不完善,小儿喉部的保护性反射机能尚不完善,吃食物时说笑,容易将未嚼碎的食物呛入呼吸道。

12. D 【解析】幼儿大脑皮质活动过程的特点是兴奋过程强于抑制过程,即兴奋占优势。表现为容易激动,控制自己的能力较差。如让孩子做什么事情,他很乐意接受;但让他别做什么事情,就很困难,因为"别做"是一种抑制过程。

13. A 【解析】产生异食癖的原因可能是微量元素缺乏,如缺锌、缺铁等,也可能源于家长对孩子缺乏科学饮食习惯的指导,还有可能是孩子为引起父母的关注,用异食行为吸引他们的眼球。

14. A 【解析】2016年《中国学龄前儿童膳食指南》指出,学龄前儿童每天饮水600~800mL,以白开水为主,少量多次饮用。

15. B 【解析】幼儿患急性肾炎的主要表现是浮肿、血尿、高血压。血尿是指尿呈浓茶色、洗肉水样或棕色。

16. D 【解析】维生素B_1缺乏常引起"脚气病",表现为乏力、肢体麻木、水肿、感觉迟钝等。幼儿膳食应注意粗细搭配,每天吃豆类及其制品,以获取维生素B_1。

17. B 【解析】佝偻病的症状:当维生素D缺乏到一

定程度时，小儿会出现一系列神经精神症状，如多汗、夜惊、烦躁、睡眠不安。多汗一般与室温、季节无关，由于头部汗水的刺激，小儿经常摇头擦枕，致使枕部秃发。

18. C 【解析】纠正咬指甲癖的关键在于消除儿童的紧张心理，而劝诫、惩罚、涂苦药或辣物等均不能取得良好效果。成人应为儿童创设良好的生活环境，适当安排儿童进行体育活动，使儿童心情愉快，注意力得到转移。同时应调动儿童的积极性进行自我矫正。

19. A 【解析】家园同步即指争取让家长在节假日也安排好儿童的一日生活，保持良好的卫生习惯，饮食、起居要有规律。许多孩子因节假日贪食，玩得过累，周一时发烧、消化不良、感冒，这种现象称为“星期一病”。

20. D 【解析】煮沸法是简便可靠的消毒方法。被消毒的物品必须全部浸入水中。一般致病菌在煮沸1～2分钟后即可灭活。甲型或乙型肝炎病毒，煮沸15～30分钟方能灭活。

21. B 【解析】在整个学前阶段，图画书都是幼儿阅读的主要材料。

22. D 【解析】在辩论的时候用到很多小方法。有的小朋友说“如果晴天的话就……”“如果雨天的话就……”，这一种方法，叫作假设。有的小朋友说“晴天的时候可以出去玩，雨天的时候不能出去玩”，这种方法叫作对比。

23. C 【解析】教育内容生成性是指科学教育内容超越事先的计划性，在即时的情境、突发事件及幼儿活动提出的问题过程中，根据幼儿的需要、兴趣临时安排。

24. A 【解析】重叠比较是指把一个物体(组)重叠在另一个物体(组)上面，形成两个物体(组的元素)之间一对一对应形式，进行量或数的比较。

25. D 【解析】层级分类是指按物体的某种特征，多级次地将物体连续分类。例如，一盘纽扣，幼儿先按大小将其分成两类，接着按颜色的不同将已分成的两类继续分类，最后再按纽扣的形状和纽扣洞眼的多少继续进行分类。

26. D 【解析】相邻数的学习是掌握自然数列的基础和关键，也可以看作数的组成教学的初步。10以内相邻数的教学一般安排在大班进行。

27. C 【解析】按群计数就是计数时不以单个物体为单位，而是以数群(物体群)为单位。例如，以2为单位计数就是2、4、6、8……

28. D 【解析】作品分析法是根据学前儿童的各种作品(图画、泥塑、所编故事、儿歌等)分析学前儿童科学素养发展水平的一种方法。例如，要求幼儿观察小蝌蚪的生长变化并做观察记录，教师以此分析幼儿观察的细致性、准确性、系统性，同时了解幼儿坚持性、独立性等品质的发展情况。

29. A 【解析】本题考查亲社会行为的发展内容。分享也是亲社会行为的一种表现，是指个人拿出自己拥有的物品让他人共享，从而使他人受益的行为。题干描述的是分享行为。

30. C 【解析】一致性原则是指在幼儿社会教育过程中，教师应有目的、有计划地对来自各方面的教育影响加以组织和调节，使其互相配合、协调一致，使幼儿社会性按教育目标健康发展。

31. A 【解析】多元文化的教育目标之一：初步了解祖国传统的民俗节日、人文景观、少数民族和文化精品等，对祖国的传统文化感兴趣。题干中，“民族服装大展览”说明了民族服饰的多元化，应属于多元文化的教育内容。

32. A 【解析】环境熏陶法是指利用环境条件、生活氛围和教师本身的言行举止，对幼儿进行积极感化、熏陶，潜移默化地影响幼儿社会态度和行为的方法。

33. D 【解析】描述性游戏主要是以训练用简单、生动、形象的语言描述事物的特征，发展连贯性语言为目的的游戏。

34. C 【解析】小班阶段意愿画侧重于培养幼儿良好绘画姿势和绘画兴趣，强调幼儿在意愿画中抒发情感、宣泄情绪，使幼儿得到心理的满足和愉悦。

35. B 【解析】幼儿绘画能力概括性地分为以下几个阶段：涂鸦期(1.5～3岁)；象征期(3～5岁)；图式期(5～8岁)。

二、判断题

36. √ 【解析】《幼儿园教师专业标准(试行)》指出，尊重幼儿权益，以幼儿为主体，充分调动和发挥幼儿的主动性；遵循幼儿身心发展特点和保教活动规律，提供适合的教育，保障幼儿快乐健康成长。

37. × 【解析】《3～6岁儿童学习与发展指南》与《幼儿园教育指导纲要(试行)》的主要内容都是通过健康、社会、语言、科学、艺术等五个领域来展开的，且二者各领域的目标均以幼儿为主语来表述，其指向与内容也基本保持一致。不同的是《3～6岁儿童学习与发展指南》目标部分增加了各年龄阶段表现的具体描述。《幼儿园教育指导纲要(试行)》是对幼儿园教育的全面指导与规范，其对幼儿园教育的一系列指导原则都是《3～6岁儿童学习与发展指南》根本没有涉及的。因此，不能简单地说《3～6岁儿童学习与发展指南》就是《幼儿园教育指导纲要(试行)》的

具体化。

38. √ 【解析】详见《3～6岁儿童学习与发展指南》社会领域社会适应中目标3的教育建议内容。

39. √ 【解析】《3～6岁儿童学习与发展指南》艺术领域指出，艺术是人类感受美、表现美和创造美的重要形式，也是表达自己对周围世界的认识和情绪态度的独特方式。

40. × 【解析】在幼儿园的区域活动中，投放材料要注意安全，给儿童提供木工工具要事先讲解钉子和锤子的用法以避免儿童的伤害，在投放如钉子、锤子、剪刀和锯子等容易引发危险的材料时，教师应强调安全使用方法，并在活动过程中不断渗透。

41. √ 【解析】儿童科学教育的目的是对儿童进行科学素质的早期培养。

42. √ 【解析】《中国学龄前儿童膳食指南》内容包括"食物多样，谷类为主；多吃新鲜蔬菜和水果；经常吃适量的鱼、禽、蛋、瘦肉；食量与体力活动要平衡，保证正常体重增长"等。

43. × 【解析】根据儿童生理需求，制订膳食计划，根据膳食计划制订食谱，每周更换食谱。

44. × 【解析】幼儿形成足弓以后，因为肌肉、韧带还不结实，若运动量不合适，就容易形成平足。运动量过大，比如长时间站立、行走或负重，会使脚底肌肉过于疲劳而松弛；运动量太小，经常不运动，脚底的肌肉、韧带得不到锻炼，也不会结实。

45. √ 【解析】《中国学龄前儿童膳食指南》指出，学龄前儿童每天应进行至少60分钟的体育活动，最好是户外游戏或运动，除睡觉外尽量避免让儿童有连续超过1小时的静止状态，每天看电视、玩平板电脑的累计时间不超过2小时。

三、简答题（答案要点）

46. 依据《教育部办公厅关于开展幼儿园"小学化"专项治理工作的通知》的精神，简述应纠正的幼儿园"小学化"的教育方式。

针对幼儿园不能坚持以游戏为基本活动，脱离幼儿生活情景，以课堂集中授课方式为主组织安排一日活动；或以机械背诵、记忆、抄写、计算等方式进行知识技能性强化训练的行为，要坚决予以纠正。

47. 某幼儿在户外活动时出现头晕、眼花、口渴、头冒虚汗等中暑症状，简述对幼儿的急救措施。

（1）一旦发生中暑，应将患儿迅速移到阴凉通风处，解开衣扣，让其好好休息，并用冷毛巾敷头部、扇扇子等帮助他散热。

（2）若患儿能自己饮水，则可让他多喝一些清凉的饮料，盐汽水最佳，也可服十滴水、人丹。

48. 教师不能简单用像不像、好不好来评价幼儿的美术作品，简述评价幼儿美术作品的标准。

（1）幼儿的年龄差异与绘画表现力；

（2）幼儿美术造型中的"像"与"不像"；

（3）幼儿美术作品中表现力的丰富与童趣；

（4）幼儿美术作品中的认真、大胆与自信；

（5）幼儿美术作品中的个性与风格；

（6）幼儿美术作品中的想象力、创造力与表现欲望。

四、案例分析题（答案要点）

49. （1）①专注地阅读图书。材料中，洋洋经常光顾阅读区，说明洋洋有阅读的习惯、喜欢读书等。

②对图书和生活情境中的文字符号感兴趣，知道文字表示一定的意义。材料中，洋洋让老师帮忙写下对妈妈说的话，体现了这一点。

③愿意用图画和符号表现事物或故事。材料中，洋洋说，我要做一本自己的书；在纸上画了些线条和圆圈等。都表现出了洋洋愿意用图画和符号表现事物或故事。

（2）①为幼儿提供良好的阅读环境和条件，激发幼儿的阅读兴趣，培养阅读习惯。材料中，李老师在阅读区投放了绘本、广告、文字拼图，还有纸和笔等，为幼儿创设了良好的阅读环境和条件，有利于激发幼儿的阅读兴趣，培养阅读习惯。

②在阅读中发展幼儿的想象和创造能力。材料中，李老师走过去问需不需要帮他在上面写一些字，鼓励和激发洋洋自编故事，为洋洋的故事配上文字等，有利于发展洋洋的想象和创造能力。

③让幼儿在写写画画的过程中体验文字符号的功能，培养书写兴趣。材料中，李老师走过去问需不需要帮他在上面写一些字，意为让洋洋在这个过程中体验文字符号的功能，培养书写兴趣。

50. （1）尿床的原因：①诱因多为精神方面的障碍，如精神紧张、不安，受过惊吓，大病一场之后，生活环境改变，不能适应等。保育老师当着小朋友的面批评该幼儿尿床，对该幼儿造成了心理压力，是幼儿尿床的原因之一。②睡眠过深，没有养成好的控制排尿习惯，也是主要诱因。

（2）①消除可致幼儿精神不安的因素，包括因遗尿带来的心理压力。帮助他们树立战胜遗尿症的信心，既不要自卑，也不该满不在乎。

②绝不可耻笑、责骂有遗尿症的儿童，否则心理压力越来越大，遗尿也越加频繁。

③白天避免过累。使幼儿的一日生活有规律，

白天有午睡,避免过度疲劳使睡眠过深。

④避免临睡前过度兴奋。

⑤控制饮水。吃饭宜清淡,少吃稀的。饭后不再喝水。

⑥唤醒排尿。掌握幼儿遗尿的时间(多数在睡熟后2~4小时内),提前将幼儿唤醒,起床排尿,也可利用闹钟、蜂鸣器或褥垫内的唤醒器(稍遇湿,即发出铃声)。经多次重复后,使幼儿形成有尿意可醒来的条件反射。

⑦针灸、药物治疗。针灸有一定疗效。服药须在医生指导下进行。

51. (1)①创设故事情境,帮助幼儿掌握歌词。教师引导幼儿通过唱歌打招呼("小青蛙们,大家互相打个招呼吧!")、介绍自己("小青蛙们,你们怎样向池塘里的新朋友介绍自己呢?说说自己长什么样?"),引导幼儿理解歌词并能用自己的动作表现,最终帮助幼儿掌握歌词。②激发幼儿学唱歌曲的兴趣,引导幼儿学唱歌曲。老师提示幼儿用不同的速度和节奏表现青蛙的叫声;提示幼儿听琴声,根据节奏快慢、音量大小歌唱。通过用不同的演唱形式,激发幼儿学唱歌曲的兴趣,引导幼儿学唱歌曲。③歌唱活动与其他活动结合起来,让幼儿在轻松愉快的环境中学唱歌曲。教师通过找朋友游戏,让幼儿用歌声介绍自己,以游戏的形式让幼儿在轻松愉快中学唱歌曲。

(2)①一般要求:教师应当努力为每个幼儿提供演唱的机会,使每一个幼儿都能得到鼓励,并享受唱歌;要注意一次只能集中教一首歌;伴奏可以是灵活多样的。②注意保护幼儿的嗓音:教给幼儿正确的歌唱发声方法;适当掌握幼儿歌唱的音量;适当掌握幼儿歌唱的时间,防止嗓音疲劳;注意歌曲的音域和歌唱的定调;幼儿歌唱教材的难易程度要适合他们的年龄特点和演唱能力;在日常生活中注意预防疾病、防止感冒。

五、活动设计题(参考答案)

52. **投掷对垒战(中班)**

(一)活动目标

(1)在抛、投、掷、扔与躲避的游戏中,锻炼投准和躲闪能力,提高身体的协调性、灵敏性;

(2)感受游戏规则的意义,愿意遵守游戏规则;

(3)体验对垒游戏(单手投掷)的乐趣。

(二)活动准备

(1)请幼儿用气球灌水、扎紧,制作水球若干;音乐《青蛙与蛤蟆》;

(2)用警戒桩和小旗绳围成宽5米、长8米左右的长方形池塘;1.5米×3米不透光的布一块;

(3)根据幼儿人数事先分好A、B、C、D四队。

(三)活动过程

1. 律动热身,进入情境

(1)慢跑热身

教师带领幼儿绕池塘慢跑,同时进行身体各部位的热身。

(2)自由律动

播放音乐《青蛙与蛤蟆》。师幼一起自由律动。

(音乐《青蛙与蛤蟆》趣味十足,能带领幼儿很快进入游戏情境)

2. 情境学习,提升能力

(1)情境对垒,自主尝试

请AB两队、CD两队分别选择做青蛙或蛤蟆,面对面站在池塘两侧的长边,想办法用水球攻击对方。教师仔细观察幼儿的探索行为,如抛、投、掷、扔等动作尝试。

(中班幼儿投掷能力一般在4米左右,池塘的宽度可设置为5米左右。这样在第一轮尝试中,幼儿投掷的水球一般不会攻击到其他幼儿身上。同时,借助向前滚的力量,水球又大致可以滚到对面幼儿的旁边,幼儿可以随手捡起身边的水球多次尝试)

(2)分享展示,发现多种方法

请个别幼儿示范自己的方法,教师注意引导其他幼儿仔细观察。

(相同动作可以请两边的幼儿分别展示,让同伴从两个角度进行观察学习。在幼儿分享自己的方法时,教师重点强调出手的角度、站立的方式、身体和手臂的动作)

(3)再次练习,寻找适合自己的方法

幼儿再次练习的过程中,教师巡视,并进行个别化的指导。

(鼓励幼儿在尝试多种方法的过程中进行自我比较和调整,寻找到自己目前比较擅长的方法)

3. 游戏巩固,拓展锻炼

两队青蛙在池塘里游来游去,一队蛤蟆做裁判,举起不透光的布,遮挡住另一队蛤蟆。开始时,水球全部给躲在遮挡布后面的蛤蟆做炸弹。

游戏规则:青蛙在池塘里游来游去,并唱歌,等躲在布后的蛤蟆发出口令"停",所有青蛙停止歌唱,并蹲在地上。裁判选一只青蛙发出叫声,请遮挡布后的蛤蟆猜猜他是谁。每只蛤蟆一次机会,猜对为止。猜对的蛤蟆有一次机会在布的后面根据发出声音的位置发射水球炸弹,如果一次击中,便获胜。一次不中,裁判撤掉遮挡布,青蛙开始在池塘里四处游动躲避,蛤蟆在池塘外攻击。落在池塘里的水球炸弹,青蛙可以捡起来回击蛤蟆,被击中的退出游戏。最后,留下的队员多的一队获胜。

（游戏有静有动，可以让幼儿在激烈的活动中有机会静下来调整身体的运动负荷。同时，也通过游戏的调整，让蛤蟆进入池塘，增加蛤蟆击中目标的可能性，以及相互之间更进一步的互动机会，从而引发幼儿持续练习的欲望。在游戏中，如果个别水球迸裂，炸开的水花会进一步引起幼儿游戏的兴趣。教师可以根据幼儿的游戏兴趣和运动负荷调整游戏次数）

每一轮游戏结束后，引导幼儿从自己的投掷方法、动作以及如何更进一步投准、投远几个方面共同讨论，分享经验。

（四）活动延伸

教师引导幼儿活动后整理器械，并及时更换衣物，让幼儿懂得在游戏过程中注意身体健康及安全。

2019年安徽省合肥市教师招聘考试学前教育真题试卷（九）

一、单项选择题

1. B 【解析】本题考查社会教育的内容——社会文化。各种重要的节日、纪念日都是宝贵的多元文化教育资源，幼儿园要适时地加以利用。

2. D 【解析】本题考查幼儿园课程的类型。隐性课程也称为隐蔽课程、潜在课程。它是“这样一些教育实践及成果，它们在学校政策、课程计划上并没有明确规定，然而又是学校经验中常规的、有效的一部分”。幼儿园的环境属于潜在课程。

3. A 【解析】本题考查玩教具的存放方式。玩教具应摆放在高度适宜的开放式的玩具架（柜）或容器中，存放玩具的容器应有明显标志，以便于幼儿找寻，如选择透明的容器或者在不透明的容器上贴上幼儿能识别的标签。

4. B 【解析】本题考查区域活动导入的目的。区域活动的引入部分目的在于为区域活动做好相应的准备，包括明确区域的布局、内容、规则，了解新的操作内容，回顾前次学习活动的经验，激励幼儿大胆探索等等。区域活动本身幼儿兴趣就比较大，只是不懂规则，不能无计划、无规则的放任。

5. D 【解析】本题考查家园合作的基本原则。幼儿园与家庭合作的基本原则包括：(1)平等合作，相互尊重；(2)家园共建，责任共担；(3)协同配合，互惠互助。

6. C 【解析】本题考查歌唱教学的方法。一些结构短小、内容紧凑、形象集中、音乐表现手法相对单一的歌曲可以采用整体教唱法。

7. D 【解析】本题考查儿童多动症的症状。小动作多，易冲动，注意力有明显缺陷是多动症的主要表现。

8. D 【解析】本题考查饮食营养教育的原则。序列性原则是指饮食营养教育应注意循序渐进。在饮食营养教育中，需要先让学前儿童对各类食物有一个初步的认识，然后才能培养其合理搭配食物的能力。因此我们在选择饮食营养教育内容时，应注意其间的逻辑顺序。

9. C 【解析】本题考查儿童绘画的特点。儿童画什么，受他人影响比较大。经常有这种现象，邻座的几个小朋友画的画都很相像。另外，教师的提问和提示、小朋友的回答对构思都有影响。

10. B 【解析】本题考查儿童科学学习的特点。3～4岁（小班）儿童科学学习的特点之一是认识处于不分化的混沌状态。复杂多变、形形色色的客观世界，在刚入园的小班儿童的头脑中，往往是一片不分化的混沌状态，他们对一些物体的现象分辨不清，常常“指鹿为马”。题干中小班幼儿口中的“小白兔”指的是各种兔子。

11. D 【解析】本题考查幼儿园课程的特点。儿童感受到的更多是环境、活动、材料和教师的行为，而不是教育者的教育目的和期望。也就是说，幼儿园课程蕴含在环境、材料、活动和教师的行为中，潜移默化地对儿童起作用。这指的是幼儿园课程的潜在性特点。

12. A 【解析】本题考查儿童美育的内涵。儿童在美感、审美能力和艺术表现能力上存在着个别差异，如有的儿童音乐听觉好，节奏感强；有的儿童对绘画的形象和色彩知觉好；有的儿童想象力十分丰富。

13. D 【解析】本题考查幼儿教师在具体活动中的行为表现。幼儿对周围的事物都充满好奇，如幼儿总是问这问那，摸摸这个碰碰那个，因此，幼儿就难免会犯错。如果老师对其进行严厉的批评，甚至体罚、恐吓，会使幼儿变得沉默寡言，失去探究的兴趣和热情，还会对老师有畏惧感；有的甚至会产生逆反心理，如故意再犯类似的错误或搞恶作剧。教师的爱体现在能够找到每个孩子身上的闪光点并引导和培养，使其获得良好的发展。

14. A 【解析】本题考查幼儿园活动区的布置。幼儿园在布置娃娃家、商店等活动区时，多提供原材料和半成品，让幼儿有更多机会参与制作活动。

15. C 【解析】本题考查幼儿教师在具体活动中的做法。C项的做法是错误的，教师不得体罚幼儿。

16. A 【解析】本题考查幼儿动作技能学习阶段。费茨和波斯纳把幼儿动作技能学习分为以下三个阶段：(1)认知阶段；(2)联系形成阶段；(3)自动化阶段。

17. D 【解析】本题考查幼儿进行体格锻炼时应遵守的基本原则。幼儿进行体格锻炼时应遵守以下基本原则，即循序渐进性的原则；恒常性、持久性的原则；多样性、兴趣性的原则；个别对待的原则。

18. C 【解析】本题考查幼儿园纸工活动的设计。为大班儿童设计的课题主要是折纸和剪贴。

19. A 【解析】本题考查幼儿的规则意识。大班幼儿的规则意识逐步形成，他们开始学习控制自己的行为，遵守集体的共同规则。例如，游戏结束后要把玩具整理好放回原处，上课发言要举手，等等。

20. B 【解析】本题考查适合幼儿生活的环境。A选项体罚容易造成伤害，损害师生关系；B选项家庭氛围愉悦温馨可以使儿童有依恋感和安全感；C选项良好的道德风貌影响幼儿的发展，邻居吵架动手不利于幼儿的发展；D选项小朋友的做法影响同伴关系的发展，不利于建设良好的心理环境。故选择B项。

21. D 【解析】本题考查教师的提问策略。总结式提问是教师引导幼儿对某些问题和现象进行了观察和了解后，为帮助幼儿进行概括，得出结论而采用的。如科学活动"认识家禽"中，幼儿认识了鸡、鸭、鹅后，教师抛出问题："你们知道它们有一个共同的名字叫什么吗？""它们有什么相同的地方？"

22. A 【解析】本题考查偶发性科学教育活动。偶发性科学教育活动是指教育活动由外界情境诱发引起，并围绕着偶然发生的科学现象展开的一种科学探究活动，是科学教育中特有的一种活动。

23. D 【解析】本题考查幼儿环境创设的原则。环保性原则：幼儿园环境设计要帮助幼儿在获得生活经验的基础上，去了解自然、环境与人类的关系，了解建构环境中的常用材料对人的利弊，了解怎样合理利用资源和珍惜资源，了解怎样利用废弃物再创美好环境，使幼儿养成勤俭节约的良好习惯，培养他们具有初步的环保意识和行为。

24. D 【解析】本题考查美术是否具有童趣的标准。童趣是指学前儿童的美术作品内容风趣活泼，画面常常是以简练的线条表现生动、有趣的内容。为了鉴赏时能有比较一致的尺度，可以从以下几点进行评价：(1)作品的内容应该属于学前儿童眼中的世界；(2)作品应具有学前儿童独具的艺术。

25. C 【解析】本题考查关于幼儿身体安全的内容。《湖北省幼儿园安全教育指导纲要(试行)》第二部分关于身体安全的教育要求包括：(1)帮助幼儿形成良好的饮食、睡眠、盥洗、排泄等个人生活卫生习惯和爱护公共卫生的习惯，掌握基本的个人卫生自理方法；(2)引导幼儿正确认识自己的身体，了解身体各个部分的基本功能，学习关心和保护自己身体的方法；(3)开展丰富的生活观察活动，引导幼儿认识周围生活中潜藏的身体危害因素，指导幼儿掌握主动远离潜在危险因素的方法。

26. B 【解析】本题考查歌唱活动的目标。"喜欢自己歌唱，也喜欢与同伴一起歌唱，并能注意使自己的歌声与集体相一致。"是小班幼儿歌唱活动的目标。

27. B 【解析】本题考查游戏行为的介入。直接介入(指导)是指在不影响幼儿游戏意愿的情况下，教师通过提示一个问题或建议，给出一个鼓励或参照，邀请一个同伴加入或营造一种气氛支持幼儿的游戏行为。

28. B 【解析】本题考查开放式材料。所谓开放式材料，指的是教师对材料的投放只做一个大致的规划，不需要对材料的具体玩法进行设计，幼儿完全可以根据自己的需要自行决定如何玩，实际玩法会因幼儿的个体差异而多种多样。这类开放性的材料从结构化程度来说也有两种，一种是非结构化的材料，另一种是低结构化的材料。非结构化的材料指的是，教师在投放时没有设定目标，也没有设计玩法，比如有的教师在活动区投放了百宝箱或设置了材料超市，有各种绳子、盒子、废纸、瓶瓶罐罐等，幼儿可以用这些材料玩出无限多种花样来。小汽车玩具不是开放性材料。

29. C 【解析】本题考查照顾好幼儿睡眠的标志。照顾好幼儿睡眠的三条标志：一是按时睡，睡得好，按时醒，醒后精神饱满愉快；二是睡够应睡的时间，要以孩子为主，不能任意减少或增加睡眠时间；三是保持良好的睡眠姿势和习惯。

30. D 【解析】本题考查学前儿童体育节的内容。学前儿童体育节(又称学前儿童运动会)既是学前儿童体育活动的组织形式之一，又是学前儿童体育活动的节日。学前儿童体育节是全体学前儿童都参加，以体育游戏、基本体操为主要内容，以丰富学前儿童生活、培养集体意识、感受运动乐趣为目的的一种全园性的体育盛会。百米短跑不适合幼儿运动会。

二、多项选择题

31. BCD 【解析】本题考查学龄前期儿童保健内容的重点。学龄前期儿童保健内容的重点为：继续进行生长发育监测，重视早期教育，加强体格

锻炼，预防意外伤害事故的发生。

32. CD 【解析】本题考查幼儿的语言学习。幼儿的语言学习需要相应的社会经验支持，应通过多种活动扩展幼儿的生活经验，丰富语言的内容，增强理解和表达能力。应在生活情境和阅读活动中引导幼儿自然而然地产生对文字的兴趣，用机械记忆和强化训练的方式让幼儿过早识字不符合其学习特点和接受能力。

33. ABC 【解析】本题考查小班幼儿在感知和理解数、量及数量关系方面的表现。小班幼儿在感知和理解数、量及数量关系方面的表现：(1)能感知和区分物体的大小、多少、高矮长短等量方面的特点，并能用相应的词表示。(2)能通过一一对应的方法比较两组物体的多少。(3)能手口一致地点数5个以内的物体，并能说出总数。能按数取物。(4)能用数词描述事物或动作。如我有4本图书。学前数学教育的年龄阶段目标中小班的目标之一是认识"1"和"许多"及其关系。

34. ABD 【解析】本题考查环境的创设的基本理念。环境的创设应该遵循的基本理念是：(1)环境与课程互生。(2)环境是有生命的。让环境会说话；幼儿园的环境要根据课程内容、季节变化、幼儿兴趣和心智不断变化。C选项的做法违背了幼儿参与原则。

35. ABCD 【解析】本题考查幼儿园体育活动性游戏的构成要素。幼儿园体育活动性游戏的构成要素包括：(1)游戏的任务；(2)游戏的内容；(3)游戏的角色、情节和规则；(4)游戏的条件。

三、判断题

36. × 【解析】本题考查过程性评价。对幼儿的评价最重要的是过程性评价，注重幼儿在教育教学过程中的表现，这更有助于其成长。

37. × 【解析】本题考查活动区材料的投放。材料的种类对儿童游戏的具体选择有着某种定向的功能。如果教师提供的材料单一，儿童游戏情节的发展就会受到限制。但这并不是说给予学前儿童的材料越多越好。重要的是要让这些材料真正地发挥作用，提高其利用率。

38. √ 【解析】本题考查正确擤鼻涕的方法。教会幼儿用正确的方法擤鼻涕。感冒时，擤鼻涕不要用力，否则会将鼻咽部的分泌物挤入中耳，导致感染。

39. √ 【解析】本题考查小班幼儿体育活动的目标。小班幼儿体育活动的目标之一是能较轻松自然地双脚同时向前跳、向上跳；能从25厘米的高处自然地跳下。

40. × 【解析】本题考查幼儿玩具柜的要求。玩具柜：放置玩具，一般为开架，便于儿童取放玩具，尺寸大小视需要而定。

41. × 【解析】本题考查儿童言语发音的特点。儿童发声母比发韵母更困难。

42. × 【解析】本题考查家长开放日的内涵。家长开放日指幼儿园定期或不定期地向家长开放，届时邀请家长来园观摩和参观幼儿园的活动。家长观摩或参加幼儿园的活动，可以从中具体了解幼儿园教育工作的内容、方法；可亲眼看到自己孩子在各方面的表现，得知孩子的发展水平与交友状况，特别是可以看到自己的孩子在与同龄幼儿相比较中显示出的优势与不足，从而有助于家长深入了解孩子，与教师合作有针对性的教育孩子。同时，家长在观摩与参与活动的过程中，还可以观察到教师的教养态度、教养方法、教养技能，领会教师的教育要求和方法，增进家长对幼儿园工作的认同感，以更好的借鉴和改进家庭教育方法。

43. × 【解析】本题考查《幼儿园工作规程》。《幼儿园工作规程》第四十八条，幼儿园的经费应当按照规定的使用范围合理开支，坚持专款专用，不得挪作他用。

44. √ 【解析】本题考查儿童创伤现场急救方法。基本生命支持(简称BLS)指不使用特殊器材和药物的一系列徒手操作，不仅医务人员，而且普通人群也能熟练掌握，以提高现场和去医院前抢救水平，从外部支持心脏、呼吸已停止的患者的血液循环和通气。BLS包括保持气道通畅，重建呼吸——人工呼吸和重建循环——胸外心脏按压。

45. × 【解析】本题考查幼儿德育。幼儿德育必须从情感入手，重点放在道德行为的形成上，具体应注意：直观、形象，切忌说教。由于幼儿思维能力的局限，德育内容和方法手段必须直观、形象、具体，才容易为幼儿所理解和接受。耳提面命并不是最有效的方法，空洞的说教是不可能有真正的效果的。

46. √ 【解析】本题考查幼小衔接的正确理解。对幼儿园来讲，在时间上要把幼小衔接工作贯穿于幼儿园教育的各个阶段而不仅仅是大班后期；在内容上要涉及幼儿发展的各个方面而不仅仅是知识准备；在人员上要包括幼儿园全体人员、家长及有关成人而不仅仅是大班老师。

47. × 【解析】本题考查幼儿园档案资料管理。幼儿园的信息资料记录了幼儿园的建立、成长和发展，可以说完整的档案信息就是幼儿园的发展史，因而将幼儿园各个阶段所发生的大事、行政领导的变动、党务管理者的变动等信息进行及时、妥善的记录，对于幼儿园的发展意义非常

重大。档案资料管理主要表现在以下两个方面:(1)为正确决策提供依据;(2)加强业绩考核的合理性和科学性。

48. √ 【解析】本题考查调控幼儿情绪的方法。对待发脾气的幼儿要找出原因,帮助幼儿分析问题,解除孩子心中的忧虑,同时,允许孩子以适当的方式表达自己的心情。

49. × 【解析】本题考查幼儿身心健康的标志。发育良好的身体、愉快的情绪、强健的体质、协调的动作、良好的生活习惯和基本生活能力是幼儿身心健康的重要标志,也是其他领域学习与发展的基础。

50. × 【解析】本题考查幼儿游戏常规。幼儿教师合理安排并执行游戏的活动制度,还包括对于幼儿游戏常规的制定与执行。游戏常规是指在幼儿班级中开展游戏活动时,对幼儿不适宜行为予以禁止和对适宜行为允以许可和支持的经常性规定。在引导幼儿理解游戏常规后,我们应让幼儿参与游戏常规的制定。因为游戏是幼儿最喜欢的活动,幼儿参与制定游戏规则,能充分发挥幼儿的自主性,让幼儿做游戏的主人,提升幼儿的责任感,从而有效地减少幼儿违反游戏规则现象的发生。

51. × 【解析】本题考查幼儿园保教合一的原则。幼儿园保育和教育不可分割的关系是由幼教工作的特殊性和幼儿身心发展的特点决定的。虽然保育和教育有各自的主要职能,但并不是完全分离的。教育中包含了保育的成分,保育中也渗透着教育的内容。

52. √ 【解析】本题考查《幼儿园教育指导纲要(试行)》。《幼儿园教育指导纲要(试行)》第四部分第八条指出:在日常活动与教育教学过程中采用自然的方法进行,平时观察所获的具有典型意义的幼儿行为表现和所积累的各种作品等,是评价的重要依据。

53. √ 【解析】本题考查《3~6岁儿童学习与发展指南》。《3~6岁儿童学习与发展指南》健康领域中的生活习惯与生活能力目标中的目标2指出:3~4岁幼儿能将玩具和图书放回原处;4~5岁幼儿能整理自己的物品;5~6岁幼儿能按类别整理好自己的物品。

54. √ 【解析】本题考查幼儿方位知觉的发展趋势。幼儿方位知觉的发展趋势是:3岁辨别上下方位,4岁幼儿虽然能完全正确地辨别上下前后四个方位,但以左右方位的相对性来辨别左右仍然感到困难。7岁才开始能够辨别以别人为基准的左右方位,以及两个物体之间的左右方位。题干描述的方位名词幼儿是可以理解的。

55. × 【解析】本题考查幼儿烫伤。浅Ⅱ度烫伤尽量不要弄破水疱,可涂烫伤膏。一般主张水疱最好是自行吸收,如果水疱较大不易吸收,可等两天用消毒后的针将水疱底部刺破将水放出。皮肤的完整性对机体有保护和防感染的作用。

四、案例分析题(答案要点)

56. (1)教师同意将幼儿的作品贴在自由墙上是值得肯定的,这体现了环境创设中的幼儿参与性原则。幼儿参与性原则是指环境的创设过程是幼儿与教师共同合作、共同参与的过程。环境的创设过程应该是一个积极的教育过程。环境创设过程本身的教育意义主要体现在:培养幼儿的主体精神,发展幼儿的主体意识;培养幼儿的责任感。幼儿参与环境的创设,能切实地体验到自己做的事对集体的影响,从而培养幼儿的合作精神。

(2)教师对儿童活动指导的时机是恰当的。题干中教师先让幼儿自由发挥,想办法装饰自由墙,在幼儿一筹莫展的时候,教师才介入幼儿的活动,既尊重了幼儿的主体性,又很好地解决了幼儿遇到的问题。儿童是学习的主体,只有儿童积极参与、主动建构,课程才能内化为他们的学习经验,促进其身心发展。发挥主体性原则,要尊重儿童人格、尊重儿童需要、激发儿童的主动性。

57. (1)存在的问题及原因:①过分满足孩子的任何要求。案例中每天来园铭铭总是黏着奶奶的手,不肯松手。

②缺乏同伴交流经验,属于被忽视型幼儿。案例中的铭铭和其他孩子玩不到一起,经常独自看着同伴游戏,老师鼓励他去参加小朋友的游戏,他也不愿意。

③自理能力弱。案例中的铭铭吃饭、穿衣、动作很慢,还经常把饭菜掉在桌子上,衣服穿反。

④老人缺乏必要的教育幼儿的知识,且对铭铭过于溺爱。

(2)措施:①幼儿园方面:教师要及时关心铭铭,入园时积极接待铭铭,玩游戏或者看图书转移其注意力,让其减弱与奶奶分离的焦虑。对于铭铭这样害羞和孤僻的儿童,可以引导他们与更小的儿童提前活动,从而增强其交往的信心,提高他们的社会交往能力。在保育的过程中锻炼其自理能力。

②家庭方面:创设良好的家庭环境不仅仅要在物质上满足要求,也要满足精神需求,比如,让孩子多动手操作,促进自理能力的发展,家长要

有意识地培养孩子的人际交往能力,多和同伴交往,锻炼孩子的交往能力。父母对孩子缺乏关心和教育,老一辈过分宠爱孩子,要改变这种现状,父母多抽出时间关心、教育幼儿,奶奶也要改变其过分溺爱孩子的行为,让铭铭自己动手处理自己的事情。

五、活动设计题(参考答案)

乌龟怪脾气(中班)

(一)设计意图

中班幼儿渴望与同伴交流,但是由于幼儿年龄较小,不会与同伴交流或者交流的方式方法有问题,通过本次活动,使幼儿学会正确与人沟通的方式。

(二)活动目标

1. 理解诗歌中乌龟不愿意说话,给它造成的麻烦。

2. 在玩指偶的过程中,再现诗歌情景,并学习边玩指偶边朗诵诗歌。

3. 体验同伴交流带给自己的快乐,珍惜同伴间的友好关系。

(三)活动准备

1. 挂图三幅。

2. 事先做好乌龟、青蛙、蜗牛的角色指偶。

(四)活动过程

1. 引题,乌龟不理我

(1)猜谜语

师:今天我们班来了一位小客人,是谁呢,别着急,猜出谜语你就知道啦。听好了:长寿公公慢慢爬,爱缩脑袋穿马甲。(乌龟)

(2)请出小客人"乌龟",引出诗歌《乌龟怪脾气》

师:哟,真棒。一猜就中,让我们用热烈的掌声欢迎乌龟的到来吧。

师:我们可以向小乌龟打招呼,怎么打招呼呢?(幼儿自由回答)

师:可能没听见,再请一个小朋友来大声的跟它打招呼。(幼儿:小乌龟好)

师:奇怪了,我们跟他打招呼,问问题,小乌龟怎么都不理人啊。这脾气可真怪。

(乌龟怪脾气,见谁都不理)

师:乌龟不爱说话的怪脾气会给它带来什么样的麻烦呢? 我们一起来看看。

2. 乌龟怪脾气

(1)教师出示图片帮助幼儿理解诗歌的内容

师:图片(1)上太阳怎么样? 乌龟要去干吗啊? 我们用一个好听的词来形容太阳叫红艳艳。

师:太阳红艳艳,乌龟忙爬山。

师:乌龟碰到了谁,蜗牛是怎么说的?(蜗牛说:"山路陡!")咦,陡是什么意思? 陡是山坡坡度很大,不容易爬上去。那乌龟会听吗? 为什么它不听,它又是怎么做的? 一直往前爬(蜗牛说:"山路陡!"乌龟不理蜗牛)

师:教师出示图片(2)。看,这回它又碰到了谁,猜猜看它又会怎么说?(青蛙说:"山路滑!")咦,滑是什么意思? 对,滑是路滑,容易摔倒的意思,这回乌龟听了吗?(没有,青蛙说:"山路滑!"乌龟不理青蛙)

教师出示图片(3)。乌龟爬到半山腰,呀,发生什么事情了?(山路好像大滑梯,一滑滑到山谷底。摔得头昏眼又花)小朋友的眼睛真亮,看乌龟的头上都冒金星了。

乌龟摔到山谷底,有没有朋友来救它? 为什么?(没有人来救它,因为乌龟还是不说话)

对,乌龟还是不说话,乌龟不说话,有谁来救它?

(2)学念诗歌

①师:这是一只怪脾气的乌龟,老师把它爬山坡的故事编成了一首诗歌,名字叫《乌龟怪脾气》,小朋友们一起来听一听,请仔细听。

(教师朗诵诗歌,幼儿倾听)

②师:这只乌龟呀脾气可真是怪,我们也一起来念念诗歌。

(教师和幼儿一起朗诵)

(3)玩游戏,巩固诗歌

①看老师给你们准备了乌龟、青蛙、蜗牛的指偶,我们一边玩指偶,一边念诗歌,把乌龟的指偶套在这只手的大拇指上,把青蛙和蜗牛的指偶分别套在另外一只手的食指和中指上,(事先在凳子下面放好指偶)准备好了吗? 我们一起边玩指偶边念儿歌,开始。

②小朋友们念得都很不错,但我发现有几个小朋友当念到蜗牛时,没有拿出蜗牛的指偶,当我们念到蜗牛时,蜗牛的指偶出来,青蛙的指偶藏起来,当念到青蛙时,青蛙的指偶出来,蜗牛的指偶藏起来,我们再来试试看看,看这次玩得是不是比第一次好。

③现在请女孩子边玩指偶边念诗歌,男孩子仔细听,仔细看,看看女孩子玩得好不好,念得好不好。

④现在请男孩子边玩指偶边念诗歌,女孩子仔细听,仔细看,看看男孩子玩得怎么样。

⑤教师总结。

师:小朋友们说的都很棒,老师为你们拍拍手。

师:小乌龟这个怪脾气好不好?(不好)刚才好多小朋友都摇头了。我们怎样帮小乌龟改掉这个怪脾气? 等下,我们再去想想、说说。

(五)活动延伸

幼儿将学到的诗歌朗诵给爸爸妈妈听。

2018年山东省菏泽市教师招聘考试幼儿园教育理论基础真题试卷(十)

第一部分 教育公共知识

一、填空题

1. 创造性
2. 上课
3. 前运算阶段
4. 发现学习
5. 德、智、体、美
6. 专业人员
7. 公益性
8. 未满十八周岁
9. 终身学习
10. 合作学习

二、单项选择题

1. B 【解析】教书育人的师德规范要求教师不以分数作为评价学生的唯一标准。题干中的班主任按学生的分数给学生排名次,并把名次作为安排座位和评优推先的唯一标准,这种做法是以分数作为评价学生的唯一标准,违反了教书育人的师德规范。

2. D 【解析】综合实践活动是一门以学生的经验与生活为核心的实践性课程。综合实践活动是新的基础教育课程体系中设置的必修课程。

3. A 【解析】古代雅典在西方最早形成体育、德育、智育、美育和谐发展的教育,教育内容比较丰富,教育方法也比较灵活,教育目的是培养有文化、有修养和多种才能的政治家和商人。

4. B 【解析】在著作《教育漫话》一书中,洛克详细论述了绅士教育的内容(即体育、德育和智育)及方法。

5. B 【解析】集体教育和个别教育相结合原则是对苏联教育家马卡连柯成功教育经验的总结。马卡连柯指出:教师要影响个别学生,首先要去影响这个学生所在的集体,然后通过集体和教师一道去影响这个学生,便会产生良好的教育效果。这就是著名的"平行教育原则"。

6. C 【解析】个体身心发展同一方面在不同年龄阶段的发展速度和不同方面的发展水平都是不平衡的。所以教育要把握施教的关键期或最佳期,视时而教、及时施教。

7. B 【解析】演示法是指教师通过展示实物、教具和示范性的实验来说明、印证某一事物和现象,使学生掌握新知识的一种教学方法。

8. C 【解析】定势的作用有两重性:一是积极的促进作用;二是消极的阻碍作用。

9. B 【解析】意志的果断性是一种善于辨明是非、抓住时机、迅速而合理地采取决定并执行决定的意志品质。与果断性相反的意志品质是优柔寡断和草率武断。所以,对于做事犹豫不决、优柔寡断的学生,应着重培养的意志品质是果断性。

10. D 【解析】隐性课程亦称潜在课程、自发课程,是学校情境中以间接的、内隐的方式呈现的课程。题干描述的内容属于隐性课程。

11. C 【解析】自我同一性对角色混乱(12~18岁)阶段的发展任务是培养自我同一性。

12. A 【解析】在专断型领导方式下,推卸责任是常见的事情;学生易怒,不愿合作,易形成对老师阳奉阴违、说谎等不良习惯,而且很可能在背后攻击别人;学生没有创造性,缺乏个人的发展,教师一离开课堂,学习就明显放松。

13. D 【解析】后继学习对先前学习的影响,称为逆向迁移。题干描述的现象属于逆向迁移。

14. D 【解析】十九大报告指出,全党必须牢记,为什么人的问题,是检验一个政党、一个政权性质的试金石。带领人民创造美好生活,是我们党始终不渝的奋斗目标。

15. D 【解析】2018年3月14日,英国著名物理学家斯蒂芬·霍金去世,享年76岁。

三、判断题

1. × 【解析】题干这一现象违背了为人师表中"作风正派,廉洁奉公"的要求。

2. √ 【解析】现代学制的变革趋势:从纵向学校系统分析,双轨制在向分支型学制和单轨制学制的方向发展。从横向学校阶段看,每一个阶段都发生了重大变化,即加强学前教育并重视与小学教育的衔接;强化普及义务教育,延长义务教育年限;普通教育与职业教育朝着相互渗透的方向发展;高等教育日益大众化,类型日益多样化;学历教育与非学历教育的界限逐渐淡化;教育制度有利于国际交流。

3. × 【解析】胆汁质的人以精力旺盛、粗枝大叶、表里如一、刚强、易感情用事为特征。整个心理活动笼罩着迅速而突发的色彩。

4. × 【解析】"耶克斯-多德森定律"表明,动机不足或过分强烈都会影响学习效果。具体表现在:第一,动机的最佳水平随着任务性质的不同而不同。第二,一般来讲,最佳水平为中等强度的动机。第三,动机水平与行为效果呈倒U型曲线。

5. √ 【解析】意义识记是在理解的基础上,依据材料的内在联系,并运用已有的知识经验而进行的识记,有人也称之为理解记忆或逻辑记忆。

6. √ 【解析】教师在教育活动中的地位包括:(1)教师在教育活动中起主导作用;(2)教师在教学中

的主导作用就是充分调动学生的积极性;(3)学生主体地位的实现,不能脱离教师的主导作用。

7. × 【解析】无意注意也称不随意注意,是没有预定目的、无须意志努力、不由自主地对一定事物所发生的注意。无意注意更多地被认为是由外部刺激物引起的一种消极被动的注意,是注意的初级形式。题干的描述属于无意注意的表现。

8. × 【解析】效度是指一个测验工具希望测到某种行为特征的有效性与准确程度。

9. × 【解析】自我实现的需要是最高层次的需要,是在上述几种需要得到满足后产生的。

10. × 【解析】趋避冲突是指对同一目的兼具好恶的矛盾心理。

11. × 【解析】上位学习又称总括学习,是在学生掌握一个比认知结构中原有概念的概括和包容程度更高的概念或命题时产生的。上位学习遵循从具体到一般的归纳概括过程。

12. √ 【解析】心境是一种微弱的、持续时间较长的,带有弥漫性的情绪状态。

13. √ 【解析】从信息加工的角度来看,记忆过程是对输入信息的编码、储存和提取的过程。

14. × 【解析】由教育者所提出的德育要求所引起的受教育者新的精神需要与其自身思想品德发展现状之间的矛盾,是德育过程中的主要矛盾,因而是个体思想形成与发展的动力。

15. × 【解析】循序渐进中的"序",包括教材内容的逻辑顺序,学生生理节律的发展之序,学生认识能力发展的顺序和认识活动本身之序,是四种顺序的有机组合。

16. √ 【解析】教学活动是学生认识客观世界的过程,要以间接经验为主、直接经验为辅,将二者有机结合起来。

17. × 【解析】前摄抑制是先学习的材料对识记和回忆后学习材料的干扰作用。后学习的材料对保持和回忆先学习的材料的干扰作用,称为倒摄抑制。

18. √ 【解析】学生的特点包括:(1)学生是教育的对象(客体);(2)学生是自我教育和发展的主体;(3)学生是发展中的人。

19. √ 【解析】博鳌亚洲论坛2018年年会于4月8日至11日在海南博鳌举行。本次年会以"开放创新的亚洲,繁荣发展的世界"为主题,"开放"和"创新",是今年论坛年会主题的两大关键词。习近平总书记出席开幕式并发表题为《开放共创繁荣创新引领未来》的主旨演讲。

20. × 【解析】党的十九大报告指出,中国特色社会主义进入新时代,我国社会主要矛盾已经转化为人民日益增长的美好生活需要和不平衡不充分的发展之间的矛盾。

四、简答题(答案要点)

简述建构良好师生关系的基本策略。

(1)教师方面。①了解和研究学生;②树立正确的学生观;③提高教师自身的素质;④热爱、尊重学生,公平对待学生;⑤发扬教育民主;⑥主动与学生沟通,善于与学生交往;⑦正确处理师生矛盾;⑧提高法制意识,保护学生的合法权利;⑨加强师德建设,纯化师生关系。

(2)学生方面。①正确认识自己;②正确认识老师。

(3)环境方面。①加强校园文化建设,确保校园文化的相对独立性、完整性和纯洁性;②加强学风教育,促进良好学风的养成,使学生在一个良好的氛围下健康地学习。

第二部分 学前教育专业知识

一、填空题

1. 游戏
2. 幼儿为本
3. 3
4. 联合游戏
5. 象征期
6. 陈鹤琴
7. 观察法
8. 探究欲望
9. 儿童之家
10. 音乐欣赏活动

二、单项选择题

1. A 【解析】幼儿园班级管理指班级保教人员充分利用幼儿园的人、财、物、时间、信息等资源,以班级为单位,通过计划、组织、实施、总结等环节,实现育人的目标。

2. C 【解析】评价蛋白质的营养价值应从"量"和"质"两个方面进行。量就是看食物蛋白质的绝对含量,食物中蛋白质含量愈高,则营养价值愈高。质就是看食物中必需氨基酸的种类是否齐全,必需氨基酸的相互比例是否合适。

3. D 【解析】《幼儿园教育指导纲要(试行)》艺术领域的指导要点指出,幼儿艺术活动的能力是在大胆表现的过程中逐渐发展起来的,教师的作用应主要在于激发幼儿感受美、表现美的情趣,丰富他们的审美经验,使之体验自由表达和创造的快乐。

4. A 【解析】幼儿记忆发展的特点:(1)无意记忆占优势,有意记忆逐渐发展;(2)记忆的理解和组织程度逐渐提高;(3)形象记忆占优势,语词记忆逐渐发展;(4)幼儿记忆的意识性和记忆方法逐渐

发展。

5. C 【解析】成熟主义理论的代表人物是格塞尔，其主张儿童的发展是一个顺序模式，需研究幼儿的成熟程度和年龄差异。

6. A 【解析】夸耀式说谎表现为有的幼儿为了提高自己的自信心，增强在群体中的地位，会说一些极度夸张的事。

7. C 【解析】生殖系统在出生头12年里几乎没什么发育，到青春期迅速发育，并很快达到成人水平。

8. C 【解析】著名的瑞士心理学家皮亚杰所设计的三座山实验是儿童自我中心思维的一个最典型的例证。

9. B 【解析】游戏是幼儿进行社会交往的起点，并为幼儿提供了大量交往的机会，使幼儿逐步学会了认识自己和同伴，并能正确地处理自己和同伴之间的关系。

10. C 【解析】3～4岁儿童小动作技能的发展：扣纽扣；倒牛奶；可以自己吃饭；使用剪刀；涂画；画垂直线和圆圈。4～5岁儿童大动作技能的发展：下楼梯换脚；跑步平稳协调；单足跳；投掷时身体转动，双手接球。5～6岁儿童小动作技能的发展：系鞋带；熟练地串珠子；握笔；临摹一些图案和字母；出现用手偏好。

11. C 【解析】分离焦虑是孩子与其依恋对象分离时产生的一种消极的情绪体验。初入幼儿园的幼儿常常有哭闹、不安等不愉快的情绪，这是因为幼儿产生了分离焦虑。

12. A 【解析】《3～6岁儿童学习与发展指南》说明部分指出，“重视幼儿的学习品质。幼儿在活动过程中表现出的积极态度和良好行为倾向是终身学习与发展所必需的宝贵品质”。

13. A 【解析】扭伤多发生在四肢的关节部位，肌肉、韧带等软组织因过度牵拉而受到损伤。损伤的局部充血、肿胀和疼痛，活动受到限制。初期应停止活动减少出血，采用冷敷，以达到止血、消肿、止痛的目的。1～2天后，可用热敷促进消肿和血液的吸收。

14. C 【解析】延迟模仿是指幼儿从各种途径自然而然地接受语言，不立即模仿说出，只是隔一段时间后，或在类似情境出现时，才模仿说出相似的语言。

15. D 【解析】儿童在2～3岁的时候，掌握代名词“我”，是儿童自我意识萌芽的最重要标志。

16. D 【解析】幼儿初期对自己或别人的评价带有依从性，往往都是成人评价简单的复述。

17. C 【解析】为歌曲创编动作是发展幼儿的创造性的表现之一。

18. D 【解析】亲社会行为的发展是幼儿道德发展的核心问题。

19. B 【解析】孩子能区别一个人是男的还是女的，就说明他已经具有了性别概念。

20. C 【解析】家庭教育的随机性体现在不受时间和空间的限制，可随时随地对孩子进行教育。

三、判断题

1. × 【解析】《3～6岁儿童学习与发展指南》健康领域中“身心状况”目标3的教育建议规定，幼儿每天的户外活动时间一般不少于两小时，其中体育活动时间不少于1小时，季节交替时要坚持。

2. × 【解析】剧烈运动后不宜马上喝大量的开水。饮入大量的水分会影响横膈膜的运动，水分大量进入血液也会增加心脏的负担。但是，因为运动时大量出汗，失水和盐较多，会出现头晕、眼花、口渴等症状，严重时会晕倒，所以最好喝少量淡盐水。

3. √ 【解析】《幼儿园教育指导纲要(试行)》指出，管理人员、教师、幼儿及其家长均是幼儿园教育评价工作的参与者。评价过程是各方共同参与、相互支持与合作的过程。

4. √ 【解析】课程游戏化不是幼儿园课程改革的唯一路径(是实现幼儿园课程改革的重要手段之一)。课程游戏化不是把幼儿园所有的活动变成游戏，而是要确保儿童的自由游戏时间，自由、自主、愉悦和创造的游戏的精神要渗透幼儿园所有的活动中来。

5. √ 【解析】《3～6岁儿童学习与发展指南》科学领域指出，成人要善于发现和保护幼儿的好奇心，充分利用自然和实际生活机会，引导幼儿通过观察、比较、操作、实验等方法，学习发现问题、分析问题和解决问题。

6. √ 【解析】档案袋是一种以儿童为中心的、可靠的评价，是以儿童真实生活的环境为背景的，而且表现儿童在一段时间内获得的成绩。档案的资料可以真实地包含任何事物，它们有助于提供教师和儿童一学期或一学年来所进行的学习过程的广泛图像。

7. × 【解析】鼻是呼吸道的起始部分，是呼吸系统的第一道防线，起着清洁、过滤、加湿、加温空气的作用，对整个呼吸道的健康非常重要。

8. × 【解析】幼儿各肌肉群的发育是不平衡的。支配上、下肢的大肌肉群发育较早，1岁左右会走，3岁时上、下肢的活动更加协调，5岁时下肢肌肉发育较快，肌肉的力量和工作能力都有所提高。而小肌肉群如手指和腕部的肌肉群发育较晚，3～4岁还不能运用自如，往往不会很好地拿笔和筷子，5岁以后这些小肌肉群才开始发育，能

比较协调地做一些较精细的动作。

9. √ 【解析】从出现一般传染病所共有的发热、头疼、疲乏、食欲缺乏等症状后到开始出现传染病所特有的明显症状,这段时期称为前驱期。如起病急可不出现前驱期,在前驱期已具有传染性。

10. √ 【解析】依恋是婴儿寻求并企图保持与另一个人亲密的身体和情感联系的一种倾向。

11. × 【解析】无意想象是指没有预定目的和意图,在一定的刺激影响下,不由自主地进行的想象。题干描述的是无意想象。

12. √ 【解析】科尔伯格在皮亚杰理论的基础上,运用两难故事对儿童道德判断进行研究,提出了自己的品德发展理论,将儿童的品德发展划分为三个水平、六个阶段。

13. × 【解析】分析情感目标的达成情况,即了解幼儿是否形成了耐心倾听别人说话的态度,是否乐意在集体面前讲述自己经历的事和图片内容,是否懂得并遵守语言交往中的一般规则。

14. × 【解析】听信号向指定方向走、一个跟一个走是小班幼儿在体育活动走步方面应达到的目标。

15. √ 【解析】随着儿童思维、想象的进一步发展,4~5岁儿童对音乐的理解能力也在不断地发展。这一时期的儿童已能基本理解音乐所表达的情绪和情感,并由此产生一定的想象、联想。当然,这种理解能力通常表现为对歌曲及有标题的乐曲的理解。儿童已能借助于歌词及已有的生活经验、音乐经验来基本理解音乐所表达的音乐形象,但对于较为复杂的、没有标题的纯器乐曲的理解还有一定的困难。

16. √ 【解析】4个月左右,婴儿出现有差别的微笑。婴儿只对亲近的人笑,或者对熟悉的人脸比对不熟悉的人脸笑得更多。有差别的微笑的出现,是最初社会性微笑发生的标志。

17. × 【解析】角色游戏是指学前儿童以模仿和想象,通过扮演角色,创造性地反映周围现实生活的一种游戏,又称想象性游戏。幼儿园的"娃娃家"游戏属于角色游戏。

18. × 【解析】乔姆斯基认为,儿童生来就具有一个语言学习装置,这个装置具有一套语法系统和语言分析能力。

19. √ 【解析】虽然提高幼儿的健康认识、改善幼儿的健康态度、培养幼儿的健康行为都是幼儿健康教育的目标,但是幼儿健康行为的养成被视为幼儿健康教育的核心目标。

20. × 【解析】"跳一跳,够得着"体现了幼儿园教育活动的发展适宜性原则。找准每个孩子的"最近发展区",使每个孩子通过教学活动都能在原有的基础上有所提高。

四、简答题(答案要点)

1. 怎样科学、合理地安排和组织幼儿的一日生活?

(1)时间安排应有相对的稳定性与灵活性,既有利于形成秩序,又能满足幼儿的合理需要,照顾到个体差异;

(2)教师直接指导的活动和间接指导的活动相结合,保证幼儿每天有适当的自主选择和自由活动时间,教师直接指导的集体活动要能保证幼儿的积极参与,避免时间的隐性浪费;

(3)尽量减少不必要的集体行动和过渡环节,减少和消除消极等待现象;

(4)建立良好的常规,避免不必要的管理行为,逐步引导幼儿学习自我管理。

2. 学前儿童为什么容易发生意外事故?

(1)保教人员安全意识不强,安全措施落实不到位;

(2)幼儿缺乏生活经验,安全观念淡薄;

(3)幼儿运动系统发育不完善,平衡功能较差;

(4)托幼机构的客观环境因素。

3. 幼儿教师实施惩罚时要注意哪些事项?

(1)要使惩罚具有教育意义;

(2)运用惩罚法要做到"三要":惩罚要及时,惩罚要正确、公平、合理、适当,惩罚时间要短,不宜过长;

(3)惩罚的基础是尊重与严格要求相结合;

(4)要注意儿童受惩罚后的情绪;

(5)惩罚要依靠集体对儿童的帮助与支持;

(6)采用惩罚方法要考虑年龄特点和个性特点;

(7)惩罚应和其他教育方法相结合;

(8)要注意不要轻易惩罚儿童。

4. 简述5~6岁幼儿动作发展中力量和耐力的发展目标。

(1)能双手抓杠悬空吊起20秒左右;

(2)能单手将沙包向前投掷5米左右;

(3)能单脚连续向前跳8米左右;

(4)能快跑25米左右;

(5)能连续行走1.5公里以上(途中可适当停歇)。

五、论述题(答案要点)

1. 游戏是幼儿的基本活动。试分析在幼儿的游戏活动中,教师起什么样的作用,创设幼儿园游戏环境有哪些要求。

(1)教师的作用:①为游戏开展做好充分的前期准备,包括激发幼儿游戏的兴趣,丰富其相关经验,提供适宜的游戏材料,安排布置游戏场地等;②细致观察幼儿在游戏中的各种行为,了解幼儿在游戏中的表现,如游戏中的同伴关系,游戏的持续时间、专注程度,幼儿与材料的互动关系,等

等；③根据上述观察的情况，结合幼儿的特点，适时、适度、适当地参与幼儿游戏，促进游戏顺利开展，帮助幼儿拓展和丰富游戏情节，提升游戏水平；④组织幼儿结束游戏，整理游戏材料，引导幼儿分享经验，提升游戏水平，酌情对幼儿开展游戏的情况进行总结。

(2)要求：①符合安全性要求。身体安全涉及游戏场所的宽敞，便于通行和游玩，游戏的玩具材料的摆放要安全可靠、牢固结实，没有导致幼儿碰倒、刺伤等危险因素的存在；心理安全是指让幼儿获得充分游戏活动的机会，让他们感到在集体中是受尊重、受欢迎的。安全的游戏环境是幼儿健康成长的保障，只有在安全的环境里，幼儿才能充分自由地开展游戏。②能吸引幼儿主动参与。游戏环境不应该仅仅是环境美化，更应该注重环境的参与性和互动性，为幼儿提供符合其年龄特点和个体需要的各种环境和材料，让幼儿能在与环境的相互作用中获得发展。③环境各异，能开展多样性游戏活动。游戏环境的规划应该综合考虑幼儿的活动需要和课程开展的需要，尤其是幼儿多样性游戏玩耍的需要。游戏环境无论是室内还是室外都应该尽可能丰富多样，并富有变化。④空间密度适宜。空间密度会影响幼儿的游戏和游戏中的交往行为。空间密度减少，就意味着拥挤程度增加，相应地必然会减少幼儿的大动作活动，增加幼儿相互之间的冲突。相反地，空间密度增加，幼儿的大运动游戏肯定会增加。⑤玩具材料丰富。无论是室内还是室外游戏环境，都应该尽可能提供充足的玩具和材料，并不断随幼儿的发展进行调整和补充。

2. 试论述幼儿情绪发展的特点，并结合《3～6岁儿童学习与发展指南》分析教师应如何维持幼儿的积极情绪。

(1)特点：①情绪的易冲动性。随着年龄的增长、语言的发展，幼儿逐渐学会接受成人的语言指导，调节控制自己的情绪。

②情绪的不稳定性。婴幼儿期的情绪是非常不稳定的，容易变化，表现为两种对立的情绪在短时间内互相转换。幼儿晚期，孩子情绪的稳定性会逐渐增强，但仍受家长和教师的感染，所以家长和教师在幼儿面前必须控制自己的不良情绪。

③情绪的外露性。婴儿期的孩子的情绪完全表露在外，丝毫不加控制和掩饰。幼儿晚期，幼儿调节自己情绪表现的能力已有一定的发展。在正确的教育下，随着幼儿对是非观念的掌握，幼儿对情绪的调节能力会很快发展起来。

④高级情感发展的特点：其一，道德感。道德感是因自己或别人的言行是否符合社会道德标准而引起的情绪体验。其二，理智感。理智感是在认识客观事物的过程中所产生的情感体验，它与人的求知欲、认识兴趣、解决问题的需要等满足与否相联系。其三，美感。美感是人对事物审美的体验，它是根据一定的美的标准而产生的。

(2)维持幼儿的积极情绪：①营造温暖、轻松的心理环境，让幼儿形成安全感和信赖感。如保持良好的情绪状态，以积极、愉快的情绪影响幼儿；以欣赏的态度对待幼儿，注意发现幼儿的优点，接纳他们的个体差异，不简单与同伴做横向比较；幼儿做错事时要冷静处理，不厉声斥责，更不能打骂。

②帮助幼儿学会恰当表达和调控情绪。如成人用恰当的方式表达情绪，为幼儿做出榜样。如生气时不乱发脾气，不迁怒于人；成人和幼儿一起谈论自己高兴或生气的事，鼓励幼儿与人分享自己的情绪；允许幼儿表达自己的情绪，并给予适当的引导。如幼儿发脾气时不硬性压制，等其平静后告诉他什么行为是可以接受的；发现幼儿不高兴时，主动询问情况，帮助他们化解消极情绪。

押题试卷

教师招聘考试学前教育押题试卷(十一)

一、单项选择题

1. A 【解析】有些歌曲内容丰富，有情节、有人物，歌词本身就构成了一个相对完整的故事，这样的歌曲就可以结合语言活动让幼儿充分熟悉歌曲的情节和内容，体会歌曲所表达的情绪情感，更好地学习和掌握歌曲。所以，这位教师运用了把歌唱活动与语言活动相结合的教学方式。

2. C 【解析】奥尔夫强调儿童音乐教育应该从“元素性”音乐教育入手，强调利用最原始、最简单的节奏和音高元素，以人类最根本、最自然，也是最古老的音乐实践形式——简单的拍手、打击乐器及即兴创作等方式面向每一个儿童，唤起他们身上潜在的音乐本能，使音乐成为他们自发的要求。

3. B 【解析】幼儿的年龄是选择故事时必须考虑的因素。对于低龄幼儿，宜选择重复率高(包括词、句与段落的重复)且朗朗上口的故事。

4. D 【解析】儿童的平面手工活动主要有粘贴、剪贴、撕贴、染纸等形式。

5. C 【解析】条件练习法是变化练习法的一种，它

是设置一定的具体条件，要求学前儿童按规定的条件做动作。题干描述的是条件练习法。

6. C 【解析】教师可以采用创造性提问的方法，以启发幼儿的想象力。例如，在著名故事《狼来了》中，教师可以这样问："男孩的羊被狼吃掉了，为什么没有任何人去帮他。这时男孩一定后悔说谎话，欺骗人们。如果他当初不说谎话，真的有狼来了，会是什么样子呢？"不过，创造性提问只适合于年龄较大的幼儿。

7. B 【解析】社会领域的目标之一是：乐意与人交往，礼貌、大方，对人友好。题干中开展的活动有利于此目标的达成。

8. B 【解析】意愿画是幼儿根据自己的生活经验，由自己独立确定绘画主题和内容，运用所掌握的美术知识和技能，自由地表达自己情感、愿望的一种绘画方式。

9. A 【解析】涂鸦期的年龄范围是1.5～3岁。

10. D 【解析】渗透的科学教育活动包括日常生活中的科学教育、游戏活动中的科学教育、其他教育活动中的科学教育等。教师要根据活动形式的不同，进行不同程度的指导。

11. B 【解析】在谈话过程中教师可以隐性示范正确的谈话内容，可以以提问或发表不同意见的形式拓展谈话话题，影响和把握谈话的进程，使谈话不流于无序的过程，使儿童的表达紧扣中心话题。

12. B 【解析】3～4岁儿童在韵律活动中的动作表现往往是以自我为中心的，他们还不善于运用动作与同伴配合、交流、共享。但他们在动作的创造性表现方面有了初步的意识和发展。

13. B 【解析】谈话活动注重谈话间的多方交流。故B项不正确。

14. A 【解析】三岁以后，大多数幼儿由于受神经系统协调性发展的局限，其平衡及自控能力还较差，特别是腿部力量较弱，脚掌缺乏一定的弹性，身体左右摇摆比较大，所以对幅度较大的上肢动作易于掌握，对下肢肌肉力量及弹性要求不是太高的单纯移动动作如小跑步、小碎步等较易掌握，而对跳跃动作及上、下肢联合的复合动作掌握起来还有一定的困难。

15. B 【解析】学前儿童音乐教育活动包括歌唱活动、韵律活动、打击乐演奏活动和音乐欣赏活动。故选B。

16. A 【解析】早期阅读技能并不是那些具体字词的识得，也不是有些成人所注重的汉语拼音的学习，而是儿童将来全面学习书面语言所必需的基本学习策略的准备。儿童在早期要学习掌握未来书面语言学习的方式和途径。

17. B 【解析】中班幼儿走的基本动作的发展目标是：能听信号按节奏上下肢协调地走和跑；能听信号变速走、变速跑；能听信号变化方向走；能前脚掌着地走、倒退走；能跨过低障碍物走；能绕过障碍物跑；能快跑20米，走跑交替（或慢跑）200米左右；能在一定范围内四散追逐；能步行1.5公里，连续跑约1分钟；能听信号切断分队走、一路纵队走。

18. C 【解析】总谱创编导入主要适应于原设计比较单纯，可以让儿童有更多创造性表达机会的打击乐作品。

19. D 【解析】"使儿童能初步了解自己与他人的情绪，初步懂得同情和关心他人"是中班社会教育目标。A、B、C项属于小班社会教育目标。故答案选D项。

20. B 【解析】延迟模仿是指儿童从各种途径自然而然地接受语言，不立即模仿说出，只是隔一段时间后，或在类似情境出现时，才模仿说出相类似的语言。如儿童在家模仿老师上课说话就是一例典型。当然，这种模仿经常不是原汁原味，已被儿童无意识地增加或遗漏了一些。

21. B 【解析】图像表征层次的儿童，能直接通过看图片上的影像（图片上画有数个斜度不同的面与玩具小汽车），就能理解和表达谁快谁慢。

22. D 【解析】学前儿童美术教育首先要遵循学前教育的一般原则，如思想教育性原则、科学发展性原则、启发探索性原则等；其次要遵循学前儿童美术教育的目的、美术本身的特性；最后应遵循审美性原则、创造性原则和实践性原则。

23. B 【解析】学前科学教育内容的选择原则包括科学性和启蒙性、广泛性和代表性、地方性和季节性、时代性和民族性等四个方面，时代性是指学前科学教育的内容应适当反映时代与科技进步的新知识。题干的描述体现了科学教育内容选择的时代性原则。

24. C 【解析】可以用于科学教育的文艺作品的范围很广，主要有文学作品和艺术作品两大类，文学作品包括诗歌、童话、故事、谜语等；艺术作品包括图片、画册、录像、歌曲与律动等。

25. B 【解析】行为目标是以显性化、精确性、具体的、可操作的行为的形式加以陈述的课程目标。故B项正确。

26. C 【解析】为幼儿所选的歌曲在音乐表现上具有以下特点：旋律朴素而富有表现力，节奏较简单而鲜明，调式特征明显，曲式结构多重复，音响丰富逼真。故C项错误。

27. C 【解析】遮挡式是儿童期最高的构图形式，以这种方式构图的画面有了清晰明确的前后

关系。

28. C 【解析】幼儿正处于人体生长发育的高峰期，在运动中主要表现出运动连续时间较短，自我控制能力、自我评估能力较差的特点。教师在安排运动内容时，应考虑到幼儿的年龄特点，多采用低强度、高密度的活动内容。同时，在运动中更多运用间歇的方式进行操作，以保证幼儿能在长时间内，逐步增大运动量。

29.B 【解析】操作法是指提供给儿童合适的材料、教具、环境，让儿童在自己的摆弄、实践过程中进行探索，最后使幼儿获得感性经验的逻辑知识的一种方法。题干中教师提供一定数量花的模型给幼儿计数，幼儿逐渐学会了6以内的数字，体现了操作法。故本题选B项。

30. B 【解析】从课程评价的方法划分，可以将课程评价分为定性评价和定量评价。

二、多项选择题

1. ABC 【解析】在蒙台梭利教育体系中，自由、作业和秩序是蒙台梭利为儿童营造的三根主要支柱。

2. ABCD 【解析】课程的基本要素包括课程目标、课程内容、课程组织和课程评价。

3. ABCD 【解析】学前儿童心理健康教育常用的方法有：(1)情境教育法。即让幼儿以表演的形式表现出在不同的社会情境中如何做出有效的行为和对策，帮助幼儿认识在社会中可能遇到的问题，并做出合乎社会规范的行为反应，提高幼儿判别是非、经受挫折的能力，增强其社会适应性。(2)榜样示范法。基于幼儿的直观思维，模仿能力强等特点，通过给幼儿一个榜样的具体形象，让他们进行模仿，逐渐养成与榜样一致的行为习惯，这对培养幼儿良好的行为习惯十分有效。(3)实践锻炼法。让幼儿对已学过的行为及技能进行反复的练习，在具体实践中加深幼儿对它们的理解和掌握，从而形成稳定的行为习惯。(4)家园同步教育法。家园同步教育，往往比单方实施教育的效果更快、更好、更巩固。(5)讲授教育。具体而形象地向幼儿讲解有关心理健康的一些粗浅知识，提高幼儿对维护自身心理健康的认识水平，改善幼儿对心理健康的态度。但这样做，要注意形式多样、生动、内容贴切、适宜。(6)行为练习法。行为练习是指让儿童对已经学过的技能和行为进行反复练习，加深儿童对某个行为或技能的理解和掌握，从而形成稳定的行为习惯。

4. AB 【解析】根据课程内容的组织是以客体为核心还是以主体为核心，或者说是以学科知识为核心还是以儿童的经验为核心来划分，可将幼儿园课程分为学科课程与经验课程。

5. ABC 【解析】在学前儿童体育活动设计中，应遵循的规律包括人体机能适应性规律、人体生理机能活动能力变化的规律和动作技能形成的规律。

6. BCD 【解析】早期阅读行为是指学期儿童从口头语言向书面语言过渡的前期阅读准备和前期书写准备。其中包括儿童在学前阶段知道图书和文字的重要性，愿意阅读图书和辨认汉字，同时掌握一定的阅读和书写的准备技能等。由此可见，早期阅读行为的培养主要在于激发学前儿童阅读的兴趣，养成良好的阅读习惯，掌握早期阅读的有关技能。

7. ABC 【解析】学前儿童操可分为模仿操、徒手体操、轻器械体操等不同类别。

8. ABC 【解析】“倾听行为技能的培养”在不同年龄，其具体目标要求是有差异的。对幼儿的要求可以有所提高，分为：有意识倾听(小班)，辨析性倾听(中班)，理解性倾听(大班)。

9. ABCD 【解析】科学的课程评价标准应具有四个基本特征：(1)准确性——指评价标准能保证所有的信息是需要的、可靠的。(2)有用性——指评价结果具有实用价值，能为各类对象提供丰富的信息，并对课程的发展、应用推广有一定的影响作用。(3)合法性——指评价过程应符合社会道德标准、教育机构和个人的权益。(4)可行性——指切实可行，投入的人力、物力适宜有效。

10. ACD 【解析】涂鸦期阶段儿童从不能控制画笔和所画出的线条，到能手眼配合初步的控制，并对所画出的“画”发生视觉上的兴趣，产生形象上的联想。涂鸦期又分为无意涂鸦、控制涂鸦、命名涂鸦三个阶段。

三、简答题(答案要点)

1. 简述学前儿童语言教育的方法。

(1)示范法；(2)视听结合法；(3)游戏法；(4)表演法；(5)练习法。

2. 简述学前数学教育的途径。

(1)专门的数学教育活动：教师预定的数学活动(正式的数学活动)；儿童自主选择的数学活动(非正式的数学活动)。

(2)渗透的数学教育活动。

四、论述题(答案要点)

试述学前儿童社会性发展的影响因素。

(1)个性对学前儿童社会性发展的影响。个性是在个体的各种心理过程、各种心理成分发生发展的基础上形成的。2岁前，各种心理过程还没有完全发展起来，不可能组成有机的心理活动系统，因而不可能形成个性。此时，儿童的社会性发展，尤其是儿童的依恋主要由自身的气质特点所决定。2

岁左右，个性逐渐萌芽。3～6岁是个性形成过程的开始时期。这个阶段明显地出现个性所具有的各种特点，个性的各种结构成分，特别是自我意识和性格、能力等个性心理特征已经初步发展起来；有稳定倾向性的各种心理活动已经开始结合成为整体，形成个人独特的个性雏形，从而对学前儿童的社会性发展起着举足轻重的作用。

(2)家庭对学前儿童社会性发展的影响。有效的家庭教育能够促进儿童习得社会生活的基本行为规范，培养儿童良好的思想道德品质和独立自主的能力，促进儿童个性的形成和发展。因此，家庭结构、家庭生活环境、家庭关系、家长教养观念等都不同程度地影响着儿童的社会性发展。

(3)幼儿园对学前儿童社会性发展的影响。除了家庭以外，学前儿童在幼儿园的时间最多，与教师、同伴的接触最多。幼儿园对学前儿童的影响是最直接的，也是最大的。众多的研究表明，幼儿园的物理环境和空间使用状况对学前儿童的行为表现会有较大的影响；幼儿园的心理环境(即精神环境)更是影响学前儿童社会性发展的重要因素。我们应当充分认识幼儿园对学前儿童社会性发展的重要作用，通过营造良好的幼儿园环境，促进学前儿童社会性发展。

五、案例分析题(答案要点)

(1)幼儿学习数学的心理特点有：

①学前儿童的思维主要是以形象思维为主，对物体的认识往往需要借助具体直观的材料，但数学知识却是一种高度抽象的知识，需要摆脱具体事物的其他无关特征才能获得。案例中的小朋友是在动手过程中不断改变自己的分类的。

②所谓"自觉"，指的是对自己的认知过程的意识。儿童往往对自己的思维过程缺乏自我意识。主要是因为其动作还没有完全内化，他们对事物的判断还停留在具体动作的水平，而没有上升到抽象的思维水平。

③这一阶段的儿童逐渐从自我中心向社会化过渡。案例中航航已经开始会听取小伙伴的建议去进行分类。

(2)总体来说，教师的干预行为有恰当的、也有不恰当的。理由：

①当小朋友在操作中遇到困惑的时候，教师没有给予直接的帮助，而是微笑着给幼儿回应，让幼儿尽量自己去解决。

②教师没有对小朋友的分类进行评价，而是在活动结束的时候给予一个总结性的评价：给物体分类按照不同的方法有不同的分类结果。这种做法其实是忽略了幼儿操作中的过程性评价，而只是进行了结果性评价，所以是有失偏颇的。

六、活动设计题(参考答案)

快乐的国庆节(大班)

(一)活动目标

(1)知道交流的听说轮换，耐心倾听他人的谈话。

(2)乐意参与到"快乐的国庆节"的谈话活动中去，能围绕中心话题绘画并交流。

(3)学会清楚地同他人交谈自己"国庆节"所去地方的特色及其感受。

(二)活动准备

(1)幼儿过"国庆节"期间的各种照片及相关景点或场所的资料图片、宣传广告等。

(2)"国庆节"期间的各种纪念品。

(三)活动过程

1. 创设情境，引发幼儿谈话兴趣

教师："请大家看看我们的教室展出了小朋友带来的'国庆节'的很多纪念品和照片。大家自由看看，边看边向你身边的小朋友介绍一下这个国庆节你去了哪里，你和谁去的，有什么好玩的，在那里发生了什么开心的、难忘的事情。相互说一说。"

2. 幼儿围绕话题自由交谈

(1)幼儿个别自由交谈：请幼儿在活动室观看"快乐的国庆节"的相关资料和纪念品，激发幼儿对"快乐的国庆节"的回忆和谈话兴趣。幼儿边观看展品边围绕"快乐的国庆节"自由交谈，教师以平等的交谈者参与幼儿的谈话交流。

(2)分组自由绘画交谈。

师："刚才大家交谈了这个'国庆节'我们玩过的地方和各种玩具。可是我们还有很多地方没有去又很想去的。现在，你们可以把这些地方想象一下然后画下来，边画边和身边的朋友交谈：你画的是什么地方，你最想玩什么，为什么。"

3. 教师引导幼儿拓展谈话范围

在幼儿分组自由绘画并交谈的基础上，教师请幼儿各自拿着自己的画围绕"快乐的国庆节"进行集体交谈，逐步拓展话题内容。

教师提问引发幼儿拓展谈话内容：谈谈自己觉得最有趣的地方，为什么有趣。

谈谈自己画的关于国庆节的内容。

说说自己明年准备怎么过快乐的国庆节。

针对每个问题，教师面向全体幼儿提出后，先请幼儿同他身边的幼儿进行交流，使每个幼儿参与谈话，然后请个别幼儿围绕问题面向全班进行交流。

4. 隐性示范新的谈话经验

教师拿出自己和家人"国庆节"外出度假的照片，谈谈自己"快乐的国庆节"和自己在旅游时对保护环境的一些想法。请幼儿对感兴趣的照片和绘画内容继续自由交流。

教师招聘考试学前教育押题试卷(十二)

一、单项选择题

1. C 【解析】学前儿童科学教育的内容应符合儿童的年龄特点和认知发展水平,基因工程对学前儿童来说太过抽象,不适合作为学前儿童科学技术教育的内容。

2. B 【解析】幼儿园课程目标主要分为总目标、年龄阶段目标、学期目标、月或周目标、某一教育活动目标等五个目标。

3. A 【解析】科学性和启蒙性是幼儿园科学教育内容选择的首要要求。所谓科学性是指幼儿园科学教育的内容应符合科学原理,不违背科学事实。所谓启蒙性是指幼儿园科学教育的内容应是粗浅的而不是系统的科学知识,应是幼儿可见、可直接探索的内容,不能超越幼儿的发展水平和理解能力。

4. D 【解析】意愿画是儿童根据自己的生活经验,由自己独立确定绘画主题和内容,运用所掌握的美术知识和技能,自由地表达自己的情感、愿望的一种绘画方式。命题画是指由教师确定集体绘画的主题与要求,儿童按照绘画的主题与要求作画的一种绘画形式。装饰画是指儿童运用各种花纹、色彩在各种不同的纸上对称地、和谐地、有规则地进行美化、装饰的一种绘画形式。故答案选D项。

5. B 【解析】抟圆是指将泥放在两手的手心中间,双手加力均匀转动,将手中的泥团成圆球。

6. B 【解析】"我自己吃饭了""我上大班了"反映幼儿掌握一定生活技能,具有自主性。这体现的社会领域活动内容是自我成长。

7. D 【解析】根据材料的形状分类,分点状(纽扣、珠子、小石头等)、线状(棉线、毛线、绳子等)、面状(纸、布、树叶等)、块状(盒子、瓶子、石块、泥块等)。

8. A 【解析】根据课程内容的组织是以客体为核心还是以主体为核心,或者说是以学科知识为核心还是以儿童的经验为核心来划分,可将幼儿园课程分为学科课程与经验课程。学科课程是一种以学科知识为中心来编排的课程。它主张应该教给儿童基本知识、概念和基本科学规律,教学内容应适合儿童智力发展水平和已有的生活经验,教材应精选具有典型性和范例性的内容。经验课程也叫活动课程,是以儿童的兴趣、需要和能力为出发点,通过儿童自己组织的活动而实施的课程。

9. C 【解析】表现性目标与教学性目标有所不同,它强调儿童的个性化,关注儿童创造性的培养。

10. C 【解析】按数取物即按一定的数目拿出同样多的物体。口头数数即3~4岁的幼儿一般能从1数到10,但一般都像背儿歌似的背诵这些数字,带有顺口溜的性质,并没有形成每一个数词与实物间的一对一的联系,幼儿尚不理解数的实际意义。按物计数即要求幼儿在口头数数的基础上,将数字与客观事物的数量联系起来,建立数与物之间的一对一的联系,做到口手一致地点数。按物点数较口头计数复杂,它需要多种分析器参与活动。说出总数即幼儿在按物点数后,能够说出所数物体的总数。故答案选C项。

11. A 【解析】3~4岁的儿童一般能正确认识和区分圆形、正方形、三角形,且对椭圆形、长方形、半圆形等其他平面图形也有一定的匹配能力;能根据成人提供的范例找出与之相同的图形。

12. D 【解析】生活是幼儿获得直接经验最理想的场所、最便捷的方式。题干的描述体现了学前教育课程内容选择的生活化原则。

13. A 【解析】学前儿童科学教育是指幼儿在教师的指导下,通过自身的活动,对周围的自然界(包括人造自然)进行感知、观察、操作、发现,以及提出问题、寻找答案的探索过程。

14. C 【解析】非正式量具测量也称自然测量,指不采用通用标准的量具,而是运用一些自然物,如木棍、积木、绳子、手指、手臂、步长等作为量具,对物体进行直接测量的方法。

15. C 【解析】跳跃教学的重点是起跳和落地。起跳是决定跳跃远度和高度的主要因素;落地轻、稳,保持平衡,是保证活动安全的重要条件。

16. A 【解析】柯达伊以"儿童自然发展法"作为课程安排主要的依据,也就是根据正常儿童在其成长的各个时期的能力来编排课程的顺序。

17. C 【解析】铃木认为,才能并非取决于遗传,而是通过后天环境和教育有效的影响发展起来的。在儿童音乐才能的发展过程中,环境是第一个重要的条件。他坚信,人是受环境影响的。

18. B 【解析】达尔克罗兹音乐教育体系及教学实践的基本内容分为体态律动、视唱练耳和即兴创作三个方面。达尔克罗兹认为,这三者构成了音乐教育中的三个重要分支,"其本质和核心部分是节奏运动,与它密切相关的是听觉能力和自发性创造能力(即视唱练耳和即兴创作活动)"。

19. A 【解析】可行性原则指饮食营养教育活动应适合学前儿童的身心发展特点。

20. D 【解析】中班幼儿歌唱活动的目标之一:能用

正确的姿势、自然的声音歌唱，并做到吐字清楚、唱准曲调和节奏。

21. C 【解析】幼儿园课程基本特征包括：基础性与启蒙性、生活性、游戏性、整合性、活动性与直接经验性、潜在性。

22. D 【解析】教育幼儿假期不要单独到水池边、河边玩耍，要在成人的陪伴下游泳，并让幼儿了解预防溺水的相关知识等属于安全教育的内容。

23. A 【解析】瑞吉欧的课程与教学主要是以“项目工作”或“项目活动”的方式展开的。项目活动是瑞吉欧教育方案的灵魂和核心。

24. A 【解析】适量的运动负荷原则是指在组织幼儿进行身体锻炼活动时，教师应注意合理安排、调节幼儿的身体和心理所承受的负荷量，以达到最佳锻炼效果，提高身体运动的机能，保证身心和谐发展。

25. D 【解析】到6岁以后，儿童98%以上使用完整句。故A项错误。2.5岁到4岁是语音发展的飞跃期。故B项错误。儿童最早获得的是专用名词，然后逐渐获得普通名词、相对词。故C项错误。儿童的不完整句大多发生在2岁以前，主要是单词句和双词句。故D项正确。

二、判断题

1. × 【解析】谈话活动的主要目的是鼓励儿童大胆、自由地与他人交谈，自由地表达自己的观点和认识，因此，在儿童表达时对语言的要求在其次。如果在谈话活动中，教师一味地去纠正和指出儿童用词造句或表达内容上的对错，势必会降低儿童表达的积极性。

2. × 【解析】文学活动着重培养儿童的欣赏文学作品能力以及利用文学语言表达想象、表达生活经验的能力。

3. √ 【解析】儿童最初的句子结构是不完整的。儿童的不完整句大多发生在2岁以前，主要是单词句和双词句。大约在2岁以后，儿童逐渐出现比较完整的句子。完整句的数量和比例随年龄的增长而增长。到6岁以后，儿童98%以上使用完整句。

4. √ 【解析】学前教育课程实施是把静态的课程方案转化为动态的课程实施的过程，是教师以课程计划为依据而组织幼儿活动的过程，是达到预期课程目标的基本途径。课程实施本质上是课程的“再设计”过程，是教师富有创造性的劳动。

5. × 【解析】学前语言教育内容既包括教师通过有目的、有计划地组织的专门活动内容，也包括渗透在从儿童入园的问候、晨间谈话，到儿童离园时的道别等各个环节之中以及其他领域活动中的语言教育内容。

6. × 【解析】大班儿童数学教学的内容包括：(1)学习10以内的单数、双数、相邻数以及认识零；(2)学习10以内数的分解和组成，体验总数与部分数之间的等量关系，部分数与部分数之间的互补和互换关系；(3)学习10以内数的加减，认识加号、减号，理解加法、减法的含义，初步掌握10以内加减运算的技能，体验加减互逆关系。书写10以内的数字不属于幼儿园大班数学教学的内容。

7. √ 【解析】学前儿童自我控制能力结构主要由自觉性、坚持性、自制力和自我延迟满足四个方面组成。

8. √ 【解析】轻器械体操是指在学前儿童徒手操的基础上，手持较轻的器械所做的各种体操动作。轻器械体操除了具有徒手体操的动作要求以外，还需要根据所持器械的特点，做一些特殊的体操动作，如哑铃操需做各种击铃动作等。

9. × 【解析】儿童语言的发展是指儿童语言理解和表达能力成长变化的过程和现象。

10. × 【解析】正确的跳跃姿势：两脚稍稍分开，呈半蹲状，小屁股微翘，攥紧小拳头，然后开始起跳。注意幼儿的小脚一定要分开，并且要半蹲，小屁股一定要做到标准，如果孩子以上这些部位的姿势做不到位，那他跳跃时就容易扭伤腿。

三、简答题(答案要点)

1. 幼儿园课程内容选择有哪些基本原则？

(1)目的性原则(与课程目标一致)；(2)适宜性原则(考虑发展的适应性)；(3)生活化原则(源于生活、并加深对生活的认识)；(4)兴趣性原则(是儿童感兴趣的、关心的)；(5)基础性原则(要有利于儿童的长远发展)；(6)逻辑性原则；(7)价值性原则；(8)直接经验性原则(能够让儿童获得直接经验)；(9)兼顾“均衡”与“优先”的原则(要有利于儿童的全面发展)。

2. 简述3～4岁儿童学习科学的特点。

(1)认识处于不分化的混沌状态；(2)认识带有模仿性，缺乏有意性；(3)认识带有明显的拟人化倾向；(4)认识带有表面性和片面性。

3. 简述学前社会教育中自我意识的目标。

(1)引导儿童初步了解有关自己成长的最基本的知识；

(2)初步培养儿童的自信心、自尊心及独立性，以及最基本的自我控制和应变能力；

(3)引导儿童正确认识自己，能够进行准确的自我评价；

(4)学会用恰当的方法表达自己的爱好、需求、情绪和情感。

4. 简述学前儿童学习数学的心理特点。

(1)从具体到抽象；(2)从个别到一般；(3)从外部

动作到内化动作;(4)从同化到顺应;(5)从不自觉到自觉;(6)从自我中心到社会化。

四、案例分析题(答案要点)

(1)在案例一中,很明显老师在教学活动中失控了,没有很好地掌控课堂。当男孩质疑老师:猫的胡子是长在鼻子上,而不是长在脸上的。老师把关注点放在了这个问题的正确答案上,没有真正领会孩子提出这个问题的原因。孩子一再地提出自己的看法,老师没有做出正确地回应。幼儿的绘画活动并不像成年人的画作一样要求写实性,最重要的是引导孩子去想象、感受对物体的美的感觉。案例二中教师的回应确实有效控制了课堂秩序,但是也丧失了一个很好的教学契机。

(2)美术活动是一种培养幼儿感受美和表现美的教学活动。其中幼儿教师的引导作用至关重要,良好的美术启蒙教育将会为孩子一生的发展打下良好基础。教师和幼儿之间的互动不仅涉及师幼关系问题,还涉及幼儿美术活动的教育教学方法问题。作为教师:①要正确处理教师和幼儿之间的关系,这主要表现在日常的师幼互动中,教师要真正尊重幼儿,尊重他们的想法、意愿,允许他们自由表达意见,针对幼儿的疑惑,教师需要做出符合幼儿认知能力的回答,并同时启发幼儿更多的思考,使幼儿的想象力和创造力不断得到发展。②要帮助幼儿建立良好的同伴关系也是幼儿教师的一大任务,这是因为同伴关系对幼儿社会性发展至关重要。因此,在教育教学过程中幼儿教师应该鼓励幼儿之间的友好交往,并帮助他们解决交往之间发生的冲突,学习正确的交往方式。

五、活动设计题(参考答案)

(一)活动名称

会咬人的电(小班健康教育活动)

(二)活动目标

(1)具有安全用电的意识。

(2)认识"有电危险"的标志。

(3)学会安全用电,知道不能用手触摸插座的插孔。

(三)活动准备

多媒体教学动画《会咬人的电》、"有电危险"的标志图片、接线板。

(四)活动过程

1. 幼儿观看动画,教师根据动画内容对幼儿进行简单提问

(1)动画里都有谁?

(2)他们偷的宝贝是什么?

(3)接线板里面藏着什么?可以用手触摸接线板吗?触摸了会发生什么呢?

(4)我们的教室里有接线板吗?我们能用手去触摸吗?

2. 认识"有电危险"的标志

教师出示图片引导幼儿认一认、说一说在哪见过这样的标志,以加强幼儿对"有电危险"标志的认识。(幼儿自由交谈)

3. 教师小结

不管是在幼儿园还是家里,我们都不能碰接线板,更不能用手指或小金属片去插电插线板和插座的小嘴巴,插头要请大人来插,小朋友要学会安全用电。

教师招聘考试学前教育押题试卷(十三)

一、单项选择题

1. C 【解析】游戏操作是以游戏的方式引导儿童参与活动,进行操作学习。游戏操作是一种在玩中的学习,其要求有:(1)给儿童自己探索的空间;(2)让儿童在活动过程中有愉悦感。

2. A 【解析】视谱演唱无疑是学唱歌曲的最高境界,它不仅可以使人们完全主动地去学唱歌曲,并且可以使演唱更加准确、细腻、富有个性。

3. B 【解析】全面性原则是指学前儿童社会教育的内容是广泛的,它涉及很多方面。从生活的维度看它涉及个人生活、家庭生活、社会生活、社区生活、人类生活的内容;从心理结构的维度看它涉及社会认知、社会情感、社会行为三方面的内容;从社会关系的维度看,它涉及儿童与自我的关系、儿童与他人的关系、儿童与社会的关系。如果要培养完整的儿童,学前儿童社会教育的内容要尽可能地涉及各个方面。

4. C 【解析】观察导入主要适应于让儿童在观察具体事物的外部形象或运动状态后,立即用自己的动作创造性地进行表现的活动。

5. B 【解析】儿童操作实验是由儿童亲自动手操作并参加实验的全过程,主要用于比较容易、简单、带有游戏性质的实验。

6. C 【解析】在题干描述的活动中,活动内容具有可探索性、可猜想的因素,活动中出现了需要儿童解决的问题。通过儿童的探索和发现,他们获得了学习的经验。因此体现了可探索性。

7. D 【解析】故事导入方法主要适应于情节性比较强的韵律动作组合的学习或创编活动。

8. A 【解析】科学讨论型科学教育活动是指学前儿童在亲自探究与收集资料、整理资料的基础上,通过集体的交流讨论等手段获取科学知识的一

种科学教育活动。故A项正确。

9. D 【解析】自然角就是在幼儿园的活动室内向阳的窗台、角落,安放一张桌子或设置一个分层木架,将一些适于在室内生长和照料的动植物,或收集来的无生物,有秩序地布置在上面。

10. C 【解析】视觉参与的方法主要是指在音乐伴奏下用欣赏或创作美术作品的方法来感知和表现音乐。

11. C 【解析】课程创生取向指的是把课程看成是教师与学生联合创造的教育经验,课程实施本质上是在具体教育情境中创生新的教育经验的过程,而课程计划只是选择的工具而已。

12. D 【解析】正式量具测量是指以通用的标准量具对物体进行测量。适合学前儿童使用的测量工具主要有尺子、天平、温度计、钟表、秤等。

13. C 【解析】定型期又称图式期,这一时期的儿童开始努力将头脑中的表象用图画的方式表现出来。

14. B 【解析】强强的分类是按吃的、玩的分类,属于按物体的用途分类。

15. B 【解析】从讲述的内容来分,可分为叙事性讲述、描述性讲述、说明性讲述和议论性讲述。

16. A 【解析】涂鸦期的年龄范围是:1岁半~3岁。涂鸦期的阶段含义是指儿童从单纯的肌肉运动(玩笔画线阶段),转变为对图画的想象、思考阶段。它的表现特征:此阶段儿童从不能控制画笔和所画出的线条,到能手眼配合初步的控制,并对所画出的“画”发生视觉上的兴趣,产生形象上的联想。

17. B 【解析】在实践中较常见到的“活动课程”以及“综合教育”,就是一种打破学科之间的界限,从儿童需要出发的心理组织法的实践,它使幼儿园课程内容呈现出按心理顺序组织的特点。

18. D 【解析】学前语言教育活动设计与组织的原则有:(1)教育活动中经验连续性的原则;(2)教育活动中主客体交互作用的原则;(3)教育活动相互渗透的原则;(4)活动内容和活动方式相适应的原则。

19. B 【解析】小班早期阅读活动的阶段目标:(1)喜欢看书,了解看书的基本方法,能初步看懂单幅儿童图画书的主要内容;(2)能用口头语言将儿童图画书的主要内容说出来,开始感受语言和其他符号的转换关系;(3)对文字感兴趣,能在成人的启发下认读最简单的文字;(4)在活动中以描画图形的方式练习基本笔画。

20. A 【解析】美国心理学家班杜拉认为人的行为可以通过观察别人的行为而获得。学前儿童随时都在观察,他们每天都在观察成人的言行举止和态度,观察周围环境中的一切,而且这种观察常常是在无意中、在成人未意识到的情况下发生的。由此可见,学前儿童社会学习是随机的和无意的,社会学习无处不在,无时不有。

二、判断题

1. × 【解析】幼儿园教师经常在体育活动中通过动作示范帮助幼儿掌握动作要领。

2. √ 【解析】在早期阅读活动中,儿童要学习的前书写经验包括:(1)认识汉字的独特书写风格,如能将汉字书写区别于其他的文字;(2)知道汉字的基本框架结构,如左右结构、上下结构等;(3)了解书写的最初步规则,学会按规则去写字;(4)知道书写汉字的工具,知道使用铅笔、钢笔、圆珠笔、毛笔书写时的不同要求;(5)学会用正确的书写姿势写字等。

3. × 【解析】幼儿健康是指儿童期各个器官、组织的正常的生长发育,能较好地抵抗各种急、慢性疾病;性格开朗,情绪乐观,无心理障碍,对环境有较快的适应能力。

4. × 【解析】题干的描述说明幼儿处于象征期,象征期是指儿童开始有目的地创造形体,用自己的样式符号(儿童图画中的形象)来尝试表现物体的阶段。

5. × 【解析】社会领域的教育具有潜移默化的特点,幼儿社会态度和社会情感的培养应渗透在多种活动和一日生活的各个环节之中,要创设一个能使幼儿感受到接纳、关爱和支持的良好环境,避免单一呆板的言语说教。

6. √ 【解析】体育活动能够促进学前儿童身体正常发育、机能协调发展,提高机体对环境的适应能力。

7. × 【解析】幼儿认识立体图形的顺序是:球体、正方体、圆柱体、长方体。

8. √ 【解析】大班(5~6岁)儿童已经开始能够从内在的、隐蔽的原因来理解科学现象的产生。

9. √ 【解析】正确的站姿:头端正,两肩平,挺胸收腹,肌肉放松,双手自然下垂,两腿站直,两足并行,前面略分开。

10. × 【解析】学前儿童体育游戏,是幼儿园体育活动中最重要的内容。它是以基本动作为主要内容,以游戏活动为主要形式,以增强学前儿童体质为主要目的的一种活动。

三、简答题(答案要点)

1. 简述幼儿园课程内容的内涵。

(1)幼儿园课程内容与幼儿园课程目标紧密相连;

(2)幼儿园课程内容应包含基本知识、基本态度、

基本行为三方面的内容；

(3)幼儿园课程内容应该是有机组织的。

2. 简述实施学前儿童心理健康教育应注意的问题。

(1)教师及周围成人自身心理素质的提高；

(2)渗透在日常教育工作中；

(3)善于观察，适时疏导；

(4)师生平等，尊重学前儿童人格，不要妄下结论；

(5)正确看待学前儿童个性差异；

(6)幼儿园与家庭、社会密切配合。

3. 简述学前儿童音乐教育中韵律活动的总目标。

(1)认知目标——能够感知、理解韵律动作与音乐的关系，尝试进行创造性的动作表现；能符合音乐的情绪要求以及音乐表现手段和表情来做动作。

(2)情感与态度目标——喜欢参加韵律活动和音乐游戏；积极体验参与韵律活动和音乐游戏的快乐；主动地追求用身体动作探索、表达音乐以及与他人合作表演的乐趣。

(3)操作技能目标——能够较自如地运用和控制自己的身体动作；能够掌握运用较简单的道具；能够在合作性的韵律活动中运用动作和表情与他人交流、配合。

4. 简述学前科学教育评价的意义。

(1)评价是控制学前科学教育质量的手段；

(2)评价是积累学前科学教育经验的重要途径；

(3)评价是改进学前科学教育的依据。

四、论述题(答案要点)

试述档案袋评价的内容。

(1)幼儿在幼儿园中的各种作品，如绘画、泥塑、折纸、数学作业等；(2)幼儿在活动中的照片或录像；(3)语言和音乐表现的录音；(4)教师对幼儿活动的观察记录；(5)幼儿自己通过语言录音、图画或文字的方式表达的自我反思、探究设想和活动过程；(6)轶事记录等。

五、案例分析题(答案要点)

(1)《幼儿园教育指导纲要(试行)》中指出幼儿园的科学教育是科学启蒙教育，重在激发幼儿的认知兴趣和探究欲望。要尽量创造条件让幼儿实际参加探究活动，使他们感受科学探究的过程和方法，体验发现的乐趣。

(2)案例中，“植物用什么喝水”引起了幼儿的极大兴趣，杜老师没有急于直接地告诉幼儿答案，而是为幼儿创造了一个动手操作的机会，让孩子们亲自种植植物并从中去观察、发现，最后得出结论。孩子的兴趣是一切活动的根源，杜老师没有直接告诉孩子们问题的答案，而是充分激发起孩子探索的兴趣，让他们主动地去观察、去发现，让孩子们从活动中得到最大程度的发展。

六、活动设计题(参考答案)

尖利的东西要小心(大班)

(一)活动目标

(1)知道尖利的物品如果使用不当会伤害身体；

(2)能正确使用尖利的物品。

(二)活动准备

尖利物品若干，如剪刀、筷子、笔、刀、吸管等。

(三)活动过程

1. 观察引题

(1)引导幼儿观察各种尖利物品，请幼儿说一说它们的名称和用途：桌上摆放的是什么？在生活中有什么用处？它们有什么共同的特点？为什么要设计成这样呢？

(2)小结：在我们生活中，有些东西有尖尖的头，有些东西有锋利的边缘，这些东西给我们的生活带来很多方便，是我们的好朋友。

2. 交流讨论

(1)引导幼儿根据切身体会，谈谈尖利的物品使用不当时可能对人造成的伤害。你们有没有被尖利的物品划伤或割伤过？为什么会弄伤？怎么处理的？

(2)小结：小朋友在生活中一定要正确使用尖利的物品，使用时应注意安全，避免受到伤害。

3. 分享经验

(1)引导幼儿讨论尖利物品的正确使用方法。这些尖利物品使用不当会伤害我们，我们应该怎样使用它们呢？

(2)请个别幼儿示范正确的使用方法。

(3)小结：生活中除了剪刀、筷子、铅笔等这些东西属于尖利物品，还有许多东西，如吸管、小棒、玻璃等。我们不能将尖利物品随意挥舞，也不能含着筷子、吸管或吃着有小棒的食物追逐，尖利物品用完后要收拾好，这样才能够保证自己和他人的安全。

教师招聘考试学前教育押题试卷(十四)

一、单项选择题

1. B 【解析】早期阅读活动重点培养儿童对书面语言的兴趣，引导他们逐渐产生对汉字的敏感性，丰富他们前阅读和前书写的经验。故B项正确。

2. B 【解析】在儿童感受、表现音乐的过程中，“载歌载舞”“唱唱跳跳”是最普遍的形式。

3. B 【解析】幼儿的初级科学概念是指幼儿通过各种科学探索活动，在他们以看、听、触、摸、尝、嗅

等方式直接感知事物所获得的感性经验和具体事实的基础上,对如此积累的科学经验组合、概括而得的结论。科学概念不同于科学经验,它不是直接的经验和具体的事实,而是由某个符号或词代表具有共同特征的一类事物、情境等。在学前科学教育中,儿童获得的概念还不是真正严格意义上的科学概念,而只能称为“初级科学概念”。题干中的儿童对“猫”这个概念的获得是初级科学概念。

4. C 【解析】儿童学习科学具有自我中心的特点。当儿童踩小草的时候会想到自己被踩到了会疼,由自己的感受想到小草的感受。

5. A 【解析】儿童体内能量物质的储备较少,身体机能较弱,但相对恢复得较快。教师根据其特点和身体机能适应性规律,应合理安排运动负荷和确定体育锻炼的间隔时间。故A项正确。

6. C 【解析】能够说出总数,这是计数能力发展的关键,它表明幼儿能运用数目和理解数目的实际意义。

7. C 【解析】在幼儿语言教育活动中,教师应尽量使用幼儿熟悉的语言而非术语或成人语,方便幼儿思考和理解。故C项错误。

8. D 【解析】为幼儿选择的歌曲,其歌词一般应具备以下几个特点:(1)歌词反映的主题与形象应单一,并是幼儿熟悉、理解并感兴趣的。(2)内容与文字富有童趣并易为幼儿所理解和记忆。(3)歌词形象鲜明,适宜用动作表现或进行游戏。

9. D 【解析】在学前阶段,儿童最容易掌握的是歌词,节奏次之,速度第三,呼吸第四,最难掌握的是音准。

10. A 【解析】社会领域的教育具有潜移默化的特点。幼儿社会态度和社会情感的培养尤应渗透在多种活动和一日生活的各个环节之中,要创设一个能使幼儿感受到接纳、关爱和支持的良好环境,避免单一呆板的言语说教。

11. A 【解析】大班增加了单脚起跳和双脚落地动作,不仅要求跳过水平障碍,还要求越过垂直障碍,跨越水平障碍时要求躲闪拦截人。

12. A 【解析】在近代儿童美术教育的历史上,为学前儿童美术教育做出突出贡献的教育家应首推裴斯泰洛齐和福禄贝尔。裴斯泰洛齐是最早表明可以向几乎一切儿童教授绘画和音乐的学前教育家。福禄贝尔把艺术教育纳入幼儿的教育活动之中,他为学前教育设置的教育内容包括:发展外部感觉、数学、自然、语言、绘画、唱歌、泥工等。

13. C 【解析】议论性讲述通过摆观点、讲事实来说明自己赞成什么或者反对什么。题干描述的是议论性讲述。

14. B 【解析】3岁左右儿童随着身体动作从未分化的不随意阶段逐步向初步分化的随意阶段发展,一般宜采用动作表达的方式去表现创造性。

15. D 【解析】物体画是教师帮助儿童在充分了解、体会某一物体的形象、色彩、结构、性质等的基础上,以绘画方式对该物体进行表达、表现的活动。

16. A 【解析】运用已有经验自由讲述这一步骤要求教师尽量放手让儿童自由讲述,给他们以充分的机会,实践并运用已有的经验讲述,教师组织儿童运用已有经验自由讲述的方式有很多,主要包括集体讲述、分组讲述、个别交流等。

17. A 【解析】后天环境决定论强调环境和学习对语言获得的决定性影响,这一理论是在美国心理学家华生的行为主义心理学的基础上提出的。故A项正确。

18. B 【解析】题干描述的是中班幼儿的年龄阶段目标。

19. A 【解析】声势活动是奥尔夫体系独创的一种以简单而原始的身体动作发出各种有节奏声音的活动。

20. D 【解析】科学性是指学前科学教育的内容应符合科学原理,不违背科学事实。题干中王老师的做法违背了科学性原则。

二、判断题

1. √ 【解析】幼儿艺术教育是以音乐、美术等艺术形式为媒介,针对0~6岁的幼儿开展的有目的、有计划的艺术活动。幼儿艺术教育的主旨是依托各种适合幼儿的艺术形式,促成儿童人格、能力的整体和谐发展。

2. √ 【解析】大班幼儿可以认识几种常见的立体图形,如正方体、球体、长方体、圆柱体,能根据形体特征进行分类,体验平面图形与立体图形之间的关系。

3. × 【解析】谈话法在幼儿园社会教育中虽然非常重要,但只有单调的一问一答谈话,很容易使儿童的注意力分散。因此,不要独立地采用谈话法,还应与其他方法结合使用,尤其是要和讲解法结合起来,对谈话的内容用准确的语言进行总结。

4. × 【解析】开展“玩具分享日”“小熊请客”等活动作为社会教育的内容,属于人际交往方面的教育。

5. √ 【解析】大班幼儿能对10以内的数进行数的组成和分解、能做简单的计算。

6. × 【解析】题干描述的是感知欣赏法的概念。

7. × 【解析】指导学前儿童评价,重点宜放在对作品的审美判断以及揭示作品的寓意性方面。教师在评价阶段可以作较为综合性的、具有一定指导意义的总结,帮助儿童加深印象,提高审美判断能力。而不是帮助儿童分清哪些画是好的或者是不好的。

8. √ 【解析】4~6岁儿童不但能较敏锐地用动作反映音乐速度和力度的变化,而且还能对音乐的结构做出较细致的反应。如乐段和乐句的开始与结束;乐段与乐段、乐句与乐句之间的重复或变化关系等。

9. × 【解析】小班儿童的纸工活动内容主要是以培养兴趣为主,初步学习纸工的简单知识和技能。为小班儿童设计的课题,主要是玩纸、撕纸和粘贴。中班儿童的纸工活动包括折纸、撕纸、粘贴和少量的剪纸。

10. × 【解析】题干描述的是幼儿早期阅读的预期技能。

三、填空题

1. 杜威
2. 同情心
3. 基础性
4. 形态指标
5. 拓展阶段
6. 学前儿童体育
7. 投掷 钻爬
8. 体育谈话
9. 幼儿园课程
10. 环境熏陶法

四、简答题(答案要点)

1. 简述3~6岁儿童词汇发展的特点。

(1)词汇数量随年龄增长而增加。

(2)词类范围不断扩大,儿童先掌握实词,后掌握虚词。其中实词中最先和大量掌握的是名词。儿童最早获得的是专用名词,然后逐渐获得普通名词、相对词等。

(3)词义理解的深化。

(4)不同词类词义的发展各有特点。

2. 简述幼儿园歌唱材料的选择原则。

(1)歌唱材料的审美性;

(2)歌唱材料的教育性;

(3)歌唱材料的适宜性;

(4)内容、形式、情绪与风格的丰富性与多样性。

3. 学前儿童人际交往活动的内容有哪些?

(1)培养学前儿童乐意与人交往,学习互助、合作和分享,有同情心;

(2)培养学前儿童关心、理解、尊重和赞赏他人,学习并掌握基本的交往技能;

(3)帮助学前儿童学习协调自己与他人的兴趣和想法,学会与人友好相处。

4. 简述在学前美术教育中为儿童选择范例的标准。

(1)范例应有美感;

(2)范例应是形象鲜明而清晰的,能反映事物的基本结构与特征的,能帮助儿童掌握其基本形象的;

(3)范例的描绘方法应适合儿童年龄特点,是儿童能理解与接受的;

(4)范例应是多样化的,能从不同侧面反映事物的形态,可以启发儿童的思路。

五、案例分析题(答案要点)

(1)王老师设计的这次谈话活动的主题是"教师节",从与小朋友的谈话中可以看出,"教师节"这个主题不是孩子们已有经验内的,也可以知道王老师在日常的教育中没有涉及此类的知识。教师选择的主题应该是与儿童以往的经验相联系的,这样才能引起幼儿的兴趣。

(2)教师在谈话中的角色是非常重要的,如果教师引导得不好,很容易使整个谈话漫无边际,脱离了主题。王老师提出的问题过于大,孩子们无法回答好,而且容易脱离主题。教师要注意提问的逻辑性、层次性和具体性,否则无逻辑、空泛无意义、翻来覆去或模棱两可的提问会扰乱幼儿的思维。

六、活动设计题(参考答案)

物体膨胀真奇妙(大班)

(一)活动目标

(1)通过观察探究,感知物体膨胀现象,初步了解物体膨胀的条件。

(2)引导幼儿体会事物的变化与变化的有趣。

(二)活动准备

(1)炸油条、做爆米花的视频资料;

(2)爆米花、瘪的乒乓球、冷冻有裂缝的瓶子、紫菜、银耳、饼干、干黄豆和水发黄豆等材料;

(3)盛水的盆子若干。

(三)活动过程

1. 观察和发现物体遇热膨胀的现象

(1)看一看:教师播放炸油条的视频,请幼儿观察油条的变化,并说说为什么会发生这种现象。

(2)尝一尝:教师播放做爆米花的视频。现场准备爆米花并让幼儿品尝,感受其变化的秘密。

(3)比一比:玉米和刚吃的爆米花有什么不同的地方?

(4)做一做,教师出示瘪的乒乓球,让幼儿想办法让其鼓起来,说说为什么?

2. 观察和发现物体遇冷膨胀的现象

(1)出示经过冷冻的、有裂缝的瓶子让幼儿观

察为什么会出现这种现象?

(2)说一说还有哪些物体遇冷会发生这种现象?

3. 观察和发现物体遇水膨胀的现象

(1)幼儿桌上分别放盛有大小一样的紫菜、银耳、饼干、大豆等的盘子,请幼儿分别把其中的一个放在水里浸泡,观察发生了什么变化?

(2)取出水里浸泡过的大豆和没有浸泡过的大豆,引导幼儿观察二者有什么不同?为什么?

(3)引导幼儿观察刚浸泡过的饼干、银耳……结合刚才观察大豆的情况,用自己的语言试着解释。

(4)幼儿取一些茶叶,泡一杯茶。一边品茶一边说说茶叶的变化。

4. 结束部分

说说哪些物体膨胀的现象会给我们的生活带来方便?哪些物体膨胀的现象会影响我们的生活?

教师招聘考试学前教育押题试卷(十五)

一、单项选择题

1. A 【解析】学科课程的优点是它具有逻辑性、系统性和简约性,有利于知识的学习和巩固,同时也便于教学设计和管理。故A项正确。
2. C 【解析】影响儿童生理负荷大小的因素很多,主要包括运动的数量、运动的强度、运动的时间、运动的密度、运动的质量和运动项目的特点等。故C项正确。
3. C 【解析】题干描述的是大班儿童的数学教育目标之一。
4. B 【解析】在泰勒的代表作《课程与教学的基本原理》一书中,泰勒系统地阐述了课程编制的目标模式的基本观点,被誉为“泰勒原理”。
5. D 【解析】学前儿童数学概念的形成,不仅存在一个逐渐摆脱具体形象,达到抽象水平的过程,同时也存在一个从理解个别具体事物到理解其一般和普遍意义的过程。故D项正确。
6. D 【解析】幼儿美术教育的价值在于引发幼儿的审美情感,培养幼儿的创新意识,这比创作完整的作品更有意义。
7. C 【解析】瑞吉欧的课程与教学主要是以“项目工作”或“项目活动”的方式展开的。项目活动是瑞吉欧教育方案的灵魂和核心。故“项目活动”课程来自意大利。
8. D 【解析】在与学前儿童交流的过程中,教师始终将自己看作儿童中的一员,真正实现由权威地位向与学前儿童平等交流、共同分享的地位的转化。这是使教师与儿童之间的交流成为真正的双向互动的根本保证。
9. A 【解析】情境测验法是由评价者根据评价目的,预先设计好一定的情境诱发学前儿童表现出社会性行为并进行价值判断的方法。问卷调查法是由评价者根据评价目的和内容,选择或自编问卷向调查对象发放,以广泛搜集学前儿童社会性发展信息的一种方法。谈话法是指评价者通过与学前儿童面对面的交谈来搜集评价信息的方法。自然观察法是指评价者在日常生活的自然状态下,有目的、有计划地对学前儿童的外显行为进行直接观察、记录,从而获得学前儿童社会性发展信息的方法。故A项正确。
10. A 【解析】在儿童阅读图书的过程中,至少要帮助儿童学习几种行为经验:翻阅图书的经验、读懂图书内容的经验、理解画面和文字与口语有对应关系的经验、图书制作的经验等。A项属于前识字经验,故A项错误。
11. D 【解析】提供不同层次、不同难度的活动是考虑到儿童的个别差异。
12. A 【解析】“激发学前儿童对周围事物的好奇心,使其乐意感知和摆弄他们能够直接接触到的自然物和人造物”是小班幼儿情感方面的科学教育活动的目标。
13. A 【解析】教师对同一种行为的要求前后不一致,会导致幼儿的正确行为得不到强化,消极行为得不到抑制。为实现应有的教育目标,教师对幼儿进行社会性教育时应遵循一致性原则。
14. B 【解析】课程选择的适宜性原则指课程内容既要符合儿童已有的发展水平,又要促进其进一步发展,即难度水平处在儿童的“最近发展区”之内。
15. C 【解析】档案袋评价方法是一种较为科学的评价方法。档案袋评价是收集幼儿学习过程中具有代表性的作品和典型的表现记录,并以此为依据来判断幼儿的学习状况。这种评价强调真实材料的收集,强调幼儿学习的过程。
16. B 【解析】回忆导入主要适应于让儿童在回忆有关具体事物的外部形象或运动状态后,再用自己的动作创造性地进行表现的活动。
17. C 【解析】二元分类又称是与否分类,是指从许多事物中选择出具备某一属性的事物,并排除其他事物,即将许多物体按某一标准分为是与不是两类。
18. C 【解析】海伊斯科普课程被人认作“适宜儿童发展的教育实践”的一个例证,对早期儿童教育做出了理想的陈述,并通过三十多年的深入研

究,已经取得了明显的成效。

19. D 【解析】某一教育活动目标是指一个具体的教育活动所要达到的结果,或引起幼儿行为的变化,是最具操作性的目标。题干中,“引导幼儿观察小鸟,认识其外形特征及结构”即具体的活动目标。

20. C 【解析】题干描述的是中班幼儿数学教育的内容。

21. A 【解析】小班幼儿走的动作要求:上体正直、自然地走,不要求整齐与规格。

22. C 【解析】早操属于保健操,且每天都要做,因此编排的操节动作要全面,以便全面锻炼幼儿的身体。如果是准备活动操,则所选用的动作可以有较大随意性,只要求能起到准备活动的作用。假如是表演操,则在锻炼身体的同时,更应强调操节的艺术性和表演效果。

23. A 【解析】中班阶段开展意愿画美术活动侧重于幼儿自主发现自己希望绘画的主题,确定自己意愿画的内容,初步学习构思画面,然后大胆的进行意愿画活动。

24. C 【解析】在儿童掌握语言之前,有一个较长的言语发生准备阶段,称为“前言语阶段”,一般把儿童从出生到能够说出第一个具有真正意义的词之前的这一时期(0~1岁),划为前言语阶段,它是一个在语言获得过程中语音的核心期。

25. A 【解析】为幼儿选择的歌曲,其曲调一般应具有以下几个特点:首先,曲调的音域应适宜幼儿演唱,有利于幼儿唱出自然优美的歌声。其次,曲调的节奏较简单,能适应幼儿的歌唱能力与成长的需要。再次,曲调的旋律较为平稳。

二、多项选择题

1. ABC 【解析】技术操作型科学教育活动的指导要点包括:观察与思考、操作与构建、讨论与支持、阶段与系统、记录与总结。

2. BCD 【解析】体育活动的活动量取决于体育活动的强度、密度和时间三个因素的综合情况。

3. ABCD 【解析】学前儿童社会学习的特点包括随机性和无意性、长期性和反复性、情感驱动性、实践性。

4. BD 【解析】从教学目标主要由谁确定、活动主要由谁发起、活动的动机是什么,以及强调活动的过程还是结果等方面,能将幼儿园课程中的低结构化的教学与高结构化的教学进行区分。高结构化教学中学习的目标主要由教师预定,活动主要由教师发起,活动的动机主要是教师的奖惩,强调活动的结果。

5. ABCD 【解析】幼儿园歌唱材料的选择应注意以下几点:(1)歌词方面。①内容与文字有趣并易于儿童记忆和理解;②歌词内容富于爱、富于教育意义;③歌词的形式与内容适用于动作表现。(2)曲调方面。①音域较狭窄;②节奏较简单;③旋律较平稳且以五声音阶为主;④结构短小工整;⑤词曲关系较简单。

三、简答题(答案要点)

1. 简述幼儿园课程评价的主要模式。

(1)目标评价模式;(2)差距评价模式;(3)目标游离评价模式;(4)外观评价模式;(5)CIPP评价模式。

2. 简述幼儿园教育活动的方法。

(1)观察;(2)实验;(3)游戏操作;(4)参观;(5)谈话、讨论;(6)讲解、讲述。

3. 简述学前数学教育的任务。

(1)培养儿童对数学的兴趣和探究欲;
(2)发展儿童初步的逻辑思维能力和解决问题的能力;
(3)为儿童提供和创设促进其数学学习的环境和材料;
(4)促进儿童对粗浅数学知识和概念的理解。

4. 简述学前社会教育目标制定的依据。

(1)以学前儿童的社会性发展水平为依据;
(2)以一定社会的培养目标为依据;
(3)以学前社会教育学科的发展为依据。

四、案例分析题(答案要点)

1. 问题:(1)过分整齐划一的集体活动;
(2)巩固而不可改变的时间表;
(3)忽视必要的常规培养。
建议和对策:(1)尽量减少不必要的集体活动,如可安排先做完的幼儿做其他事情;
(2)过渡环节提供一些有趣的活动,减少消极等待,如可做一些游戏;
(3)养成良好的常规。

2. (1)不足之处:运动密度太大,表现在绝大多数孩子课后满头大汗,许多孩子直叫“累死了”。
(2)基本理由是:①违背了儿童运动量应以中等强度为最佳选择的原则;②违背了动静交替、强弱交替的原则;③始终紧张违背了人体机能适应性规律。开展学前儿童体育活动,要有效地提高他们的身体的机能水平,增强体质,一定要合理地安排运动负荷和休息。

五、活动设计题(参考答案)

沙子和泥土(小班)

(一)活动目标

(1)在玩乐的过程中初步感知沙子和泥土的特性;

(2)在活动中乐意表达自己的发现。

(二)活动准备

(1)选择一块有沙子和泥土的场地;

(2)人手玩沙工具一件;

(3)透明杯子人手一个(装水),细棍一根。

(三)活动过程

1.进入场地

带领幼儿到室外有沙和泥土的地方,引起幼儿参与活动的兴趣。“今天,我们要和沙子、泥土做好玩的游戏,好吗?”

2.操作活动一:筛一筛

(1)出示玩沙工具,问:这是什么?

介绍玩沙和泥土的工具,交代操作目的、要求。

教师引导语:我们要用篮子去装一装沙子和泥土,你会有什么发现?待会儿告诉大家,注意玩的时候不能抛洒沙子和泥土。

(2)幼儿自由谈论玩沙和泥土的发现。

教师引导语:你刚才是怎么玩的?你有什么发现?为什么泥土没有全部掉下来?有什么办法让泥土都掉下来?有什么办法让沙子不掉下来吗?

3.操作活动二:踩一踩

(1)请幼儿脱下袜子去踩一踩沙子和泥土。

(2)提问:你刚才在玩什么?你发现了什么?

沙子踩下去有什么变化?泥土有什么变化?怎样把泥土踩下去也会留脚印呢?

4.操作活动三:搅一搅

(1)猜一猜,沙子放到水里会怎么样?泥土放到水里会怎么样?

(2)请幼儿选一个杯子任选泥土或沙子放进去,用细棍搅一搅,说说有什么变化?

5.活动结束

鼓励幼儿的发现,表扬敢于发言的小朋友。

教师招聘考试学前教育押题试卷(十六)

一、单项选择题

1.D 【解析】预期技能是幼儿预测故事情节发展的能力。预期技能要求幼儿随着阅读图书的进展,能敏锐地根据故事中所描述的事件的性质、人物的表情及动作估计出情节的发展过程和结局,而且预测的内容和图书内容基本一致,做到前后呼应。题干中王老师的做法主要在于培养幼儿的预期技能。

2.A 【解析】普遍性目标是依据一定的哲学或伦理观、意识形态和社会政治需要而引出的对课程进行原则性规范或总括性指导的目标。这种目标的特点是把一般的教育宗旨或原则与课程目标等同起来,因而具有普遍性、模糊性、规范性的特点,对所有教育实践都具有指导作用。

3.A 【解析】实施学前健康教育应遵循的原则包括:主体性原则、科学性原则、发展性原则、整合性原则、全方位渗透原则。故答案选A项。

4.B 【解析】大班幼儿跳的内容包括:原地纵跳触物,物体离学前儿童高举的手指尖20~25厘米;从高30~35厘米向下跳;立定跳远不少于40厘米;助跑跨跳不少于50厘米;助跑屈腿跳过30~40厘米的高度;练习跳绳、跳皮筋。

5.C 【解析】3~4岁(小班)儿童歌唱的音域一般为c^1~a^1(即C调的1~6),其中唱起来最舒服、最轻松的是在d^1~g^1之间(即C调的2~5),但个别儿童的音域发展有所偏差。

6.A 【解析】语言参与的方法主要是指在音乐伴随下用欣赏、表演或创作文学语言的方法来感知和表现音乐。

7.B 【解析】奥尔夫音乐教育体系的教学方法是“引导创作法”,通过教师的启发引导及范例帮助儿童集体创作、协助创作。

8.A 【解析】题干描述的是小班数学教育的年龄阶段目标。

9.C 【解析】模仿学习的第一个子过程是注意过程,即儿童对模仿行为的注意。第二个子过程是保持过程。第三个子过程是动作表征与再现过程。第四个子过程是动机过程。

10.D 【解析】4~6岁儿童,在良好教育的影响下,韵律活动的随乐性水平有了较明显的提高。在这一阶段中,儿童对音乐节奏的特点有较多的主动关注。如当儿童在随音乐走步时遇到速度过慢的情况,他们就会有意识地放慢步速、拉长步距,甚至还能将迈出的脚悬在空中等待音乐中的强拍出现。

11.C 【解析】数学教育内容应具有生活性,这是指数学教育活动内容应与儿童的生活实际紧密联系,这些内容应该是儿童所熟悉的,也是他们所能理解的,让他们感受到数学可以解决人们生活中遇到的问题。

12.B 【解析】专门的语言教育内容是必要的,这是因为专门的语言教育活动和内容为儿童提供一种比较正式的语言交际环境,使儿童在教师的直接指导和参与下进行比较系统的语言学习,以获得满足其全面发展的最基本的语言知识、能力和情感态度。

13.A 【解析】幼儿的模仿性强,通过模仿影响自身的品德发展。

14.D 【解析】根据班杜拉的替代性强化原理,当儿童发觉“坏人”通常不能得到好的结果时,为了

避免这种不良后果,自己也会远离破坏性行为。故D项正确。

15. C 【解析】一个身心健康的学前儿童的作品表现出来的艺术美,概括起来有如下几条:第一,线条稚拙、有力。第二,图形、形象清晰完整。第三,画面饱满、均衡。第四,色彩明快、饱满。第五,内容丰富、充实。不包括C项。

16. A 【解析】个体内差异评价是将评价对象的过去与现在进行比较,或将评价对象的各个方面进行比较。绝对评价是以某种既定的目标为参照,目的在于判断个体是否达到这些目标。相对评价是在某一类评价对象中选取一个或若干个作为基准,将该类对象逐一与基准相比较,判断其是否达到基准所具备的特征及其程度。外部评价又称他人评价,是由有关人士或专门人员组成评价小组,对幼儿园课程的整体实施状况做出判断的一种评价方式。故A项正确。

17. D 【解析】制定幼儿社会教育目标的依据包括:社会的要求、幼儿的发展、学科本身。

18. B 【解析】题干描述的目标属于小班幼儿文学作品学习活动的目标。

19. A 【解析】生活性与适宜性原则是基于儿童社会学习直观性的特点,与学前儿童社会教育要适应和遵循儿童身心发展的规律的要求而提出的,即儿童的社会性学习需要以直接的生活经验作为基础。

20. A 【解析】讲述活动主要为儿童创设正式的口语表达情景,使儿童有机会在集体面前表达自己对某一图片、实物或情景的认识、看法等,学习表述的方法和技能。题干描述的是讲述活动。

21. D 【解析】幼儿园的早期阅读活动向儿童提供的前识字经验包括:知道文字有具体的意义,可以念出声来,可以把文字和口语对应起来;理解文字的功能;粗晓文字的来源;知道文字是一种符号,它与其他符号系统可以转换;知道文字和语言的多样化;了解文字的构成规律等。故D项错误。

22. B 【解析】成人对象征期儿童的指导建议:(1)对于儿童的作品,要尽量用探究、了解的态度去欣赏与解读;(2)提供适当的材料;(3)设计幼儿喜爱的内容,运用游戏等形式进行简单绘图技能的练习;(4)通过刺激个人的经验,或增强对某一事物的体验,激发儿童以美术语言表达、表现的兴趣与愿望;(5)在生活中以更为丰富的艺术内容来熏陶、培养儿童对视觉艺术的感觉与热爱。故答案选B项。

23. B 【解析】题干表述的是小班社会教育的目标。

24. D 【解析】能听懂并理解多种游戏规则属于幼儿园社会教育活动的内容。

25. D 【解析】让幼儿观看教师的表演,是利用了反馈的教学方法。

二、判断题

1. × 【解析】大班幼儿在数学教育中可以初步感知集合的交集、并集关系及包含关系。

2. × 【解析】大班体育活动的目标之一是:能轻松自如地绕过障碍进行曲线走和跑;能快跑30米或接力跑;能走、跳交替(或慢跑)300米左右;能步行2千米,连续跑约1分半钟;能听信号左右分队走。

3. √ 【解析】澄清应答法是指教师通过与儿童的交谈引起儿童的思考,在相互的交流中不知不觉地让儿童进行内省、进行价值评价的方法。它是价值澄清中最基本、最灵活的方法。

4. × 【解析】所谓时代性是指学前科学教育的内容应适当反映时代与科技进步的新知识。在选择科学教育内容时,需要考虑现代科学技术的成就,这体现的科学教育内容选择的原则是时代性。

5. × 【解析】课程内容即学习经验的取向把课程内容看成是儿童的学习经验,认定儿童是主动的学习者,决定学习的质和量的主要方面是儿童而不是教材。

6. √ 【解析】按物计数要求幼儿在口头数数的基础上,将数字与客观事物的数量联系起来,建立数与物之间的一对一的联系,做到口手一致地点数。按物点数较口头计数复杂,它需要多种分析器参与活动。当幼儿边点数实物边正确说出数词时,他的手、眼、口、脑需要协同一致活动。

7. × 【解析】题干描述的是小班(3~4岁)儿童的绘画目标。

8. × 【解析】早期儿童画的发展,形状先于色彩。4岁儿童开始对颜色发生兴趣,他们会对视觉有强烈感染力的色彩进行选择,不再使用单色画。常常自发选用三至五种颜色涂染。

9. × 【解析】健康教育的核心是教育人们树立健康意识、养成良好的行为和生活方式,与传统意义上的卫生宣传不同。卫生宣传是指卫生知识的单向传播,其受传对象比较泛化,不注重反馈信息和效果,常以生物医学模式的观念看问题。

10. × 【解析】学前儿童绘画能力的发展阶段包括涂鸦期、象征期、定型期和写实期。因此,第一阶段是涂鸦期。

三、简答题(答案要点)

1. 简述实验操作型科学教育活动材料的选择依据。

(1)材料选择要因地制宜,数量充足;

(2)材料具有多重功能;

(3)材料的结构性;

(4)材料使用的安全性。

2. 简述五指活动课程的目标。

(1)做人:要有合作的精神、同情心、服务的精神。

(2)身体:要有健康的体格,养成卫生习惯,并有相当的运动技能。

(3)智力:要有研究的态度,充分的知识和表意的能力。

(4)情绪:能欣赏自然和艺术美,养成快乐精神,打消惧怕的情绪。

3. 简述学前儿童早期阅读活动的终期目标。

(1)认知目标——懂得口语与文字和图书的对应与转换关系。

(2)情感、态度目标——对图书和文字产生兴趣,喜欢认读常见的简单的独体汉字。

(3)能力与技能目标——掌握阅读图书的基本方法;能集中注意阅读图书,倾听、理解图书内容;能学会制作图书并配以文字说明;了解汉字的书写风格,主动积极地认读常用字;能按规范笔顺书写自己的姓名和一些常见的独体汉字。

4. 简述学前健康教育的意义。

(1)学前健康教育是保护学前儿童健康成长的特殊需要;

(2)学前健康教育将为学前儿童一生的健康和生活奠定良好的基础;

(3)学前健康教育是对学前儿童进行全面素质教育的重要组成部分;

(4)学前儿童的身心健康是国家、民族发展的需要。

四、案例分析题(答案要点)

(1)①忠实取向;②相互适应取向;③课程创生取向。

(2)张老师的做法属于课程实施的忠实取向。案例中张老师看到不少幼儿开始按捺不住,不时往外张望,甚至有个别幼儿已经离开座位跑到了活动室外之后,却明确要求幼儿必须先画完画,不能往外看,更不准跑出去。课程实施的忠实取向指的是把课程实施过程看成是忠实地执行课程计划的过程。案例中张老师是课程专家所制订的课程变革计划的忠实执行者。

五、活动设计题(参考答案)

手机(中班)

(一)活动目标

(1)能用连贯、完整的语言交流自己收集到的手机信息,体验分享的快乐。

(2)能大胆表述对未来手机的设想,提高创造力和想象力。

(3)产生对现代高科技产品的喜爱之情。

(二)活动准备

(1)课前请幼儿收集有关手机的信息,并用自己的方法记录,教师把它们布置在黑板上。

(2)录像一段。

(三)活动过程

1. 引出主题

最近,我们班小朋友对手机很感兴趣,还收集了许多有关手机的信息,你们看,这些都是你们收集来的。

2. 幼儿自由参观

3. 围绕主题交流信息

(1)你收集到了哪些有关手机的信息呢?请你先和旁边的好朋友来交流交流,好吗?

(2)幼儿自由讲述,教师指导。

(3)个别幼儿讲述。

(4)老师也研究了手机,还当记者做了一次采访,我们来看看。

(5)观看录像。提问:听了王老师和徐医生的话,你认为手机好不好?为什么?

(6)个别幼儿回答。

4. 了解手机的一些简单常识

(1)既然手机有这么多优点。大家都喜欢使用它,那是不是在任何地方都能用手机呢?在什么地方什么时候不能使用呢?

(2)个别幼儿回答。

(3)教师小结。

5. 拓展提问

(1)今天我们交流了这么多手机的信息,那你们对手机还有什么不了解或不知道的地方吗?

(2)个别幼儿提问,容易的请幼儿回答,不能回答的鼓励幼儿回家后继续寻找答案。

(3)教师提问:我也有个问题想问问你们,你们愿意帮助我吗?最早的手机叫什么?它是谁发明的?后来人们为什么不用它了?

(4)幼儿交流自己知道的信息。

6. 设想未来的手机

(1)假如请你来设计一部手机,你准备设计一部怎样的手机?

(2)幼儿自由交流,教师指导。

(3)个别幼儿回答。

教师招聘考试学前教育押题试卷(十七)

一、单项选择题

1. A 【解析】就幼儿园课程目标确立的依据来看,主要有对儿童的研究、对当代社会生活的研究和对学科知识的研究。对儿童的研究是基础和前

提，对当代社会生活的研究是参考和依据，对学科知识的研究是保障。故A项正确。

2. C 【解析】先天与后天相互作用论，其代表性观点是皮亚杰的认知相互作用论，他认为认知结构是语言发展的基础，语言结构随着认知结构的发展而发展，个体的认知结构既不是环境强加的，也不是人脑先天具有的，而是来源于主体和客体之间的相互作用。

3. B 【解析】幼儿运用已有的知识经验，对所遇到的问题和产生的疑问进行解释、猜想和判断，这是幼儿调动原有的经验和认识的过程。

4. A 【解析】课程目标是教育目的在教育过程中的具体化，它指明了学习者通过课程的学习应该达到的成就。同时，它也是课程其他要素抉择的依据和标准，并对整个教育教学过程起导向作用。

5. B 【解析】绝对评价是以某种既定的目标为参照，目的在于判断个体是否达到这些目标。该评价不计个体在群体中的位置，只考查个体达到标准的程度。例如，某市教育主管部门使用本市幼儿园分级验收标准，对某幼儿园进行验收，就属于绝对评价的类型。

6. D 【解析】情景表演讲述是要求儿童凭借对情景表演的观察与理解来进行讲述的一种活动。这种讲述包括真人表演的情景、用木偶表演的情景、真人与木偶共同表演的情景、通过录像或电脑展示的一段情景等，它们都体现了“角色表演”和“连续活动”的特点。

7. D 【解析】幼儿的音乐欣赏是让他们通过倾听音乐，对作品进行感受、理解和初步鉴赏的一种审美活动。如何听音乐属于音乐欣赏活动。

8. D 【解析】儿童自第一声啼哭到咿咿呀呀，经过了大量的发音练习过程，这个过程经历的阶段依次是单音发声（0～4个月）、音节发声（4～10个月）和前词语发声（10～18个月）、特殊的“小儿语”发音阶段（1～1.5岁）。

9. D 【解析】1.5岁～2岁幼儿的语言发展处于双词句（电报句）阶段。1岁半以后，孩子说话的积极性高涨起来，在很短的时间内，会从不大说话变得很爱说话。说出的词大量增加，2岁时可达200多个。这一阶段幼儿言语的发展主要表现在开始说由双词或三词组合在一起的句子。这种句子的表意功能虽较单词句明确，但其表现形式是断续的、简略的，结构不完整的，好像成人的电报式文件，故也称为“电报句”或“电报式语音”。

10. D 【解析】题干描述的是儿童绘画中强调式的表现。

11. D 【解析】听说游戏的活动目标是以培养儿童倾听和表述能力为主，活动的内容主要集中在听和说的理解和表达方面。

12. C 【解析】题干描述的内容符合幼儿园教育活动内容的综合性和整体性。（1）虽然幼儿园教育内容相对分为五个领域，不同领域又包含自身不同的内容，但这些内容是相互联系的，构成一个完整的统一整体。（2）儿童的学习也是综合的，儿童在进行某一领域，如“语言”领域的学习时，并不只是学会讲故事、说儿歌，而且也获得了其他领域，如艺术、社会、科学领域的知识经验。（3）即使是在某一领域内，也包含着认知类、情感态度类和动作技能类的学习内容，促进儿童在知识、技能、情感、社会性等各方面得到发展。

13. D 【解析】按数取物即按一定的数目拿出同样多的物体，这是对数概念的实际运用。

14. D 【解析】成人对于儿童的作品，要尽量用探究、了解的态度去欣赏与解读，而不是过于强调绘画技能。

15. B 【解析】当儿童在自己的努力下完成了自己的“作品”时，教师可以通过发散式的提问，引导儿童对自己的“创作”进行表达，可以是语言上的解释，也可以是其他非语言方式的说明。

16. C 【解析】根据学前儿童音乐教育年龄阶段目标，“能学会有节奏地跟着音乐做动作”是中班（4～5岁）韵律活动目标；“初步了解并辨别不同风格音乐的基本性质”是中班（4～5岁）音乐欣赏目标。

17. A 【解析】在歌唱或做韵律活动时，小班（3岁左右）的儿童还不会相互配合，往往不能和其他人同时开始和结束。

18. A 【解析】在达尔克罗兹的音乐教育体系中，“体态律动”由于其独创性和科学性早已被人们公认为是卓有成效的音乐教育手段，并成为相对独立的学习领域。

19. D 【解析】学前儿童手工制作发展阶段理论提出，大班幼儿可以较熟练地使用和选择手工工具和材料，创造性地表现自己的意愿。

20. D 【解析】题干描述的是幼儿园大班儿童的社会教育目标。

21. A 【解析】学前科学教育的内容有：儿童常见的自然现象及其与人类、动植物的关系，其中儿童常见的自然现象包括：季节现象；气候现象（雨、雪、霜、雷电、彩虹等）；理化现象（空气与风、电、光、声、磁等）。B项、C项、D项对于幼儿来说比较抽象。

22. A 【解析】幼儿故事教学活动首要问题是选材问题，幼儿故事教学所选的故事除了要遵循文学作品的文学性、教育性等一般特点以外，还要考虑故事本身的一些条件。

23. D 【解析】由于大班已经比较普遍地掌握了故事编构的情节开展方式，所以大班幼儿可以编构完整故事，只要幼儿编构的故事基本具有语言、情节、人物和主题等构成要素即可。

24. B 【解析】学前儿童健康教育包括学前儿童安全教育、学前儿童身体保护和生活自理能力教育、学前儿童体育教育、学前儿童心理健康教育和学前儿童饮食营养教育。

25. C 【解析】现今“艺术”一词为一切艺术门类的总称，“美术”则指视觉艺术，包括绘画、雕塑、建筑、工艺美术等。

二、名词解释

1. 澄清应答法

澄清应答法是指教师通过与儿童的交谈引起儿童的思考，在相互的交流中不知不觉地让儿童进行内省、进行价值评价的方法。

2. 经验课程

经验课程也叫活动课程，是以儿童的兴趣、需要和能力为出发点，通过儿童自己组织的活动而实施的课程。

3. 幼儿健康

幼儿健康是指儿童期各个器官、组织的正常生长发育，能较好地抵抗各种急、慢性疾病；性格开朗，情绪乐观，无心理障碍，对环境有较快的适应能力。

4. 普遍性目标

普遍性目标是依据一定的哲学或伦理观、意识形态和社会政治需要而引出的对课程进行原则性规范或总括性指导的目标。

5. 运动负荷

运动负荷是指在进行身体运动时，人体所承受的生理负荷和心理负荷的总和。

三、简答题(答案要点)

1. 简述幼儿园课程内容的取向。

(1)课程内容即教材；

(2)课程内容即学习活动；

(3)课程内容即学习经验。

2. 简述铃木教育体系的基本思想和观点。

(1)给儿童创造一个学习音乐的良好环境；

(2)激发儿童的兴趣；

(3)提倡坚持不懈、持之以恒的练习；

(4)注重倾听习惯和技能的培养；

(5)提倡“教学六步”，即接触、模仿、鼓励、重复、增加、完善。

3. 简述学前数学教育的类型。

(1)集合概念的教育；(2)数概念的教育；(3)10以内数的加减运算；(4)认识几何形体；(5)量度教学；(6)等分；(7)认识空间方位；(8)认识时间。

4. 简述儿童语言模仿的方式。

(1)即时的、完全的模仿；(2)即时的、不完全的模仿；(3)延迟模仿；(4)创造性模仿。

四、案例分析题(答案要点)

(1)案例中白老师采用了练习法、比赛法。

(2)大班幼儿投掷的要求：行进间拍球，变化形式拍球和集体接力拍球。肩投不仅要投远而且要投准。内容：2～4米间抛接大球；花样拍球；边跑边拍，边走边拍；投远，投准(距离3米左右、标靶直径60厘米)。

投掷活动的指导策略：

①常讲多练，运用各种游戏方法。运用多种游戏方式和方法发展幼儿上肢、腹、背等部位的肌肉力量，并注意与跑、跳等动作相结合练习。这样，不仅提高了练习兴趣，而且还增加了运动负荷，同时又使身体得到全面锻炼。

②贯彻循序渐进的原则，逐步提高难度。在投掷游戏活动中，既要注意投掷物由轻到重，又要注意投掷距离由近及远、靶子由大到小，逐步提高要求。如抛接球动作应先由教师在近距离抛接，稍有弧度，球正好落在幼儿手中，待幼儿初步掌握接球的手形，再逐步增加远度和变化落点。案例中白老师在第一阶段，请幼儿用木制的“火箭”投向距离4米左右的“大怪兽”；第二阶段，为幼儿提供了沙包，引导他们投向距离5米左右的“小怪兽”，遵循了循序渐进的原则。

③不能长期运用一只手抛。在投掷游戏活动中，应尽可能让幼儿双手都得到锻炼，使之均衡发展。案例中白老师在幼儿获得成功体验之后，组织幼儿轮流使用左右手进行投掷，体现了该原则。

④常变换投掷物，增加孩子的兴趣。为了提高幼儿活动的积极性，可不断变化投掷物和投掷目标。如投掷物可用沙包、小球、纸镖、纸团、玩具手榴弹、塑料片、木棒等，目标物可用各种不同的图像。案例中白老师在第一阶段组织幼儿用木制的“火箭”进行投掷，第二阶段为幼儿提供了“沙包”，最后鼓励幼儿自制各种投掷材料，充分体现了该原则。

五、活动设计题(参考答案)

不懂分享的大白鹅(中班)

(一)活动目标

(1)能认真倾听大白鹅的故事并自由表达自己的看法；

(2)知道争抢玩具是不礼貌的行为，懂得玩别人的玩具要先征得对方同意；

(3)愿意和同伴分享自己的玩具，体会大家一

起玩的快乐。

(二)活动准备

大白鹅玩偶、图片、PPT课件、少量玩具。

(三)活动过程

1.情景导入,引起幼儿的兴趣

教师出示大白鹅玩偶,并以大白鹅的口吻来介绍自己,引起幼儿的兴趣,从而引出活动主题。

师:小朋友们好,我是大白鹅,我现在很伤心,小朋友们都不愿意和我玩,你们愿意来帮帮我吗?

2.活动展开

(1)教师讲述故事,初步感知故事内容

教师引导幼儿边看图片边听故事,了解大白鹅和其他动物之间的争抢玩具现象。

师:小朋友们,大白鹅发生了什么事情呢?为什么呢?

(2)展开讨论,深入理解故事内容

教师引导幼儿围绕怎么帮助大白鹅解决困难展开讨论,激发幼儿思考。

师:大白鹅的做法对吗?你喜欢它这种方式吗?你认为它应该怎么做?

(3)提供玩具,巩固提高幼儿的分享意识

教师把提前准备好的玩具(玩具数量少于幼儿数量)分发给幼儿,让他们自由结合,通过和其他小朋友一起玩玩具,让幼儿懂得分享的重要性,体会到分享的快乐。

3.活动结束

教师总结:小朋友们,我们在玩玩具的时候呀,一定要文明、礼貌。如果我们想玩别人的玩具,一定要先问问他愿不愿意让我们玩。当他同意让我们玩了,我们要说"谢谢"。如果我们有玩具的话,也可以邀请别人跟我们一起玩。

(四)活动延伸

教师引导幼儿回家后,把在幼儿园学到的与人分享的道理,讲给爸爸妈妈听,让爸爸妈妈也来做一个懂得分享的人。

教师招聘考试学前教育押题试卷(十八)

一、单项选择题

1. C 【解析】幼儿园大班美术欣赏的技能目标包括能感受作品的色调、色彩的变化及相互关系;能感受作品中形象的象征性和寓意性;能感受作品中的形式美。

2. B 【解析】乔姆斯基认为,儿童生来就具有一个语言学习装置,这个装置具有一套语法系统和语言分析能力。当儿童接触一定数量的成人语言之后,就会利用这种装置对语言现象进行分析,尽快地选择词和句子,而不管这些词是以哪种语言听到、说出和理解的,这样儿童就学会了各种具体的语言。

3. B 【解析】铃木音乐教育体系中有许多独特的教育方法,主要有:母亲参与、集体教学、听觉训练等。故B项错误。

4. B 【解析】科学性原则是指在设计和组织学前儿童科学教育活动的过程中,为幼儿选择的科学教育内容必须是客观的、实在的、符合科学发展方向的,设计的教学方法必须是符合科学规律和幼儿认知特点的。

5. D 【解析】学前儿童社会教育目标的结构从纵向来看可以分解为社会教育总目标、年龄阶段目标、单元目标与教育活动目标。

6. D 【解析】学前儿童心理健康教育内容包括学习表达和调节自己情绪的方法;培养社会交往能力;锻炼独立生活和学习的能力;学习养成良好的习惯;性教育;预防心理障碍和行为异常。

7. A 【解析】积极的自我评价与善意的他人评价有助于教师获得可持续的自我发展的意向和能力。具有良好的自我反省习惯和技能的教师会比其他教师更快地成长和更持久地不断进步。

8. B 【解析】中班以徒手操为主,学习简单的轻器械操,动作有一定的难度;每套操7~8节,每节二八拍,节奏有快有慢,活动量比小班增大。

9. B 【解析】儿童身心发展特点是确定儿童健康教育目标的根本依据;儿童教育和健康教育的总目标是确定儿童健康教育目标的直接依据。

10. B 【解析】学前儿童科学实验的特点主要有:(1)科学实验的内容是生活中常见的,在儿童原有知识经验基础上所能接受的科学现象;(2)儿童科学实验的设备和条件简单,可就近取材;(3)实验操作技术简单,要求低。

11. B 【解析】条件练习法是变化练习法的一种,它是设置一定的具体条件,要求学前儿童按规定的条件做动作。

12. B 【解析】幼儿园课程是实现幼儿园教育目的的手段,是帮助幼儿获得有益的学习经验,促进其身心全面和谐发展的各种活动的总和。可以理解为幼儿园课程是"活动",是"帮助幼儿获得有益的学习经验的活动",是"各种活动的总和",体现的是幼儿园课程活动论。

13. A 【解析】比较法是学前数学教育中被普遍采用的一种教育方法。比较是思维的一个过程,是通过对两个或两个以上物体的比较,让儿童找出它们在数、量、形等方面的相同和不同。如比较两根绸带的长短,比较三个相邻数间的大

小等。

14. B 【解析】1岁半～3岁儿童绘画能力处于涂鸦期,3～5岁儿童绘画能力处于象征期,5～8岁儿童绘画能力处于图式期,8岁以后儿童绘画能力处于写实期。故B项正确。

15. D 【解析】归纳阅读内容是总结性的活动环节,它的主要作用在于帮助儿童巩固、消化所学的内容,是整个活动中不可缺少的组成部分。

16. C 【解析】向儿童介绍科学技术的发展,让儿童在古今的对比中体会现代科学技术的先进和古代人民的智慧,体现了民族性和时代性的原则。

17. D 【解析】班杜拉认为,模仿在儿童行为的习得中是一种更重要的途径或机制。因为人类社会的一些行为是无法直接学习的,而必须依靠模仿。

18. C 【解析】行为实践原则是指教师在幼儿社会性教育中,不仅要重视向幼儿传递社会认知观念、技能、知识,而且必须为幼儿提供大量实践的机会,并对其行为实践进行指导。

19.D 【解析】数的守恒是指一组物体的数目不因其排列方式的改变而改变,也不会因为位置的变化或物体外部特征的改变而改变。幼儿不能达到数的守恒,一般是因为儿童分辨物体的多少是根据空间排列长短,分散或聚拢后所占空间面积来判断,而不是根据数目本身的多少来判断。

20. B 【解析】讨论法是指在学前儿童的社会教育中,儿童在教师的指导下就社会性问题、现象互相启发、交换看法以获取知识的一种教育方法。年龄太小的儿童不适合运用讨论法,故答案B项正确。

二、名词解释

1. 内部评价

内部评价又称自我评价,是指由幼儿园内部或教师本人对照课程评价标准,对园内或教师自己的课程实施状况与效果做出分析和判断的一种评价方式。

2. 正面教育原则

正面教育原则就是要求教师就事论事地引导儿童知道什么是对的,什么是错的,直接告诉他应该掌握的社会行为规范,慎用批评、惩罚等消极手段,以免给幼儿的心理发展造成不良影响。

3. 心理组织法

心理组织法是根据学习者的心理发展特点,以适应学习者需要的一种组织课程内容的方法。

4. 全体性原则

全体性原则是指活动的设计要面向班级全体学前儿童。不管是集体活动还是小组活动,都要努力使全体学前儿童在原有社会性发展水平上得到提高。

5. 信号法

信号法是指用口令、哨音、音乐、鼓声、拍手等声响来帮助和指导学前儿童进行身体锻炼的方法。

三、简答题(答案要点)

1. 简述学前科学教育的总目标。

(1)对周围的事物、现象感兴趣,有好奇心和求知欲;(2)能运用各种感官,动手动脑,探究问题;(3)能用适当的方式表达、交流探索的过程和结果;(4)能从生活和游戏中感受事物的数量关系并体验到数学的重要和有趣;(5)爱护动植物,关心周围环境,亲近大自然,珍惜自然资源,有初步的环保意识。

2. 简述早操的内容。

(1)走步、跑等排队和变换队形的练习;(2)一定时间和距离的跑、走交替健身活动(根据季节变化,调节跑、走的时间和距离);(3)模仿操、徒手体操和轻器械操等练习;(4)简单的舞蹈律动动作练习;(5)负荷量不大的游戏或自选活动内容等。

3. 简述运用共情训练法时应注意的问题。

(1)提供的情境必须是学前儿童熟悉的社会生活或是学前儿童看得懂的,这样学前儿童才可能产生共情,否则可能出现误解。

(2)共情训练的基点应是唤起学前儿童已有的类似体验,使学前儿童已有的体验与当前的情境相关联,从而理解与分享。

(3)共情训练本身不是教育的目的,而是为了学前儿童以后在社会生活中对他人共情或自然而然地产生对他人的理解与共鸣,因此,注重学前儿童表现共情,要使他们不仅仅停留在同情与共鸣上,更要有良好的行为习惯。

(4)教师应与学前儿童一起真正投入情感,不能成为旁观者。

4. 简述图式期儿童绘画表现的常见特征。

(1)拟人化表现;
(2)透明式的表现;
(3)展开式的表现;
(4)强调式的表现;
(5)装饰性的表现;
(6)美梦式的表现。

四、案例分析题(答案要点)

(1)科学教育的总目标是培养具有科学素养的人。学前儿童科学素养主要应包括三个方面:①科学知识的获得;②科学方法的学习;③科学情感态度的培养。

(2)科学知识方面的教育目标包括：通过教育使学前儿童获取周围世界的广泛的科学经验，或在感性经验的基础上形成初级的科学概念。案例中教师通过为幼儿提供不同形状的“吹泡泡器”引发幼儿讨论，继而对不同形状的“吹泡泡器”进行实验，通过实验使幼儿在科学经验的基础上，获得了科学知识，形成初级科学概念。

(3)学前科学教育中科学方法方面的教育目标，是指学习探索周围世界和学科学的方法，如观察、分类、测量、思考、表达交流和解决问题等，以及发展观察力、思维能力、创造力、动手能力和初步解决问题的能力。在上述案例中，教师在科学探究过程中，有目的、有计划地安排幼儿自主发现问题、探索答案以及解决问题(对不同形状“吹泡泡器”吹出泡泡的猜想并实验)，让幼儿体会到科学有系统地解决问题和追寻答案的过程，而且通过亲身探索体验，学习到一些重要的探究方法及能力。

(4)学前儿童科学情感、态度方面的教育目标，是指对科学活动兴趣爱好的培养，特别强调好奇、进取、负责、合作、客观、虚心、细心、耐心、信心、主动、喜欢创造、思考等态度和情感的培养。在案例中，教师没有对幼儿的提问给予直接的科学知识灌输，而是激发幼儿的好奇心和积极的科学态度，通过实验的方法培养儿童对科学的积极情感和态度。

五、活动设计题(参考答案)

分类(中班)

(一)活动目标

(1)学会按物体的某一特征进行分类，初步学习按物体的二维特征进行分类；

(2)在观察比较中，训练思维的敏捷性；

(3)激发对分类活动的兴趣。

(二)活动准备

(1)红、黄帽子各12顶，不同长短的围巾各12条。

(2)小狗、小鸡、小羊、小猫头饰各1个，带上帽子、围巾的4种动物各1个。

(3)男、女、红帽、黄帽、长围巾、短围巾标志各1个；红帽子—长围巾，红帽子—短围巾，黄帽子—长围巾，黄帽子—短围巾的小图片各1张；篮子4个。

(三)活动过程

1. 导入部分：幼儿自选帽子和围巾戴上

师：“今天天气真冷，这里有些帽子、围巾，小朋友可以自己找一顶帽子戴上，找一条围巾围上。戴之前请小朋友先看一下，你戴的是什么颜色的帽子？围的是长围巾还是短围巾？”

2. 基本部分：按物体的特征分类

师：“哈，戴上帽子，围上围巾，可真暖和。小狗、小鸡、小羊、小猫也都来了，他们也想和我们一起去公园玩！”

(1)按物体的一维特征进行分类

①按性别分类

教师出示小狗头饰，模仿小狗的口吻说：“我们要去公园，得先分一下，哪些小朋友坐1号车，哪些小朋友坐2号车？那就请男孩子坐1号车，女孩子坐2号车。”将男孩、女孩标志分别贴于1号、2号车头处。幼儿分好后，小狗检查有没有坐对。

②按所戴帽子的颜色分类

教师出示小鸡头饰，模仿小鸡的口吻说：“不行不行，我不喜欢这样分，我看还是红帽子坐1号，黄帽子小朋友坐2号车。”将红帽、黄帽标志分别贴于1号、2号车头处。幼儿分好后，小鸡检查有没有坐对。

③按围巾的长短分类

教师出示小羊头饰，模仿小羊的口吻说：“不行不行，我不喜欢这样分，我看还是围长围巾的小朋友坐1号车，围短围巾的小朋友坐2号车。”将长围巾、短围巾标志分别贴于1号、2号车头处。幼儿分好后，小羊检查有没有坐对。

(2)尝试按物体的二维特征分类

教师出示小猫头饰，模仿小猫的口吻说：“不行不行，我不喜欢这样分，我喜欢让戴红帽子围长围巾的小朋友坐1号车，戴黄帽子围短围巾的小朋友坐2号车。”将红帽子—长围巾，黄帽子—短围巾的标志分别贴于1号、2号车头处。幼儿坐好后发现有部分小朋友还站在旁边，没有坐。

教师引导幼儿思考：“怎么还有一部分小朋友还站在这里？小猫这样分，能让所有的小朋友都去公园吗？那怎么办呢？”(幼儿讨论，引导幼儿分为3队或4队)

(3)进一步巩固按二维特征分类

开车去公园，到达公园后，教师：“小动物们想和我们一起唱唱歌、跳跳舞。”(此环节使用4只戴好帽子且围好围巾的小动物做教具)具体要求如下：

小狗想和红帽子、长围巾的小朋友做好朋友；

小羊想和黄帽子、长围巾的小朋友做好朋友；

小鸡想和红帽子、短围巾的小朋友做好朋友；

小猫想和黄帽子、短围巾的小朋友做好朋友。

出示哪个小动物，就请它的好朋友和它一起唱歌、跳舞。

3. 结束部分

该回家了，和小动物们说再见。

教师招聘考试学前教育押题试卷(十九)

一、单项选择题

1. B 【解析】幼儿画出的形象含义经常是不稳定的,他们往往在画好的形象上再加上几笔就说成是别的东西。幼儿开始时要画小人,后来画成大树,这是形象含义的改变。

2. C 【解析】隐性课程特点包括:(1)隐性课程的影响具有弥散性和普遍性。只要存在教育就存在隐性课程的影响,因为每一个主体的心理特征都是独特的。(2)隐性课程的影响具有持久性。许多隐性课程都是意识层面对人产生影响的,像对情感态度、价值观念的影响、对性别角色形成的影响等,都是潜移默化的,这些影响一经确立,就持久地影响人的心理与行为,难以改变。(3)隐性课程的教育影响既可能是积极的,也可能是消极的。

3. A 【解析】感受美是审美的基础。幼儿在看完齐白石的画后,产生的审美体验正是幼儿对美的事物的敏感性,说明儿童能在生活中发现美、感受美。

4. B 【解析】小班(3~4岁)儿童绘画活动目标之一是引导儿童认识油画棒、蜡笔、水彩笔、水粉画笔和纸等绘画工具和材料,掌握其基本使用方法,养成正确的握笔方法和作画姿态。

5. B 【解析】小班儿童能跟随音乐的节奏做简单的基本动作和模仿动作。锄地、扛枪的动作属于模仿动作。

6. A 【解析】有人把课程实施的忠实取向比喻为建筑施工:课程计划是一张建筑设计图纸,课程实施则是具体施工。

7. C 【解析】谈话活动注重的是儿童的交往语言和对白语言,侧重于师生间、同伴间的信息交流与补充。故C项错误。

8. D 【解析】打击乐演奏活动是培养幼儿节奏感的重要途径。因为节奏感的培养离不开动作。幼儿在演奏打击乐的活动中对音乐的节拍、强音、节奏和整个音乐的流动有更直接更深刻的感受。由于各种乐器有各种不同的声音,在活动过程中还能提高幼儿对音色的辨别能力,以及对声音高低、强弱、长短的敏感性。

9. A 【解析】前习俗水平大约出现在幼儿园及小学中低年级。该时期的特征是:个体着眼于人物行为的具体结果及其与自身的利害关系,认为道德的价值不决定于人及准则,而是决定于外在的要求。小东拿了幼儿园的绘本,因为没有受到批评从而养成经常拿幼儿园物品回家的习惯,其道德发展处于前习俗水平。

10. A 【解析】"幼儿能否克服困难,做事有始有终,有初步的责任感和意志品质"是教师对幼儿社会领域的评价要点之一。

11. A 【解析】理解技能是幼儿阅读中最基本的技能。在阅读图书时,幼儿不但要理解单页画面的主要内容,还要对画面上和画面间各种角色的表情、动作及角色之间的关系进行观察、分析、判断,从而理清画面与画面、画面与整个故事间的联系,使阅读活动顺利地开展下去。

12. C 【解析】由于学前儿童音乐教育的特殊性,在学前儿童音乐教育活动中,需要教师经常运用自身角色变化的方法来对儿童的学习进行指导。与此有关的指导方法主要有"参与"和"退出"两种。

13. D 【解析】中班幼儿要求画出物体的基本部分和主要特征。故D项错误。

14. A 【解析】在谈话活动的初始阶段:(1)幼儿在谈话活动中能安静倾听教师或同伴讲话,眼睛注视谈话对象,注意力跟随谈话对象指示的变化而转移;(2)在谈话过程中,能够听懂教师或同伴的语言,根据教师的指令做出相应的动作。

15. A 【解析】幼儿对空间基本方位的认识和判断的难易顺序是:上下→前后→左右。这是由方位本身的复杂程度所决定的。

16. C 【解析】题干描述的是感知练习中"通过听觉——听一听、算一算"的方法。

17. B 【解析】在帮助幼儿深入理解体验作品的基础上,可以进一步引导幼儿迁移作品的经验。题干中教师的做法向幼儿提供一个将文学作品经验迁移到生活中,与幼儿生活经验结合起来的机会,这样既可以使幼儿进一步加深对作品的理解和体验,又可以扩展幼儿的生活经验。

18. B 【解析】小班是语音教育的关键期,培养学前儿童正确发音是小班语音教育的重点任务。因此,小班语音教育的重点应该放在听力和发音练习上。

19. B 【解析】儿童的发展具有明显的年龄特点即阶段性,不同年龄儿童的发展水平和发展需要是不同的。这就决定了学前儿童科学教育的目标必须具有年龄的层次性,即对不同年龄的儿童提出不同层次的目标。

20. C 【解析】学前科学教育评价的方式有:观察分析法、访谈法、作品分析法、问卷调查法等。不包括C项。

二、判断题

1. × 【解析】说明性讲述是指用简单明了的语言,

把事物的形状、特征、用途等解说清楚的讲述形式。题干体现的是描述性讲述。

2. × 【解析】音乐课的目的主要是进行系统的音乐学习；音乐角活动的目的主要是进行自由的音乐实践；音乐会或音乐娱乐活动的目的主要是人际的音乐共享和音乐交流。

3. √ 【解析】学前儿童年龄尚小，虽然正处在语言迅速发展的时期，但是面对丰富的自然界，却难以完全用语言的方式进行交流。因此，学前儿童科学教育中信息交流的类型，除了运用语言的方式以外，还运用手势、动作、表情及图像记录等非语言方式进行。

4. × 【解析】对唱是指个人与个人、小组与小组之间以问答的方式各自唱歌曲中的问句和答句。接唱是指将一首歌曲分成几个乐句，由幼儿分组轮流一句句接唱。

5. × 【解析】题干描述的是欣赏文学作品的能力与技能目标。

6. × 【解析】科学概念与日常概念最大的区别就在于前者具有系统性，而后者缺乏系统性。系统性是儿童在掌握系统知识的过程中得以实现的。

7. √ 【解析】学前儿童音乐教育是音乐审美教育，它最根本的目的和任务首先应该是培养幼儿的音乐审美能力，充分发挥音乐教育的审美功能。

8. × 【解析】学前儿童的美术作品是具有艺术性的作品。学前儿童的美术作品有其独特的视觉样式和审美效果。成人应对儿童的美术作品给予足够的尊重、认真的解读和真诚的欣赏。

9.√ 【解析】问卷调查的缺点是缺少“面对面”的沟通，获得的信息也不够深入、细致，但它的优点是简便易行，能在较短的时间内获得大量的反馈信息，而且便于进行量化的统计分析。在儿童科学教育的评价中，应用较多的是通过问卷对教师和家长进行调查，从而获得相关信息。

10. × 【解析】排序是建立在对物体比较的基础上，它需要有一定的判断推理能力。对幼儿来说，排序比对物体进行分类要困难一些。

三、简答题(答案要点)

1. 简述学前儿童自我教育活动的内容。

(1)帮助儿童认识和接纳自己，增进儿童的自我价值感和自信心；

(2)帮助儿童学习认识、理解和适当地表达自己的情绪，控制自己的行为；

(3)帮助儿童学习自由选择、自我决断，培养其独立性、自主性和自己对自己的行为负责的意识；

(4)支持、鼓励儿童大胆地表达自己的意志、想法和态度；

(5)帮助儿童主动地参与各项活动，体验与同伴交往的快乐；

(6)帮助儿童努力做好力所能及的事，不怕困难，有初步的责任感。

2. 简述小班儿童科学教育活动目标中的情感方面的目标。

(1)激发学前儿童对周围事物的好奇心，使其乐意感知和摆弄他们能够直接接触到的自然物和人造物；

(2)萌发他们探索自然现象和参与制作活动的兴趣；

(3)使其喜爱动、植物和周围环境，并能在成人的感染下表现出关心、爱护周围事物的情感。

3. 简述选择学前健康教育内容时应注意的问题。

(1)教育的内容与目标要保持一致；

(2)教育内容与儿童身心发展及生活经验相关联；

(3)教育内容与儿童的接受能力相吻合；

(4)教育内容适当考虑社会因素；

(5)教育内容要为儿童一生发展服务；

(6)教育内容要具有时代性。

4. 简述幼儿复习10以内加减运算的方法。

(1)教学游戏；

(2)感知练习；

(3)书面练习；

(4)口头练习；

(5)编题练习。

四、案例分析题(答案要点)

(1)本案例体现了学前儿童科学教育组织中的一日生活中随机教育的活动组织形式。

(2)学前儿童科学教育活动灵活地渗透于一日生活。对于学前儿童来说，科学就是他们每天所做的事，而且，学前儿童对周围世界的好奇和疑问无时无刻不在发生。因此，学前儿童科学教育除了通过专门组织的科学教育活动之外，更多的是在一日生活中的随机教育。由于学前儿童生活经验的不系统性，生活事件便成为重要的问题线索。这也决定了学前儿童科学行为出现的随机性。教师只要具备解读学前儿童科学行为的能力，学前儿童不经意的一个举动、一句自言自语都可能经过挖掘而生成一个精彩的科学探究活动。有时，这种随机产生的科学教育活动的教育价值比按部就班的活动教育价值更大。

(3)一日生活中的随机教育可以使学前儿童体验和感受到科学就在身边，领悟科学的实际意义。

五、活动设计题(参考答案)

水果店(中班)

(一)活动目标

(1)乐意与同伴交流,提高交往能力;

(2)分清并练习动词“买”与“卖”的读音,会使用礼貌用语“你好、请、谢谢、再见”。

(二)活动准备

低矮的玩具柜三组、水果篮、各种塑料水果数个,自制的钱币。

(三)活动过程

1. 将幼儿分成三组,老师交待游戏规则。

售货员向顾客介绍水果名称、味道、吃水果的好处和价格。顾客重复介绍要买水果的名称、味道以及吃水果的好处。双方付对钱找对钱,算买卖成功。

游戏中恰当运用礼貌用语以及“买”与“卖”。

2. 选3~5名小朋友做售货员,其他小朋友做顾客,按游戏规则表演(在游戏过程中,老师做现场指导)。

(1)引导胆小的幼儿积极参加活动;

(2)鼓励不敢讲话的幼儿大胆说出自己所要买的物品名称;

(3)及时肯定自觉遵守游戏规则的幼儿。

3. 老师小结。

(四)活动延伸

家长带幼儿去商店,鼓励幼儿自己购物,以培养其表达能力和交往能力。

教师招聘考试学前教育押题试卷(二十)

一、单项选择题

1. C 【解析】学前儿童有自我中心的特点,题干中小米知道苹果是有毒的,所以她认为白雪公主也知道苹果是有毒的。

2. A 【解析】学前儿童社会教育的特殊方法包括榜样示范法、角色扮演法、陶冶熏染法、共情训练法、价值澄清法。A项强化评价法属于一般方法。

3. B 【解析】在2~4岁这一阶段,儿童由于生理上手部小肌肉的发育不够成熟,认识能力也很有限,所以手工活动并没有明确的目的,而只是一种纯粹的玩耍活动。

4. B 【解析】《3~6岁儿童学习与发展指南》语言领域中倾听与表达目标1“认真听并能听懂常用语言”指出,4~5岁幼儿在群体中能有意识地听与自己有关的信息;能结合情境感受到不同语气、语调所表达的不同意思;方言地区和少数民族幼儿能基本听懂普通话。

5. B 【解析】角色扮演法是指个人试着设身处地地去扮演另一个在实际生活情景中不属于自己角色的行动过程,从而形成角色所需要的某些经验和行为习惯。故B项正确。

6. D 【解析】幼儿不能达到守恒,一般是因为儿童分辨物体的多少是根据空间排列长短、分散或聚拢后所占空间面积来判断,而不是根据数目本身的多少来判断。题干中描述的现象体现了幼儿不能达到数的守恒。

7. A 【解析】题干中诗句的意思是十三岁时,要教孩子学习音乐,诵读诗歌,练习舞蹈。十五岁以后,要学习舞蹈、射箭,学习驾御车马。故“乐、诗、射御”是指课程内容。

8. A 【解析】有些小年龄儿童在理解数的分合关系以及简单的数运算时,需要借助对物的具体操作动作才能够完成,如对小年龄儿童来说,涉及数运算的列式计算就有困难,但若是采用实物操作进行简单的数运算就比较容易。题干的描述说明幼儿学习数学最初是通过外部动作进行的。

9. A 【解析】操作法是指提供给儿童合适的材料、教具、环境,让儿童在自己的摆弄、实践过程中进行探索,获得数学感性经验和逻辑知识的一种方法。在幼儿数学学习中,操作具有重要的作用,是幼儿学习数学的基本方法。

10. C 【解析】活动课程以学生的学习与个性发展为教育过程的重心,强调实践是知识和智慧的真正源泉,注重活动过程自身的教育价值,强调学生的直接经验和体验,注重教育与现实生活的联系,注重知识的整合和能力的迁移。

11. B 【解析】“初步自主地集中注意力倾听他人谈话”表明小红在谈话的学习与发展方面处于稳定阶段。

12. D 【解析】小班一般会安排成“半圆形”,可用分段切割的方法来安排不同的音色组。

13. B 【解析】正面教育原则就是要求教师就事论事地引导儿童知道什么是对的,什么是错的,直接告诉他应该掌握的社会行为规范,慎用批评、惩罚等消极手段,以免给幼儿的心理发展造成不良影响。题干中教师的做法违背了正面教育原则。

14. C 【解析】儿童成长档案袋能反映并评价儿童的内省智能、语言智能、交往智能等,尤其是内省智能。

15. D 【解析】幼儿的科学教育是科学启蒙教育,重在激发幼儿的认识兴趣和探究欲望。

16. C 【解析】中班儿童的泥工活动要求儿童会

塑造物体的主要特征，会使用一些简单的辅助材料表现出简单的情节，并能按意愿大胆塑造。

17. A 【解析】激发幼儿的阅读兴趣，培养良好的阅读习惯可以经常抽时间与幼儿一起看图书、讲故事；提供童谣、故事和诗歌等不同体裁的儿童文学作品，让幼儿自主选择和阅读；当幼儿遇到感兴趣的事物或问题时，和他一起查阅图书资料，让他感受图书的作用，体会通过阅读获取信息的乐趣。

18. A 【解析】齐唱是指两个或两个以上的人在一起整齐地唱同一首歌曲。它是幼儿园集体歌唱活动的一种最主要形式。

19. D 【解析】从完整作品开始的导入模式比较适合结构单纯、清晰的作品以及不太注重感知体验细节的教学设计。

20. D 【解析】幼儿社会教育是指以发展幼儿的社会性为目标，以增进幼儿的社会认知、激发幼儿的社会情感、引导幼儿的社会行为为主要内容的教育。

二、判断题

1. √ 【解析】口头数数是儿童最早学到的关于数的观念之一。

2. × 【解析】美国精神分析学家埃里克森认为，人格发展是一个逐渐形成的过程，必须经历八个顺序不变的阶段，其中前五个阶段属于儿童成长和接受教育的时期。

3. × 【解析】三岁幼儿开始认识的颜色是红、黑、绿。

4. √ 【解析】目标模式是以对社会有使用价值的目标作为课程开发的基础和核心，并在此基础上选择、组织和评价学习经验的课程编制模式。

5. √ 【解析】幼儿空间方位概念发展的一般过程为：(1)上下→前后→左右；(2)从以自身为中心到以客体为中心；(3)从近的区域范围扩展到远的区域范围。

6. √ 【解析】开展与作品主题相关的绘画、手工等动手动脑活动，帮助学前儿童迁移相关经验。如在诗歌《快乐的小屋》网络活动中，教师引导学前儿童观察了各种美丽的建筑——小屋后，让学前儿童搭一搭“美丽的小屋”，或画一画“我自己的美丽小屋”，有助于学前儿童作品经验的迁移。

7. √ 【解析】小班韵律活动的目标：(1)能跟随音乐的节奏做简单的基本动作和模仿动作；(2)喜欢参加集体的韵律活动和音乐游戏；(3)学习一些较简单的集体舞；(4)初步尝试和体验用动作、表情和姿态与他人交流的方法和乐趣。

8. × 【解析】能够为简单、短小的二拍子和四拍子的歌曲、乐曲伴奏是小班打击乐演奏活动的目标。

9. √ 【解析】5～6岁儿童开始能够根据事物的本质属性，按照客观事物的分类标准进行初步的概括分类。

10. × 【解析】中班学前儿童已逐渐习惯于集体生活，他们的空间知觉有了明显的发展，能够听从口令做一些基本的排队和队形交换(如切段分队)。大班学前儿童能以自身为标准辨别左右，并能掌握一些较复杂的队形变换(如左右分队)。

三、简答题(答案要点)

1. 简述选择美术欣赏作品时应注意的问题。

(1)符合儿童年龄特点；
(2)具有一定的艺术性；
(3)形式新颖，内容丰富多彩；
(4)注意欣赏作品的质量。

2. 简述幼儿园课程内容的范围。

(1)有助于儿童获得基础知识的内容；
(2)有助于掌握基本活动方式的内容；
(3)有助于发展儿童的智力和能力的内容；
(4)有助于培养儿童情感态度的内容。

3. 简述在象征期，儿童绘画的构思过程不稳定的表现。

(1)动笔后构思；(2)事先构思和随意涂画穿插；(3)绘画内容转移；(4)形象含义易变；(5)易受他人影响。

4. 简述运用行为练习法时应注意的问题。

(1)要明确行为练习的目的和要求，要有严密的组织工作。
(2)要充分尊重和发挥学生的主动性和积极性，使儿童成为各种行为练习的主人，让儿童在练习中真正体验到快乐，达到练习的目的和效果。
(3)行为练习要循序渐进，练习的内容应为儿童所接受。
(4)行为练习要反复进行，做到持之以恒。

四、论述题(答案要点)

试述幼儿园阅读活动的指导要点。

(1)尊重差异——为每个孩子提供适合阅读的环境。

(2)激发兴趣——让每个孩子尝到阅读带来的快乐，对阅读产生浓厚的兴趣。

(3)促进交流——使每位教师、家长和儿童自己投入到阅读活动的指导过程中。

(4)鼓励应用——与儿童的生活紧密联系，在儿童的生活中去运用。

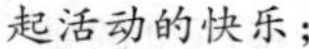

五、案例分析题(答案要点)

教学重点:理解诗歌的内容及诗歌中表现的春天的气息。

教学难点:能有感情地朗读诗歌,并尝试仿编诗歌。

(1)突出教学重点的方法

①活动实施前,教师可带领幼儿到户外去发现春天的变化,感受春天美丽的景色,积累丰富的感性经验。

②教师制作《春天》的多媒体课件,展示春天的色彩与声音,让幼儿对诗歌有具体、形象的认识与理解。

课件内容:

春天来了,春姑娘给我们送来了三本书:

第一本"彩色的书"。春天到了,黄色的迎春花、红色的桃花、白色的梨花都相继开放了,绿色的柳叶也长出来了,到处都是五颜六色的,春天真漂亮!

第二本"会笑的书"。微风徐徐,春的气息扑面而来,小池塘里的水融化了,迎着阳光,水面波光粼粼;看,那一头,孩童们在自由自在地放着风筝,欢乐的声音传荡在整个草地上。

第三本"会唱的书"。看,小燕子在天上飞得好低啊,好像蹦一蹦就能抓住它似的,忽然,轰隆隆、轰隆隆……这是什么声音?原来是快要下雨了,快快躲到屋檐下来,小雨滴答滴答地下着,好凉快啊!不一会儿,雨停了,池塘边的小青蛙呱呱呱地叫着……

③教师通过提问"春天为什么是一本彩色的书?""春天为什么是一本会笑的书?""春天为什么是一本会唱的书?"来加深幼儿对诗歌的理解,感受春天的美丽。

(2)突破教学难点的方法

①教师引导幼儿观察、发现诗歌句子的结构特征。

②教师总结诗歌句子的结构特征。句子的前半部分是说春天是怎样的,然后围绕这个特征做解释。

③教师示范创编。

④幼儿自由创编,教师给予适当的评价与指导。

六、活动设计题(参考答案)

我们都是好朋友(中班)

(一)活动目标

(1)在唱唱、说说、学学、做做中,体验与同伴一起活动的快乐;

(2)乐意参与活动,在集体面前大胆地表现自己。

(二)活动准备

(1)已学过游戏"我们都是好朋友"。

(2)已学会歌曲《找朋友》。

(三)活动过程

1. 歌曲《找朋友》

教师:让我们跟着音乐一起唱起来,动起来,去找一找自己的好朋友。(放两遍音乐)

2. 游戏:我们都是好朋友

教师:(出示小鸟的头饰)听到你们都找到了好朋友,小鸟也飞来和你们一起做好朋友了。

(1)边念儿歌,边做游戏(2遍)

许多小鸟飞,许多小鱼游,小朋友,手拉手,一起向前走。拍着手,唱着歌,我们都是好朋友。

(2)让幼儿在此基础上进行创编

教师:除了小鸟,小鱼,还有谁会来和我们做好朋友呢?

幼儿说出来之后,集体模仿小动物的动作,并做游戏。

3. 说说自己的好朋友

教师:刚才我们都找到了自己的好朋友,那谁愿意告诉老师,你的好朋友是谁呢?为什么要找他做你的好朋友呢?

(1)幼儿交流自己的好朋友。说出来之后,和好朋友抱抱、亲亲。

(2)教师小结:你们的好朋友本领真大,有的有爱心,有的自己会穿衣服,还有的上课很爱动脑筋。老师也愿意和他们做好朋友。

(3)数朋友。

教师:老师有两个好朋友,你们有几个呢?

幼儿将好朋友请到自己身边,其他幼儿一起数朋友。

4. 游戏:找朋友

教师:你们的朋友可真多,我们和好朋友一起来做游戏吧!

(找啊,找啊,找朋友,找到几个好朋友,找到×个好朋友)

幼儿拉成圆圈边念儿歌边走,当说到几个好朋友时,就几个好朋友抱在一起。

(四)活动延伸

我们有好朋友,小动物也有好朋友,那我们去找找看,还有什么也有好朋友呢?